LUCE E COLORE
per guarire e gioire

ガーラドリエル・フラミニ／
ロバート・ハシンガー 著
ラウダーニ・アキコ　訳

光と色のヒーリング
色彩のエネルギーがもたらす癒しの力

ナチュラルスピリット

LUCE E COLORE
PER GUARIRE E GIOIRE
by GALAADRIEL FLAMMINI and ROBERT HASINGER

ベーシックセット

ビーマーライトペン本体と基本となる14本のバイアルのセットです。

※バイアルの番号と色はオーラソーマのイクイリブリアムボトルに対応しています。

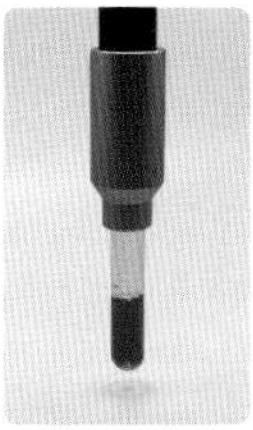
5番

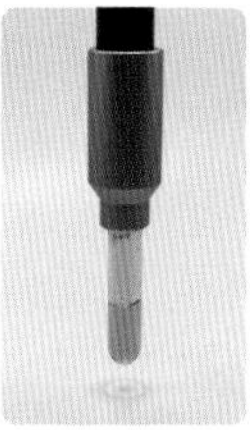
23番

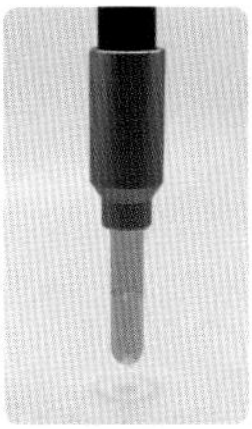
87番

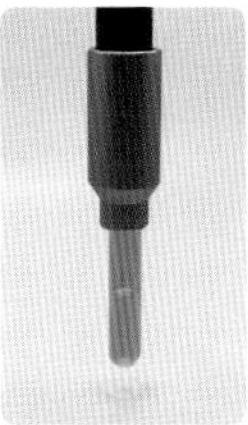
26番

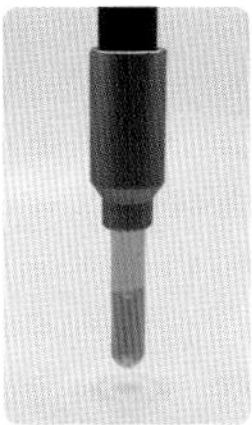
41番

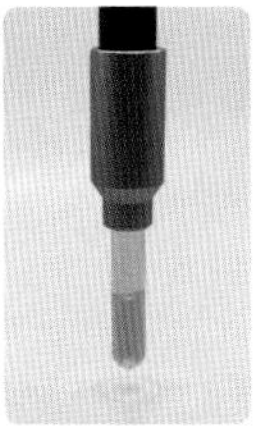
4番

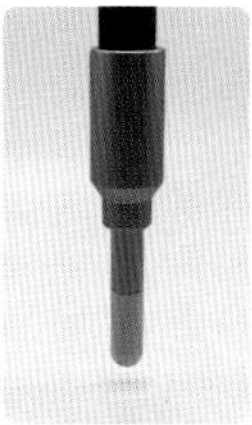
3番

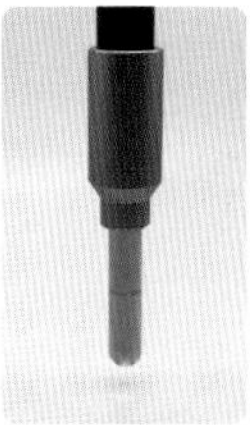
10番

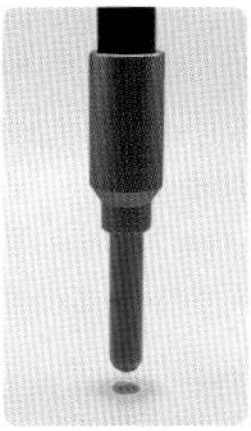
2番

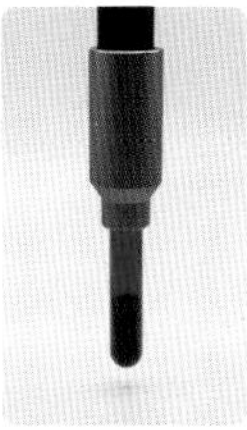
0番

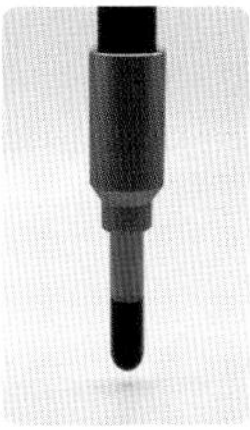
1番

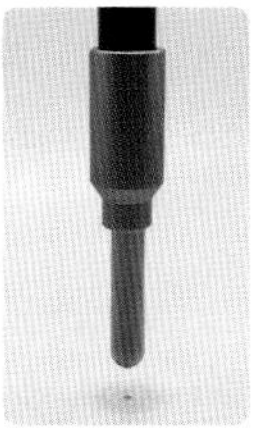
16番

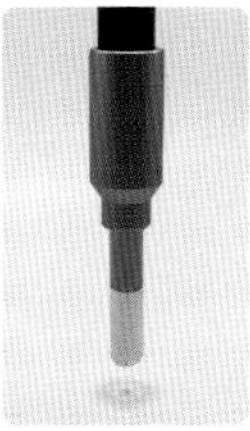
20番

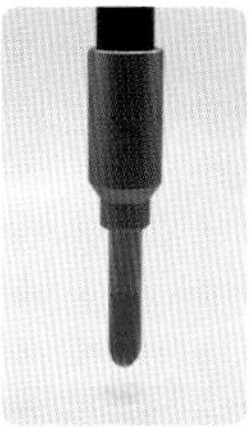
67番

5番　イエロー／レッド
23番　ローズピンク／ピンク
87番　ペールコーラル／ペールコーラル
26番　オレンジ／オレンジ
41番　ゴールド／ゴールド
4番　イエロー／ゴールド
3番　ブルー／グリーン
10番　グリーン／グリーン
2番　ブルー／ブルー
0番　ロイヤルブルー／ディープマゼンタ
1番　ブルー／ディープマゼンタ
16番　バイオレット／バイオレット
20番　ブルー／ピンク
67番　マゼンタ／マゼンタ

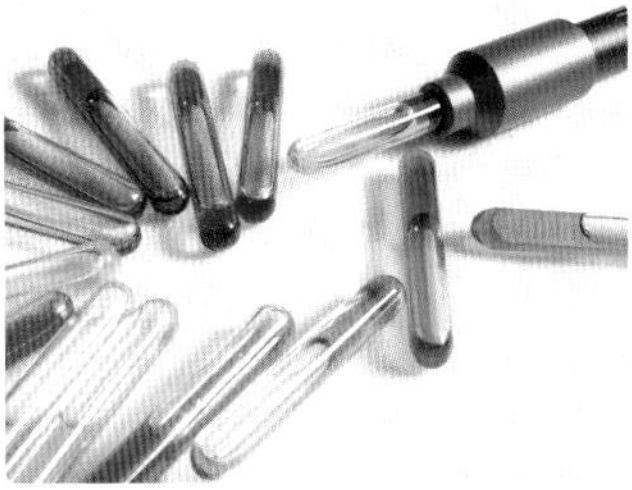

セカンドセット

通常のカラーにさらに光が入り、より強烈になったペールカラーを中心とした22本のバイアルのセットです。

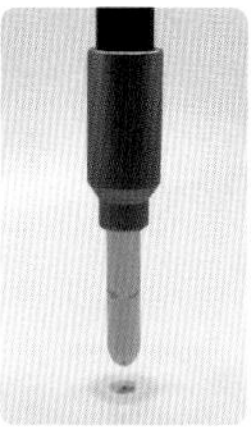
50番

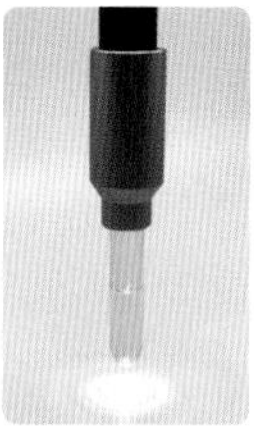
51番

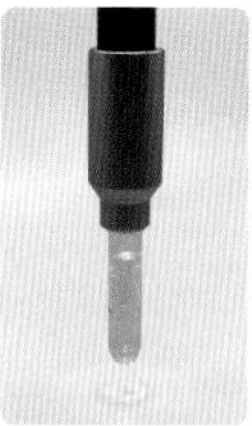
52番

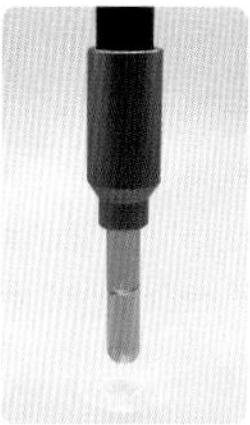
53番

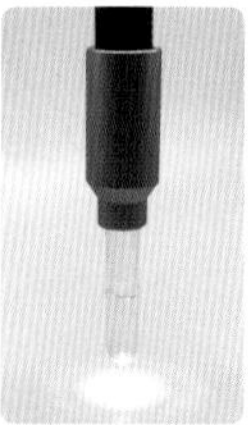
54番

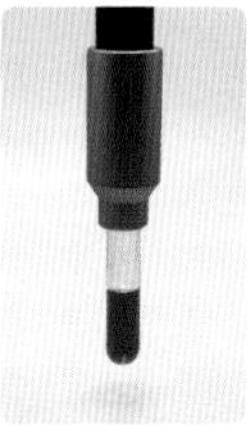
55番

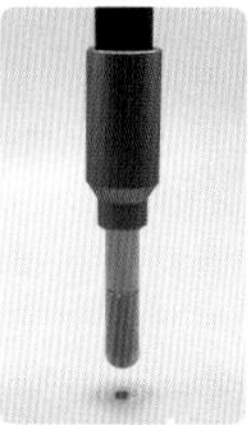
56番

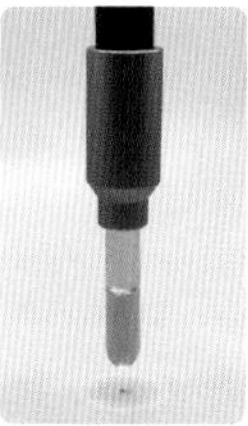
57番

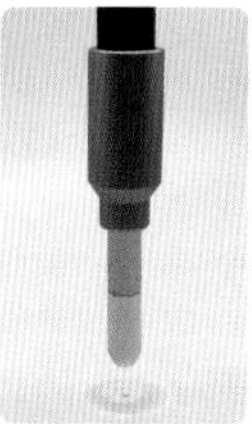
58番

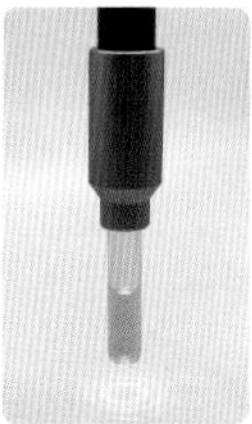
59番

60番

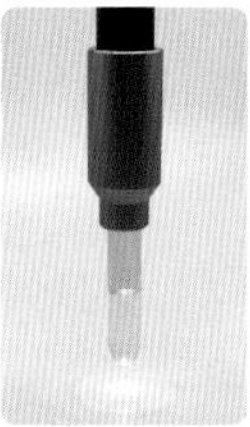
61番

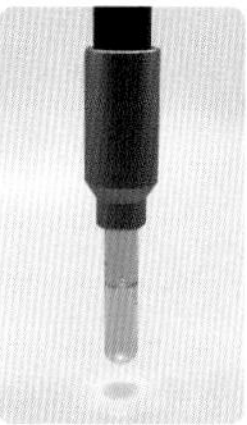
62番

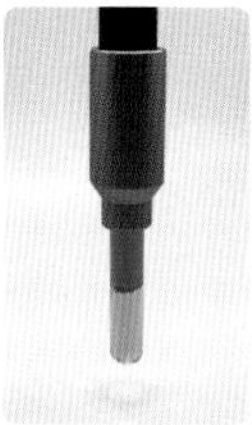
63番

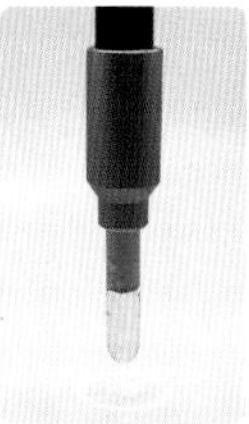
64番

6番

17番

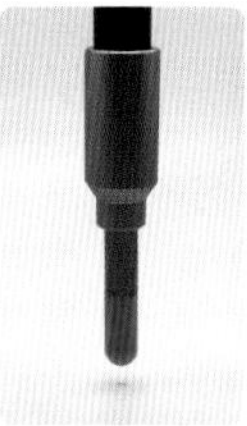
29番

33番

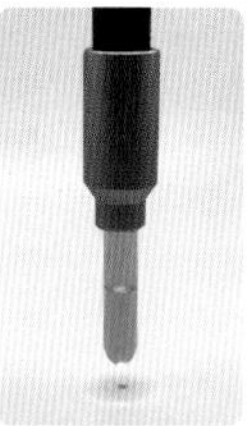
34番

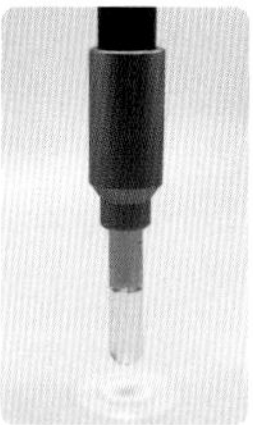
85番

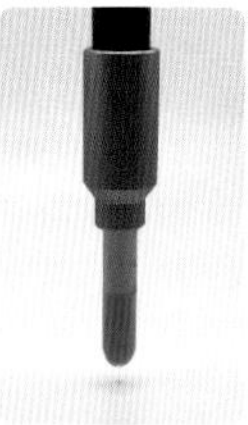
88番

50番 ペールブルー／ペールブルー
51番 ペールイエロー／ペールイエロー
52番 ペールピンク／ペールピンク
53番 ペールグリーン／ペールグリーン
54番 クリアー／クリアー
55番 クリアー／レッド
56番 ペールバイオレット／ペールバイオレット
57番 ペールピンク／ペールブルー
58番 ペールブルー／ペールピンク
59番 ペールイエロー／ペールピンク
60番 ブルー／クリアー
61番 ペールピンク／ペールイエロー
62番 ペールターコイズ／ペールターコイズ
63番 エメラルドグリーン／ペールグリーン
64番 エメラルドグリーン／クリアー
6番 レッド／レッド
17番 グリーン／バイオレット
29番 レッド／ブルー
33番 ロイヤルブルー／ターコイズ
34番 ピンク／ターコイズ
85番 ターコイズ／クリアー
88番 グリーン／ブルー

アドバンスセット

ペールカラーやミッドトーン、さまざまなトーンのカラーからなる22本のアークエンジェル（大天使）のバイアルのセットです。

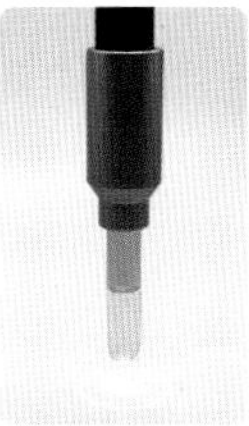
94番

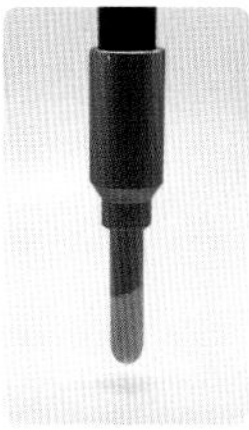
95番

96番

97番

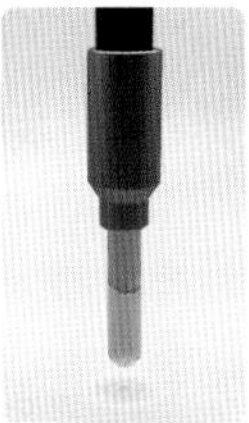
98番

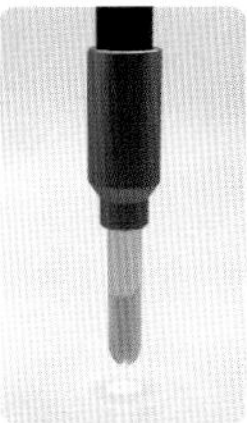
99番

100番

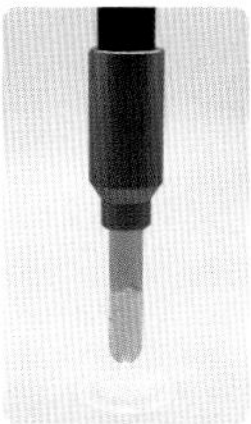
101番

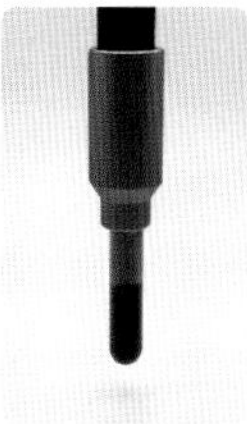
102番

103番

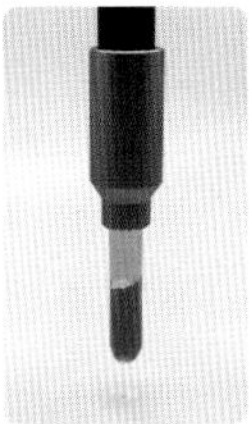
104番

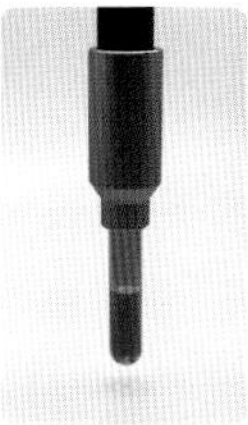
105番

106番

107番

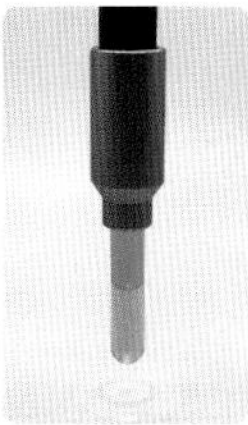
108番

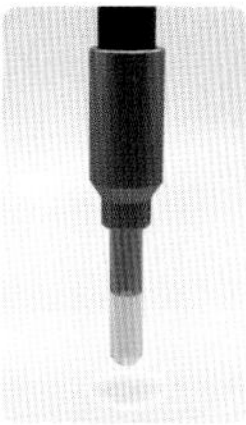
109番

110番

111番

112番

113番

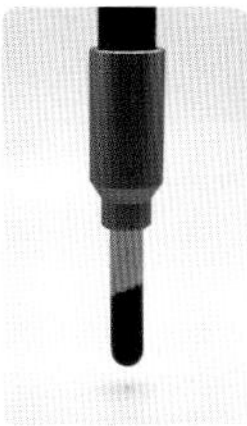
114番

115番

94番 ペールブルー／ペールイエロー
95番 マゼンタ／ゴールド
96番 ロイヤルブルー／ロイヤルブルー
97番 ゴールド／ロイヤルブルー
98番 ライラック／ペールコーラル
99番 ペールオリーブ／ピンク
100番 クリアー／ディープマゼンタ
101番 ペールブルー／ペールオリーブ
102番 ディープオリーブ／ディープマゼンタ
103番 オパーレセントペールブルー／ディープマゼンタ
104番 イリデセントローズピンク／マゼンタ
105番 イリデセントコーラル／コーラル
106番 ペールオリーブ／ライラック
107番 オパーレセントターコイズ／ディープマゼンタ
108番 ミッドトーンターコイズ／ミッドトーンオリーブ
109番 マゼンタ／ミッドトーンオリーブ
110番 ペールローズピンク／ディープマゼンタ
111番 ミッドトーンロイヤルブルー／ミッドトーンオリーブ
112番 ターコイズ／ミッドトーンロイヤルブルー
113番 エメラルドグリーン／ミッドトーンオリーブ
114番 ミッドトーンコーラル／ディープマゼンタ
115番 オレンジ／レッド

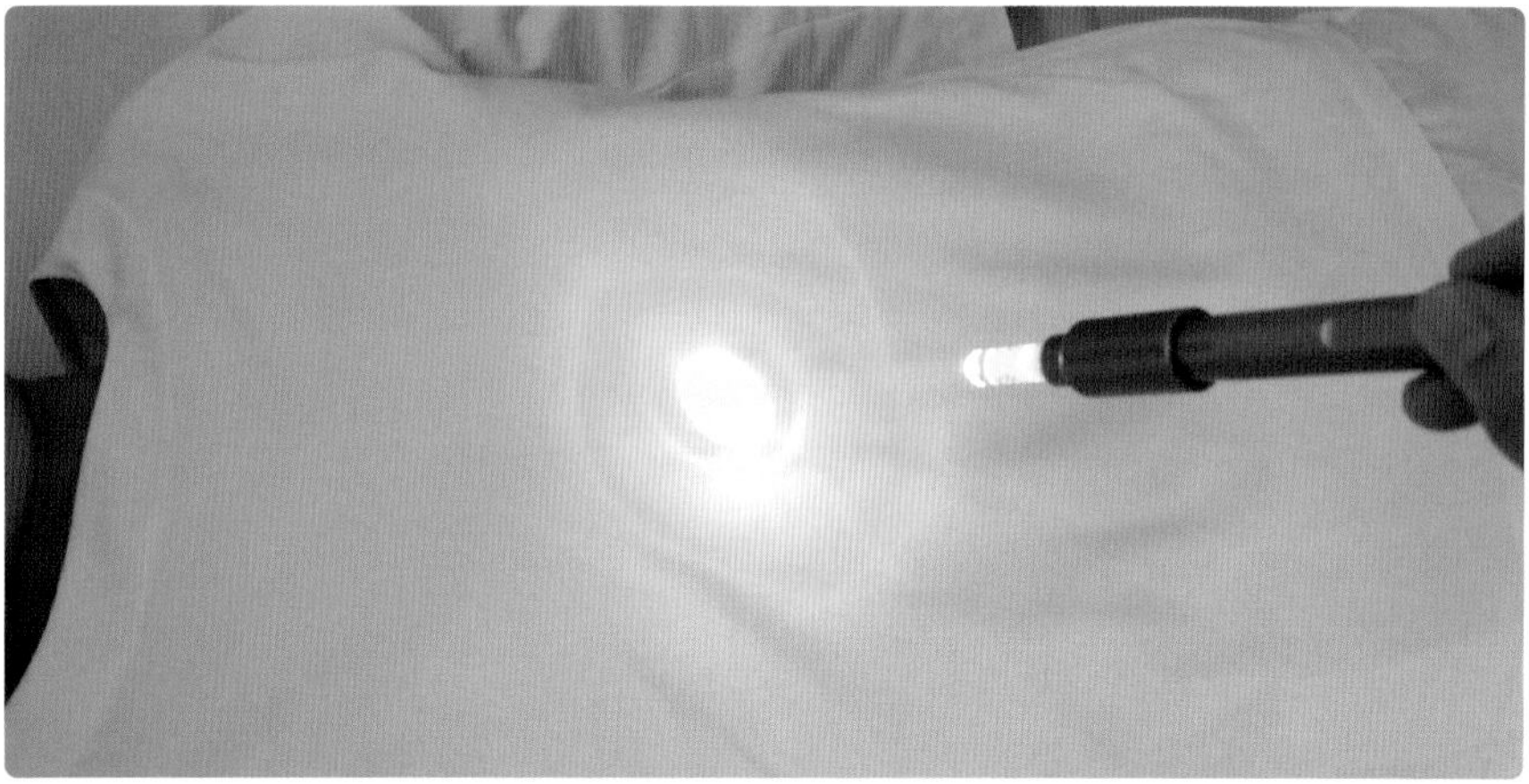

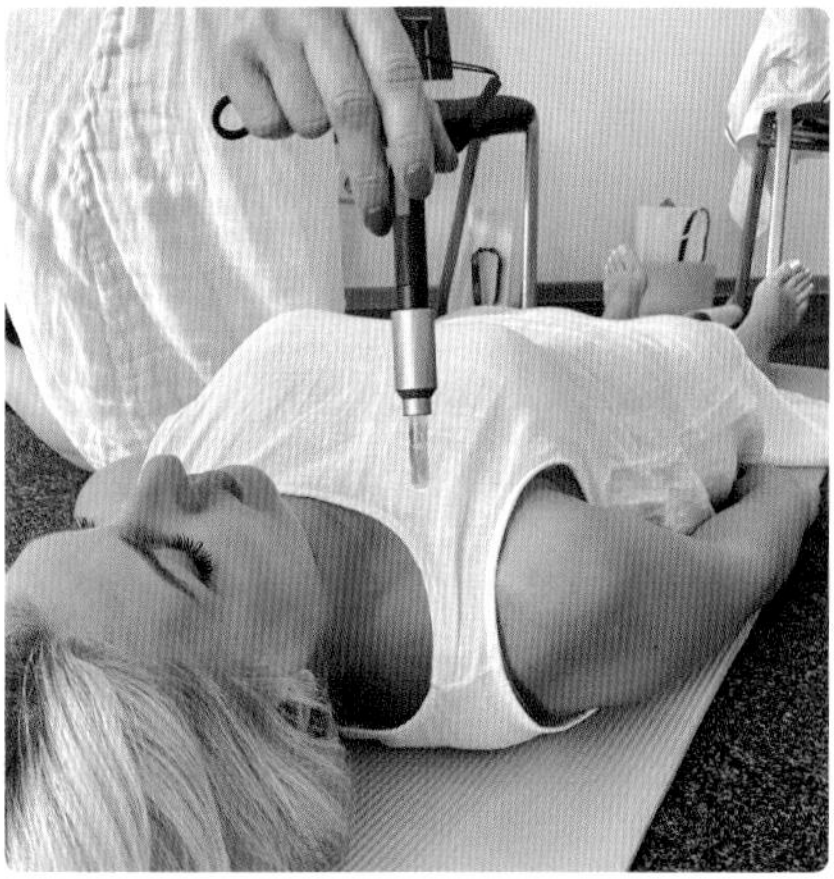

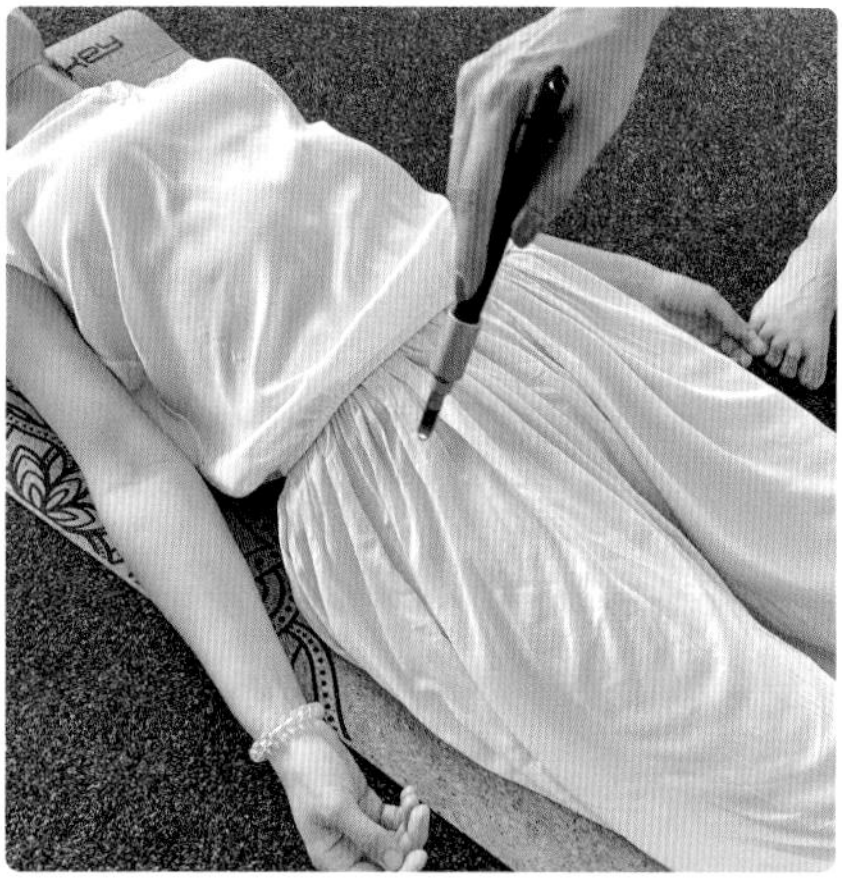

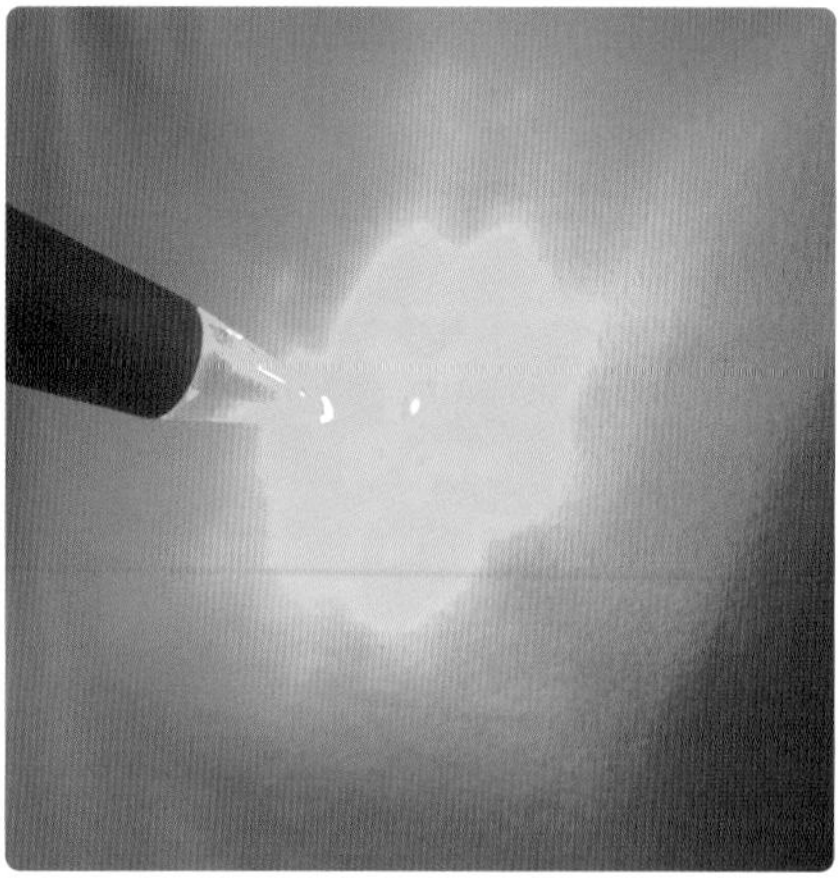

上／　第3チャクラのチャージング。活性化をしています。

左中／アントロポゾフィックエイト（8の字を使ったストラクチャー）によるトリートメント。全体のバランスを整え、オーラに滋養を与えます。

右中／マヤンゲート（鷲のゲート）のトリートメント。主に第1チャクラの調整によいゲートです。

下／　光のエネルギーを集中させ、強化することができるクリスタルアタッチメントを使用したメタフィジカル・サージェリー。

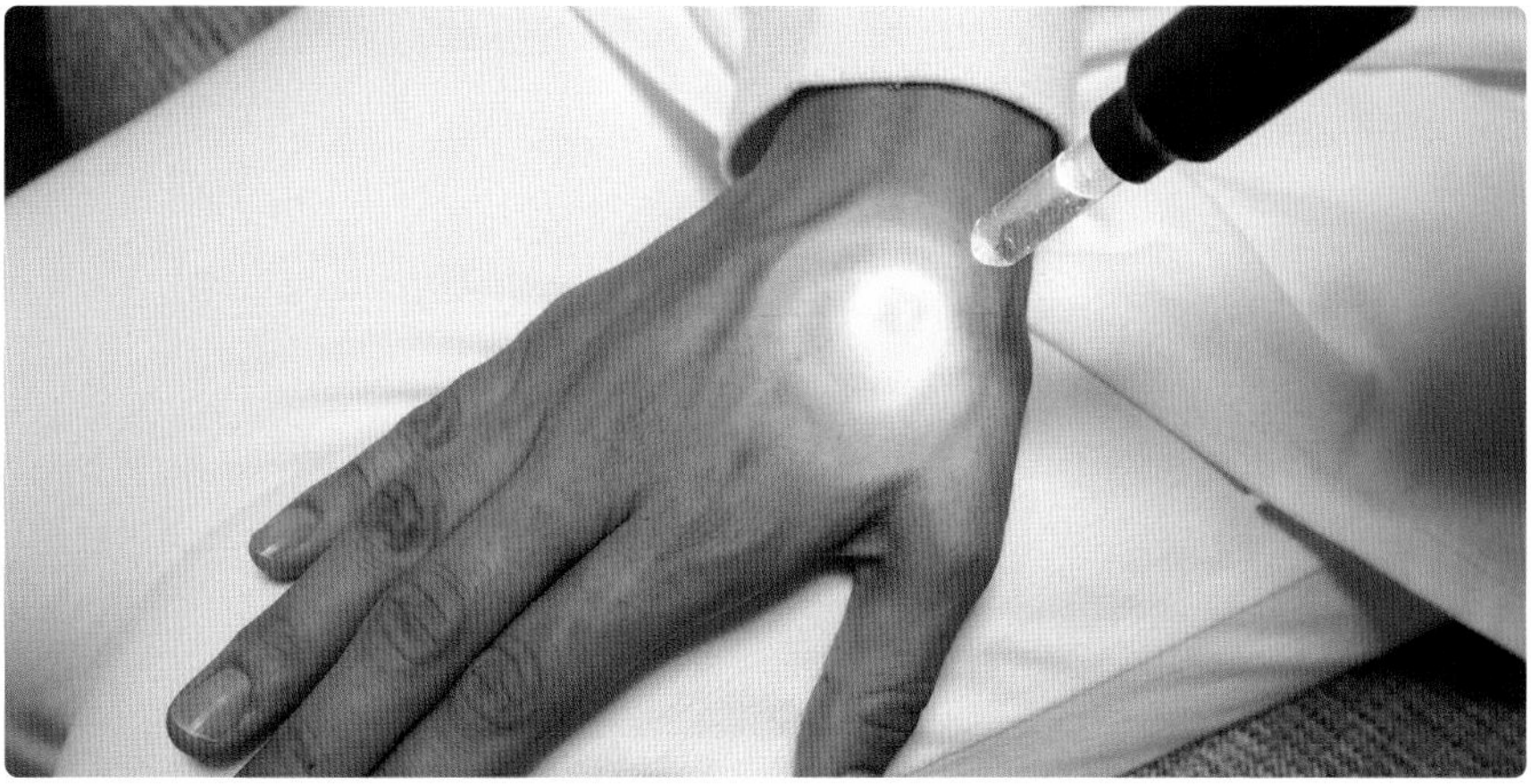

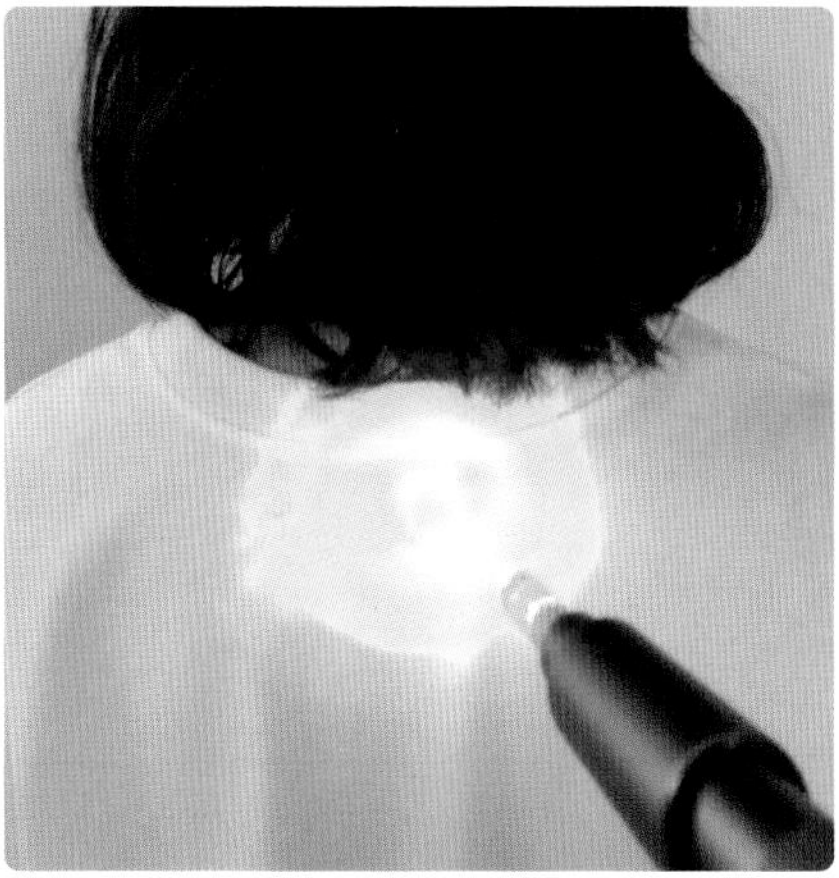

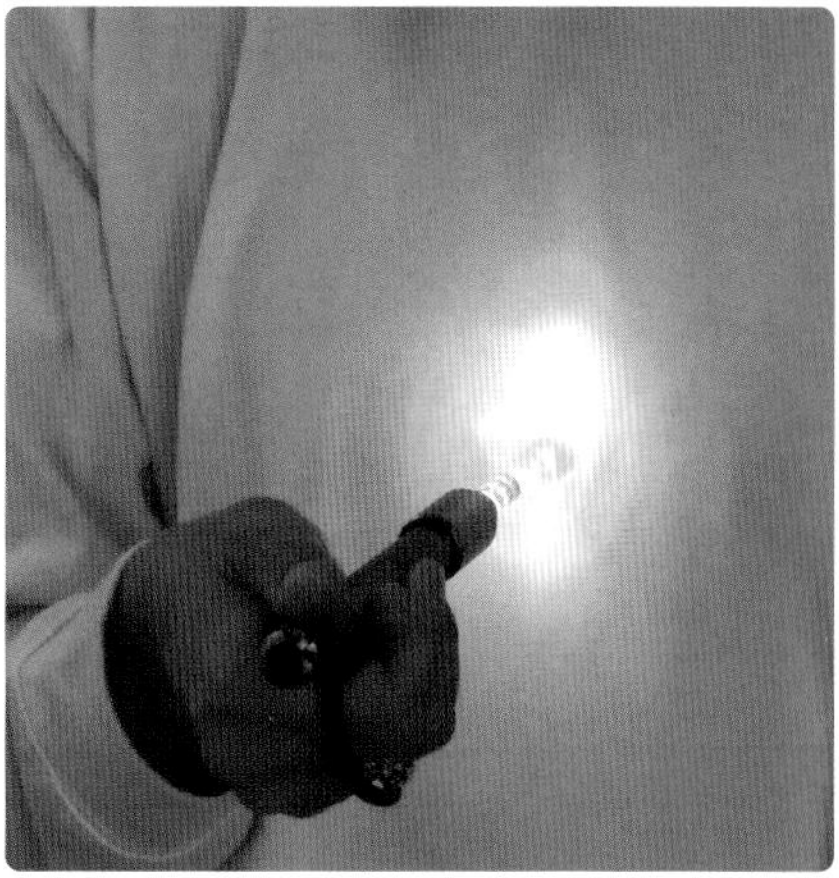

上／　メタモルフィック・コンステレーションにおけるトリートメント。

左中／マヤンゲートのトリートメント。小さな光のなかに神聖幾何学の模様を見ることができます。ここでは時々小さな仏陀のようにも見えます。

右中／ハートチャクラ（第4チャクラ）のセルフトリートメント。ここにも神聖幾何学模様を見ることができます。ピンクは全身のどこにでも活用でき、さまざまな癒しの効果があります。

右下／ハートチャクラ（第4チャクラ）をセルフトリートメント。リラックスを促します。

上／ガーラがトリートメントをしている様子。
下／マヤの紋章について解説しているセミナー風景。

人類はまだ歴史のはじめの段階にいます。だからこそ、困難に直面するのは当然のことです。しかし、私たちの前には何万年もの未来が待ち構えています。

私たちの責任は、できることを実行し、学べることを学び、解決策を改善し、それを他の人々に伝えることです。

リチャード・P・ファインマン（1965年、ノーベル物理学賞受賞）

長年にわたって私たちを支えてくれた親愛なる生徒や読者の皆さん、そして自信と勇気をもってこの光と色のメソッドを世界中に広める手助けをしてくれるビーマーライトペン・カラーエンライトメント・メソッド®のティーチャー・プラクティショナーの皆さん全員に、この本を捧げます。ティーチャー・プラクティショナーの皆さんの熱意と忍耐力、愛のおかげで、私たちはより一層の献身的な努力を続け、成長しながら虹の道を歩んでいるのです！

謝辞

はじめに、編集者のジャンニ・カノニコ氏の信頼と限りない忍耐力に感謝の気持ちを表したいと思います。また、この本に専念するために多くの時間を割くことをすすめ、励ましてくれたアウリン・プロイエッティ氏、アドバイスや作品製作を通じて芸術的な協力をしてくださったアウロ氏にも心からお礼を申し上げます。そして長い間この新刊を書くようすすめてくれた生徒の皆さんに感謝を捧げたいと思います。

目次

第6章 イクイリブリアムとバイアル

はじめに

「天才にとって最も大切なことは真実を愛することだ」（ゲーテ）

イタリアで最後に色彩に関する本を出版してから、16年の歳月が流れました。もはや10年以上経ってしまったのです！

長い間、もう1冊本を執筆しなければならないという思いがずっと頭から離れませんでした。そのため、世界中のさまざまな国で多くの人たちと仕事をしてきた経験から、これまで出版された書籍の内容とは見解が大きく異なる色についての包括的な知識を伝えたいという強い思いが芽生えてきました。

本書は、実際には20年以上の経験をもとにしたものであり、私たちは熱心に、そして専門知識をもって、光のセッションに関心のある多くの読者や、ビーマーライトペン・カラーエンライトメント・メソッドやオーラソーマについて学ぶ生徒の皆さん、さらに光と色の驚くべき癒しの力について知りたいと思う好奇心旺盛な読者に対して、この本をお届けしたいと思います。本書では色と光の統合的な見方について解説していきます。

そこで読者の皆さんに、ビーマーライトペン・カラーエンライトメント・メソッドについてご紹介したいと思います。この手法を説明しながら、光と色とは何か、その変容のパワーについて、何千年にもわたる素晴らしい研究について述べています。そして、オーラソーマのイクイリブリアムから誕生したバイアルのセットについては、人間のあらゆる次元の癒しにどのように作用するのかについて述べるとともに、各イクイリブリアムについても詳しく解説していきたいと思います。

オーラソーマ・システムは、イギリス人のヴィッキー・ウォールにより世界にもたらされました。ヴィッキーが生み出した多彩な宝石のように美しいイクイリブリアムは、本当に素晴らしいものであり、とても明快でわかりやすいものです。

このイクイリブリアムの解釈は、本書全体も含めて、他者の研究に基づいたものではなく、「チャネリング」でも「インスピレーション」でもなく、アカシックレコードの記録やその他の「秘教」などの情報源から伝えられたものでもないことを強調したいと思います。

本書で提唱するイクイリブリアムの特別な解釈は、世界中の何千人ものクライアントとの間でおこなわれた具体的かつ実践的なワークから生まれたものです。

ここでは、いわば理論的な情報を提供するのではなく、これまでの実践的な経験をもとに、特に光と色が同時に作用する場合に、それがもたらす癒しの力について述べたいと思います。

長年関心を寄せてくださっている読者の皆さんや生徒の皆さんが、ビーマーライトペン・カラーエンライトメント・メソッドの応用によるその効果やオーラソーマ・システムとの相乗効果についてご理解を深めていただければ幸いです。

このような新しい分野の研究において、真摯に取り組んで豊富な経験を得たことで体と魂の微妙なバランスが回復されるのなら、人間の潜在能力を最大限に引き出すことができると確信しています。

第1章
幸福、癒し、スピリチュアルな成長

ウェルネス　幸福、癒し、スピリチュアルな成長、このような3つの言葉がこの順番で出てくるのは偶然ではありません。

すべては「ウェルネス」からはじまります。

ウェルネスとは、今日とても人気のある言葉ですが、マッサージや死海の泥パック、ロマンチックな場所でのキャンドルディナーなどをイメージさせるため、残念ながら限定的な意味合いでしか解釈されていません。もちろんこれも幸福ですが、ウェルネスはそれ以上のものであることも事実です。

ちなみに、現状にとらわれず世界を違った見方で眺めることができるウェルネスとは、「これ以上の幸せがある？」と自分自身に問いかけられるような、あるがままですべてに満ち足りている状態なのです。

一般的に幸せというと、物質的なレベルでの幸せを指しています。実際に、物質的な幸福や豊かさは、総じて幸せの第一歩となるでしょう。とはいえ、体に何か不調があったり、自分の生活になかなか満足できなければ、幸せな毎日とはほど遠く、ただ食べるための生存競争にさらされてしまいます。

でも、生きるということは、生存競争で生き残ることだけが目的ではないのです。

私たちはある程度の幸福度を達成することで、自分には何が足りないのか、心の深いところが満たされるために役立つものは何か、自分がもっている幸せをもっと楽しむことができる、別の心理的・感情的な状態になるには何が必要か、ということがわかるようになります。そこで「癒し」という概念が生まれるのです。

私たちが提唱するホリスティックな観点からの癒しとは、「全体」、「調和」、「バランス」が取れた自然な状態を実現するということです。

自分は十分でないと感じることや、何らかの癒しを必要とすることはすべて自分自身の過去に属し、現在と相互作用する経験や意思決定、出来事、あるいはただ単なる事実から生じているので、豊富な知識があればそのような癒しに取り組むことができるのです。

このプロセスを通じて、私たちは心が癒され、すべてが満ち足りて、バランスをうまく取ることができるようになります。そうして、もっと心豊かに、楽しく幸せに満ちた、いまこの瞬間を生きるようになるでしょう。

私たちの研究では、労働者、公務員、2万人以上の従業員を抱える企業家、従業員のいない企業家、裕福な芸術家や貧しいアーティスト、有名な音楽家や無名のミュージシャン、教師、医師、弁護士、公証人、工場労働者、パートタイマーなど、さまざまな文化や人種、多くの社会的カテゴリーに属する人たちと非常に深いレベルで交流するという素晴らしい幸運に恵まれました。

そのなかで、幸せになるのに必要なものはすべて揃っていて、それ以上のものでさえも手に入れているにもかかわらず、幸福感が得られない人を目の当たりにすることは、驚きの体験となりました。そうしたことを読者の皆さんにお伝えしたいと思います。

実際には、このような人たちは、さまざまな癒しのための知識や技術を活かして自分自身を癒そうとしたことがほとんどありません。その結果、本来享受できるはずの幸福を十分に味わうことができません。なぜなら、その幸福は彼らを安心させ、癒しへと導くどころか、解決されていない問題が次々とあらわれることで、不安を増大させてしまうからです。

もし彼らが癒され調和するなら、さらに言えば、もっと楽しくバランスが取れた幸せな人生を実現させることができるなら、「これは何のため?」、「自分と何の関係があるんだ?」、「どうやったらいいのか?」、「どこへ向かえばいいんだ?」といった疑問が自ずと湧いてくるに違いありません。

本書では、こうした質問に答えるためにスピリチュアルな次元に触れていきたいと思います。

スピリチュアルな次元にあるということは、○○主義の信条、○○派の宗教に従うということではありません。そもそも「スピリチュアル」とは、わかりやすく言えば、人生に意味を与えてくれるものであり、この地球上での自分の使命を果たすということなのです。

現代人の日常的な現実では、これらの側面すべてが重なり合い、相互に影響し合っています。ですから、私たちは光と色を使った癒しのシステムに力を注いできました。どちらも日常生活の至るところに遍在しているため、人間の現実世界のあらゆる側面と共鳴することができるのです。

私たちが開発した癒しのシステムは、「ビーマーライトペン・カラーエンライトメント・メソッド」と呼ばれています。

これは一般的な色彩学とオーラソーマ・システムを利用し、その研究から発展し生まれました。ビーマーライトペン・カラーエンライトメント・メソッドは、高い評価を受けているオーラソーマの製品を統合し補完しながら使用しますが、その使い方はオーラソーマのシステムとは異なる独自のシステムです。

ビーマーライトペン・カラーエンライトメント・メソッドのシステムは、単なる製品やワーク専用のツールではなく、そのメソッド、ビジョン、哲学的な考察において他の療法との違いが際立っています。

色彩による幸福、癒し、スピリチュアルな成長について、私たちの研究ができるだけ皆さんのお役に立ちますように！

第2章
ビーマーライトペン・カラーエンライトメント・メソッド

モチベーション

色は世界のより深い秩序に属しています。この信念をもって、私たちはその多次元を可能な限り探求してきました。私たちの色彩の経験に伴うビジョンは、ソクラテスが語っているとおり、人間は自分の魂の記憶を取り戻して癒すことができるように、自分の心の奥底にある本質をできるだけ深く理解し、人生の概念を現実的な方法で実現できるというものでした。

さらに、偉大なオショー（*Osho*）が語ったように、条件づけという意識の限界はあまりにも古い潜在意識のなかに存在するので、自ら意識を解放して進化するためには、とても速く、また同時に深いところからの癒しが必要です。ですから、光と色のツールを用いた適切なワークは、この解放をもたらすのに役立つと考えられているわけです。

意識の進化、色による魂の癒しのプロセスのために、私たちはヴィッキー・ウォールから伝えられた色の意味をそのまま継承して、創造的な方法で実験してみたいと思いました。

そのため、イクイリブリアムの液体成分が入った専用のガラス瓶（バイアル）から光を照射することができるフラッシュライト（懐中電灯）のような特定のツールを使い、瞑想や「ストラクチャー」と呼ばれる独自のヒーリングテクニックと合わせて、光と色のヒーリングの相乗効果のあるシステムをつくり上げました。

そこで使用している色は、オーラソーマのイクイリブリアムボトルに入っている液体と同じものであり、フラッシュライトに差し込む専用のガラス瓶（バイアル）に注ぎ込まれています。

使用するツールは「ライトペン」または「ビーマーライトペン」と呼ばれます。

このヒーリングシステムは「ビーマーライトペン・カラーエンライトメント・メソッド」（「ビーマーライトペン」と省略される）と称され、非常に特殊なシステムとして保護されています。このシステムは商標登録済みであり、その使用を認められた世界中のプラクティショナーとともに保護されています。

ビーマーライトペン・カラーエンライトメント・メソッドは、ビーマーライトペンを使ってオーラに色の特性を適用し、トランスパーソナル心理学や人間性心理学に基づいたヒーリングテクニックを用いて、さまざまな次元の存在に積極的かつダイナミックにはたらきかけることができるシステムです。

このシステムを使ってワークすると、その結果、癒しのプロセスを進めるなかで自分自身から解放された内なる光を輝かせることができます。

意識や癒しの進化は、羨望や嫉妬といったネガティブな感情からの解放に伴って自然に起こっていきます。ネガティブな競争をポジティブな協力に変えるために、自分の意思の力を発揮するスペースをつくる必要があります。またそれは、生存への恐れを自分への信頼に変えることを容易にし、さらに破壊的なアプローチを創造的なアプローチに変えるための具体的な取り組みへの決意を高められるようになります。

ビーマーライトペン・カラーエンライトメント・メソッドでは、このようなテーマに取り組んでいます。私たちを悩ませ、自分に制限をかける集団的な病を克服したいなら、あるいは心に吸収されたすべてのネガティブなエネルギーをポジティブなエネルギーに変える真の癒しを望むなら、実践的でダイナミックな光のワークをおこなう必要があります。ビーマーライトペンのストラクチャーを実用的なレベルで応用することで、まずこの地球上に転生してきた人間としての美しさ、ビジョン、使命を完全に表すことを妨げている問題をより明確にすることができるのです。さらに、癒しのプロセスが促され、励まされることで、意識の重荷や魂の傷から自分自身を解放することができるでしょう。

ヴィッキー・ウォールによって創造された「宝石」を体に、そのエッセンスをオーラに適用することで、「ビーマーライトペン・カラーエンライトメント・メソッド」のワークをサポートすることができます。そして、あなたの心のなかに光輝く色鮮やかな深い癒しを広げていき、あなた自身の癒しの道を創造していくことができます。

個人的な成長のためのワーク

私たちは30年以上にわたり、何千人もの人々を対象に癒しと成長のための専門的な仕事をしてきました。その結果、個人的なワークが効果的であるためには、瞑想、カタルシス（浄化）、リラクゼーション、発見、自分の限界を受け入れること、自分の内面や周囲の多様な生命の不思議を発見する喜び、そして自分と他人への思いやりが必要不可欠であることに疑いの余地はありません。特に、現代人とその周囲の世界がますます複雑化していることを考えると、これらの要素は一層重要です。これらを通じて、私たちは古来より謳われてきた「心身の統合」に近づくことができるのです。

そのためには独自のリソースや時間を割く必要があることもわかっています。これは片手間に楽々と達成できるものではありません。

実際には、自分を探求したいという欲求に深いワークのプロセスを伴わなければ、それは表面的なものになって錯覚に陥る危険性があります。本来の意味での変化ではないどころか、ただ古い条件を新しい条件に置き換えてしまう可能性があります。

しかし残念ながら、そういうことがよく起こるのです。つまり自分の内面を変えるのではなく、外見を変えることになってしまいます。

そうではなく、勇気をもってもっと深く自分の内面を掘り下げて、内なる迷路を照らし出すことができれば、実際に人生を豊かにすることができるのです。

そうすれば、自分自身だけでなく、世界を変えるために貢献できるかもしれません。

ビーマーライトペン・カラーエンライトメント・メソッドとは?

ビーマーライトペン・カラーエンライトメント・メソッドは、さまざまなセラピーやワークのテクニックを介してまとめられた個人的な成長を促すワークシステムです。

もちろん、これは手作業によるアプローチです。オーラや体、そして古代から語り継がれる生体の最も重要なエネルギーのポイントに光と色を照射していきます。

この癒しのワークはビーマーライトペン・カラーエンライトメント・メソッドと呼ばれ、特定のツールを使って色のついた光を照射することで、オーラソーマのイクイリブリアムのエネルギーを与えることができます。この手法では、生体システムのバランスが崩れてしまった時、再び体のバランスを整えていきます。

そうすることで直接クライアントの体に触れずに優しくワークをおこなうことができるようになりました。

ビーマーライトペン・カラーエンライトメント・メソッドは、人間のオーラを構成している7つのサトルボディ(微細身)であるオーラフィールドにアプローチできます。このメソッドを実践する際に「ストラクチャー」と呼ばれる癒しのための独自の施術方法が用いられています。このメソッドは、「ビーマーライトペン・プラクティショナー認定コース」と呼ばれるプラクティショナー育成のためのトレーニングコースのなかで実践と理論を学ぶことができます。

そしてこのストラクチャーについて、チャクラの調整、神聖幾何学、マヤンゲート、過去世ヒーリング、光の呼吸（ブレスオブライト）、エネルギーバランスの調整、スリースター（アーススター、インカーネーションナルスター、ソウルスターと呼ばれる3つのスター〈エネルギーセンター〉）の活性化、メタフィジカル・サージェリー（形而上学的手術）、チベットのシャーマンから受け継がれたプロテクションスキルであるシャーマニック・プロテクション、メタモルフィック・コンステレーション（インナーチャイルドのためのヒーリング）、セクシャルヒーリング、プレナタル・コンステレーション（胎内記憶のためのヒーリング）といったいくつかのワークについて解説し、本書を通してビーマーライトペンワークの効果を述べることにします。

第3章 ビーマーライトペン・カラーエンライトメント・メソッドの4本の柱

ビーマーライトペン・カラーエンライトメント・メソッドは、次のとおり4本の柱に基づいています。

① 光と色
② 人間性心理学をもとにした施術方法（ストラクチャー）
③ 古代の叡智
④ 人間のサトルボディとサトルアナトミー（微細身解剖学）

第1の柱　光と色

イクイリブリアムのバイアルを使うことで、特別なエネルギーをもつ色の光を照射することができるようになります（巻頭口絵参照）。バイアルという小さなガラス瓶のなかにはイクイリブリアムボトルと同じ効能をもつ液体が含まれており、そのすべてが異なる波長の特性をもつ色の光線を発することができるからです。

この光は、まさに他に類を見ないほど「豊か」なものです。

このタイプの光は、より限定されたスペクトルの波長、すなわち不完全な波長を使用する他のカラーセラピーのアプローチよりも、人間の現実と効果的に相互作用する可能性がはるかに高くなります。

◈なぜ色の光が必要なのか？

健康を保ち、バランスを取るためには、太陽光に含まれる色のエネルギー情報を取り入れる必要があります。この自然エネルギーのバランスは、環境汚染や身体的、感情的、精神的ストレスの蓄積によって失われたり、歪められたりすることがよくあります。最終的にエネルギーバランスを崩した時、特殊な振動をもつ色を適切な場所に照射することで再び体のバランスを取り戻すことができるようになります。

人間の体のエネルギーシステムには、この色の波長に共鳴するエネルギーセンターがあります。体のバランスが崩れた部分に、ふさわしい色を選択し照射することでエネルギーが正しい情報に復元され、再びバランスの取れた状態に回復できることができます。

太陽光は、地球上のすべての生きものに対し、全体的に刺激を与える能力をもっているとしても、個々に具体的なはたらきかけをすることはできません。そこで私たちは、「ストラクチャー」を用いることによって、人の体内に欠けている色彩のもつ振動をもたらすために色の光線を使用します。

このように、オーラや体だけでなく、人間のあらゆる次元で大きな恩恵を得ることができるのです。

◈なぜ、どのように色の光は作用するのか？

色の光が人間の体内でどのように作用するかについてはまだ解明されていないため、その光がなぜはたらくのかは、理論や仮説に頼るしかありません。

20世紀が生産の時代であったとすれば、21世紀は情報の時代といえるでしょう。この観点から、情報は発信されてはじめて価値をもつということを考慮しなければなりません。情報伝達は必要不可欠です。技術的には、今世紀に入ってから、電子伝送から光伝送システム（光ファイバーやその他の技術など）へと移行し、これまで想像もできなかったような情報伝達能力の向上が実現しました。科学的に見ても、データ伝送に光を使うことは、どんな電子媒体よりも優れていることが明らかとなりました。

人類が地球上の生命の進化の頂点を代表していることを考慮すると、人間には、利用可能なあらゆるメカニズム、すなわちテクノロジーが組み込まれているはずです。そして実際に、電気、光学、原子力、ナノテクノロジーといったものは、何千年もの間、人体システムから応用されてきたのです！

健康や癒しのテクニックについて議論する時、忘れられがちなのは、私たちの体の機能が2つの側面（解剖学と生理学）を通して発達するということです。すなわち解剖学は目に見える部分であり、生理学は目に見えない部分であり、生体の機能レベルで存在するものです。

人間の体は電気を生成して使用することで神経に通じ、非常に重要で特異な情報を伝達することですべての動きや感覚知覚を調整します。

中枢神経と末梢神経の情報は別として、体内において調和の取れた機能を果たすためには、数十万に及ぶプロセスを同時に完全に調整する必要があります。このプロセスは、解剖学的に定義された神経の能力をはるかに上回る量の情報の伝達を要求します。そのため、機能レベルだけではなく、解剖学では説明がつかないような別の情報伝達システムが存在しているとも考えられます。

それは、体内に存在する情報伝達の管であり、その主要なチャンネルは中国で発見され、経絡と呼ばれているものです。

しかし経絡だけではなく、インドの伝統的なヨガでは、ナディと呼ばれる非常に微細なエネルギーの通り道があります。また古代マヤ文明では、マヤンゲートを中心としたエネルギーシステムを使用していました。メキシコのウイチョル族は、一人ひとりと宇宙をつなぐ非常に細い光の経路などをとらえました。

すべての生命のプロセスを自己調整し、統合するこのシステムは、このような情報の流れを管理するために光を利用している可能性が高いのです。そしてこの光は、必要なマルチタスクを可能にするために、確実に異なる波長で伝達する必要があります。

この分野に関しては、公的な科学のレベルでは、まだ研究と理解の境界線を越えていないのです。

光学系が情報伝達に非常に有効であることを考えると、すでにおこなわれた研究に基づいて、人間の体も光を使って細胞から細胞へ情報を伝達している可能性が高いと考えられます。
第4章では、より詳しく光の理論について解説します。

◈光、情報、バイオフォトン

光については、基本的には2つの説があります。光を電磁波とみなす説と、光をエネルギーを帯びた小さな粒子の連続した流れとしてとらえる説です。

まず、光を電磁波とみなす説については、例えば湖に石を投げ込むと、波が連続して広がっていく様子を観察することができます。光を電磁波としてとらえる理論は、光をこの波のように作用するものと考えます。この理論は、眼鏡やカメラなどの光学的用途に使われています。しかし、波は他のものと相互作用することはありません。川に柱を立てて置くと、波は柱の周りをまわりますが、その柱は直接影響を受けることはありません。

一方、夜に見えるスイッチや、暗闇のなかで見える時計の針は、光を吸収して放出しています。この現象は波の理論では説明できません。その理論の代わりに、光を「発光粒子」の連続した流れとみなす粒子説によって説明することができます。

光は伝導するエネルギーを帯びた粒子の集合体です。吸収できる物質を見つけた場合のみ、光は吸収されます。粒子は光線のなかを移動します。この理論の法則を応用し、理解することで、非常に重要な技術的応用が可能になりました。

最もよく知られているのは、ルビーやエメラルドなどの貴石の結晶を電気的に刺激して生成された完全に平行な光子《こうし》を放出することで得られるレーザー光線でしょう。結晶は完璧な分子構造をもっています。結晶に電荷を与えることでエネルギーを充電し、完全に調和した光の粒子を放出するのです。これは完璧に調整されています。

歯科医師は、光を荷電粒子のエネルギーの集合体とみなす理論の実践を応用して色の光を充填する材料を導入しています。


ビーマーライトペンでは、エネルギーの流れを調和させる波の理論と、ドイツにおける生物医学のパイオニアであるフリッツ・アルベルト・ポップ博士がバイオフォトンと呼ぶ体内に入る光の粒子の理論を使用することにより、両方の理論を調和する作用があります。

細胞間の情報を伝えるのがバイオフォトンです。鍼灸療法では経絡を通じてバイオフォトンが運ばれ、鍼灸の作用を促していきます。細胞が病理学的過程（病気や事故など）により破壊されると、フォトンは細胞外空間に分散し、機能を失います。そのため、ビーマーライトペンの技術をうまく使えば、これらの分散したフォトンを「再調和」させ、適切な細胞間のコミュニケーション経路を再び開き、細胞を回復させることができるのです。

光ファイバーは完全な暗闇のなかでしか機能しませんが、私たちの体内も完全な暗闇状態になっています。光という物質は、肉体と精神をつなぐ「架け橋」の役割を果たしており、これが多くのスピリチュアルな体験を生む理由のひとつとなっています。

ビーマーライトペンは、物質的なものにも非物質的なものにも作用します。ビーマーライトペンを使用すると、身体的、精神的、感情的、スピリチュアル的にも作用しますが、最も深い影響はバイオフォトンのレベルで起こるのです。

◈ビーマーライトペン・カラーエンライトメント・メソッドの特徴

その人の内側の変容を達成し、幸福感や充足感を味わい、バランスよく健康になり、悩みや苦しみ、不安を軽くしていくには、人間の多面的な次元に対応したセッションやトリートメントをおこない、瞑想を伴うセルフワーク、自身の知識や他者との関係性にはたらきかける動的なワークなど、自己の解放や気づきを促すプロセスが必要になります。

残念ながら人々が追随する多くのセラピーは、一時的なもので、表面的な変化しかもたらさず、日常生活に根本的な変化をもたらす真の統合には至りません。

しかも時々加熱するだけでは水を沸騰させることができないのと同様に、一度だけの対症療法では本当の変化は起こらないのです。ただテクニックや製品があればよいというわけではなく、他の人からのサポートのもとでおこなうようなダイナミックで一貫したワークの必要性を感じるようになりました。しかも、人間には人間以上に優れた触媒、いわば解決を促すものが存在しないことに疑いの余地はありません。そのため、私たちはビーマーライトペンのメソッドを生み出しました。

ビーマーライトペン・カラーエンライトメント・メソッドは、1996年に誕生し、まだ新しいメソッドではありますが、本書を読めばわかるように、これまで膨大な数の研究を積み重ねてきました。

◈セッションの実践

ビーマーライトペンのセッションにおける対話やオーラソーマのコンサルテーションでは、プラクティショナーは最も適切なストラクチャーとバイアルを選びます。そしてバイアルをビーマーライトペンに差し込み、オーラや特定のサトルボディにはたらきかけるポイントに光を照射していき、より具体的なワークに向けてクライアントの準備を整えていきます。

色の光線に含まれる情報は、直接照射することで伝えられ、最も特異的で活性化された癒しの構造を伴っているため、非常に効果的なセッションをおこなうことができます。

照射時間は1か所につき60〜80秒以内を推奨していますが、オーラフィールドにおいてのエネルギーバランスの調整やスリースターの活性化など、特定の部位や施術方法によって照射時間は異なり、5〜20分程度の時間を要します。また、頭部や顔などは数秒以上の照射を禁じています。

基本的に、ビーマーライトペンのセッションは服を着用したまま受けることができます。

ビーマーライトペン・カラーエンライトメント・メソッドでは、個人のニーズや都合に合わせて、週に3日~2週間に1回の頻度で、数か月にわたって施術することができます。

1回の施術にかかる時間は、必要なストラクチャーによって異なり、20分~2時間程度になります。

ビーマーライトペンによるセッションは、予算や時間が限られている方でも、多彩な色によって身体、感情、精神、霊性に滋養を与え、自分の核となる中心的なところ（コア）を高めたいと願うのであれば、無理することなくニーズに合わせて受けることができます。

✴ 第2の柱　人間性心理学をもとにした施術方法（ストラクチャー）

人間性心理学とトランスパーソナル心理学から生まれた治療的アプローチは、今日では応用ホリスティック心理学へと発展しています。これは、人間の心身にホリスティックにアプローチし、心身のバランスを整える特別なセッションです。

正統派の科学では、直線的で二次元的な古典的手法を用いるケースがよくあります。このアプローチは、たとえ現状を適切に説明できるとしても、包括的なものとはいえません。

その一方、ビーマーライトペン・カラーエンライトメント・メソッドでは、三次元的アプローチでワークを進めていきます。これは、このワークのために開発した特別なストラクチャー、つまり人間の三次元的な調和を目的とした治療的アプローチを通しておこなわれます。このワークの中心となるのは「人間全体」です。

◈ビーマーライトペン・カラーエンライトメント・メソッドのストラクチャー

ビーマーライトペン・カラーエンライトメント・メソッドのトレーニングを知らない読者の方にとっては、「ストラクチャー」と呼ばれるビーマーライトペンのワークの施術方法を理解することは、特に興味をそそられることでしょう。

このような理由から、選択したバイアルから光と色の癒しの力をできるだけ効果的に伝えるために、このメソッドが使用しているテクニックをいくつかご紹介します。

これらのストラクチャーはすべて、医学、サトルアナトミー（微細解剖学）、鍼療法、人間性心理学、トランスパーソナル心理学などの知識から生まれました。私たちは長年、これらのテクニックと知識を世界中で教えており、私たちのもとで直接トレーニングを受け、後にビーマーライトペンのプラクティショナーやティーチャーとなった医師やホリスティックセラピーの専門家たちがたくさんいます。そしてイタリア、ドイツ、スイス、ギリシャ、韓国、日本、台湾、オーストラリア、インド、ブラジル、アルゼンチン、メキシコ、アメリカなどにおいてトレーニングを受けた認定プラクティショナーやティーチャーたちによるセッションが実践されています。

◈エネルギーバランスの調整とスリースターの活性化

このストラクチャーは、次の2つの目的で使用できます。

第一の目的は、サトルアナトミー（微細解剖学）的にいうと、クライアントのサトルボディ全体のバランスを、その時点で最も適切な色を通じて調整することです（エネルギーバランスを整える）。いくつかの例を挙げてみましょう。

例えば、何らかの理由でショックを受けている場合は、オレンジのバイアルを使用します。また、差し迫った試験を心配し、不安を感じている場合は、イエローやゴールドのバイアルを使います。ブルーやバイオレットのバイアルは、その爽やかな特性により、発熱時や体にやけどを負った場合に使用します（日光によるものも含む）。

第二の目的は、ビーマーライトペンの本格的な施術をおこなう前の準備をすることです。ソウルスターからはじめる場合はマゼンタのバイアル、もしくはアーススターからはじめる場合はピンクのバイアルを使ってスリースターを再活性化することで、クライアントの人生における使命や目的を目覚めさせるようダイレクトにはたらきかけることができます。

このワークは、ビーマーライトペンのセッションの前に優先的におこないます。

なお、このストラクチャーはベーシックコース（レベル１）で学ぶことができます。

◈チャクラヒーリング

ビーマーライトペンのメソッドでは、チャクラを癒すためのストラクチャーがたくさんあり、ワークの必要性やその内容の深さ、達成したい問題に関わるブロックの解放に応じて適用されます。トレーニングでは、言葉によるアファメーションなど、徐々に問題のあるチャクラの特徴に対応するさまざまな活性化のテクニックを学びます。当然のことながら、そのワークの内容が集中的で多様であるほど、より豊かで再生的なものになり、特に自分自身を明確に深く理解することができるようになります。

クンダリーニと呼ばれる、生命のエネルギーの流れを整えるために、チャクラを調整する2つの簡単なテクニックがあります。1つはオーラエネルギーセンターをチャージまたはディスチャージする方法、もう1つは経絡に沿ったツボ（経穴）を活性化する方法です。

後者は、チャクラのバランスをよく整え、再び活性化し、チャクラに対応する器官の調子を整えるのに理想的です。各チャクラに対応したバイアルを随時使用していきます。


チャクラのエネルギーを活性化するための講義や演習は、レベル1（ベーシックコース）でおこなわれ、そこで基礎を身につけた後、生徒たちは自分自身や他の人に実践することができるようになります。レベル2（エモーショナルコンピテス）では、さらに深い段階に達するので、生徒たちはより深いレベルでの意識において、実践を重ねることで新しいストラクチャーを習得していきます。新たな知識が広がり、エネルギッシュに一新できるようにするためにエネルギーセンターのワークを学んでいきます。

◈マヤンゲート

「時間の使者」とも呼ばれたマヤ人は、それまでの時間の限界を超越した文明を生み出し、人間の時間を創造性を通して、すでに潜在的に存在するもの、あるいは調和を実現するための手段に変えたのです。そのためには、他の文明が成し得なかったような天体の動きを研究し、観察する必要がありました。賢明な天文学者でもあるヒーラーたちは、天体は特定の波動を発しており、それが地球上の生物のあらゆる次元に影響を与え、それぞれの日常生活にも直接影響を及ぼすような特定の振動を発していることを理解していました。

つまり、共鳴現象によって日常生活での固有周波数が人間の心と体の特定領域（ゲート）に大きな影響を及ぼしたのです。これは同じ身体内の領域に作用し、身体的、感情的、精神的バランスを再調整するのです。

これらの領域は「マヤンゲート」と呼ばれ、それぞれが個性的な特徴をもち、特定のエネルギーと共鳴しています。

ビーマーライトペンを使ったワークのなかで、私たちはこの特定の共鳴を用いて異なる「ゲート」を照らします。各ゲートにはそれぞれに対応する特定の色とバイアルがあります。

このストラクチャーはマヤの神聖暦ツォルキンと結びつけられており、レベル3（マヤの叡智）のトレーニングにおいて用いられます。このストラクチャーは体にも魂にも大きな恩恵をもたらします。

ツォルキンは生命の記憶に関連した宇宙の記憶を活性化するという機能を有する古代のツールです。それは「銀河のシンクロ」と呼ばれる個々のバイオリズムを算出することができ、ビーマーライトペンのワークに大きな効果をもたらします。

ここでは、マヤンゲートとは何か、どのように呼ばれるかについて簡単に説明しましょう。

マヤンゲートとは、ツォルキンの典型的な太陽の紋章に対応するエネルギーに関連する身体の26か所の領域であり、その部位にビーマーライトペンを照射することで、各ゲートに特化された情報が伝達されます。このように、マヤンゲートは特別なレセプターであり、人間が本来もつ調和と創造性を活性化させることができます。

マヤの太陽の紋章は20種類あり、一部の紋章は複数のゲートで表現されているので、合計で26種類のゲートがあることになります。

太陽の紋章に対応したゲートは、次のとおりです。

■太陽のゲート

太陽は太陽系の中心であり、その光はこの地球上の生物に調和と進化についての情報を伝えてくれます。そのため「生命のゲート」とも呼ばれています。

■竜のゲート

強力なエネルギーを放つ竜（ドラゴン）は、地球上のあらゆる先祖の文化とつながっており、天と地の秘密を知らせてくれます。また「転生のゲート」とも呼ばれています。

■風のゲート

風は、目に見えない力で種を運び、生命と活動のパワーを解き放ちます。それは時空を超えて飛べる能力につながっています。このゲートは「呼吸のゲート」とも呼ばれています。

■空歩く人のゲート

天と地のつながりを通して、空歩く人は、いまこの瞬間に意識を向けることで目覚めを促します。そして、私たちの内に宿る永遠の旅人は、この人生においても地上と神聖の次元を探究したいと望んでいます。このゲートは「創造性のゲート」とも呼ばれています。

■魔法使いのゲート

人生のさまざまな側面に魔法をかける能力をもつ者は、賢者です。ヘルメス・トリスメギストス（伝説の錬金術師）は、魔法をかけるためには己を叡智に捧げる必要があると説きました。別名「パワーのゲート」とも呼ばれています。

■嵐のゲート

たった1粒の雨からはじまるといったように、小さなものから生じるパワフルな嵐のエネルギーは、浄化を起こし、再生させ、変化をもたらします。その大きな影響を受けながら、中心にとどまることができれば、強力な自己回復によって偉大なことを成し遂げられるでしょう。別名「変化のゲート」とも呼ばれています。

■鏡のゲート

マヤ文明では、鏡は終わりのない秩序を映し出していると考えられていました。それは宇宙の自然な秩序です。ジョルダーノ・ブルーノの言葉を借りれば「宇宙は無限の世界を映し出す大きな鏡」であり、彼は、人類はこの秩序ある無限の世界の断片を表していると信じていました。このゲートは「投影のゲート」とも呼ばれています。

■鷲のゲート

鷲は大地から養われながらも、そこにとどまることなく高く飛んで完全に全体を明瞭に見わたすことができます。「世に生きて、世に属さず」とは、*Osho*の言葉です。鷲のこの視点は、分析よりも概観としての能力を重視します。このゲートは「観察のゲート」あるいは「離脱のゲート」とも呼ばれています。

■戦士のゲート

真の戦士は、自分が必要とするものをどうやって顕現させるかを知っている人です。心を剣のように使い、嘘と真実を見分ける方法を知っています。そして率先して行動することと、兵士として行動することの違いを見分けることができます。また、恐怖に屈せずに行動できる人であり、恐怖を理解しているからこそ、その恐怖に影響されることはありません。戦士は物質的な力を精神的な力に導く方法を理解しています。このゲートは「現実化のゲート」とも呼ばれています。

■蛇のゲート

目標の達成に向けて進化するなかで、自分の体に対してだけでなく、親密な人間関係や日常生活にも活力を与える方法を知る必要があります。このゲートは「変革のゲート」とも呼ばれています。

■手のゲート

古代マヤ語では「手」という言葉は「マニーク」と翻訳されています。「手」を通して私たちの現実はつくられていきます。手は、癒し方や動かし方、そして夢を形づくる方法を知っているのです。このゲートは「行動のゲート」とも呼ばれています。

■種のゲート

私たちが過去に種を蒔いたものは今日収穫し、今日蒔いた種はいずれ実り未来に収穫されます。種が花を咲かせたり、実らせたりするためには肥沃な土壌が必要となります。花を咲かせるためには、最も肥沃な土壌に最も美しいプロジェクトのための種を蒔く必要があります。このゲートは「カルマのゲート」とも呼ばれています。

■人のゲート

人間は学ぼうとすると、間違ったり、経験したり、選択したりすることができます。人間は純粋な可能性として世界の中心にあり、自ら進化したいかどうかを自由に選ぶことができます。人間に与えられた贈り物は、知恵を使って自分がなりたい人を選び、つねにその選択を後悔しないようにすることです。このゲートは「自由意思のゲート」とも呼ばれています。

■猿のゲート

猿は人生で遊ぶことや物事をあまり深刻にとらえ過ぎないようにする方法を教えてくれます。猿がユーモアによって問題を解決することや、私たちが宇宙のゲームに必要不可欠なパーツであるということを認識することで、猿のゲートは魔法のような解決策を教えてくれるのです。このゲートは「解決のゲート」とも呼ばれています。

■夜のゲート

夜は守護者であり、私たちの夢や直感力を育み、再生力をもたらします。このゲートは「滋養のゲート」とも呼ばれています。

■世界の橋渡しのゲート

新しい機会やビジョンを創造する者であり、存在するさまざまな次元から来ます。このゲートは「超越のゲート」とも呼ばれています。

■犬のゲート

犬は愛そのもののように、とても忠実で、守ってくれる存在です。犬は、見返りを期待することなく、限りなく、愛することができると気づかせてくれます。オープンハートは、誰に対しても分け隔てなくうちとける心であることを教えてくれるのです。このゲートは「保護のゲート」とも呼ばれています。

■月のゲート

月は水の波動と流れ、新しいサイクル、感情を司ります。エネルギーを通して感情を浄化し、新たなサイクルに乗り出すことができます。このゲートは「通過のゲート」とも呼ばれています。

■地球のゲート

地球は生物が成長する惑星であり、私たち人類は、地球を通して進化することができます。そして地球上で進歩し、地球とともに一体となります。人類は地球という星のあらわれであり、また地球意識のあらわれでもあります。このゲートは「成長のゲート」とも呼ばれています。

■星のゲート

星の輝きは、私たちの夢や知性を養い、内なるビジョンを高めます。このゲートは「美しさやビジョンのゲート」とも呼ばれています。

マヤンゲートの教えはプラクティショナー認定コースのレベル1〜5において、そのさまざまな側面や洞察を学ぶことができます。

第3の柱　古代の叡智

人類はその歴史がまだ浅いにもかかわらず、すでに膨大な量の「知識」を蓄積してきました。

ビーマーライトペンのメソッドでは、ピタゴラスの教え、禅の技法、マヤの宇宙論、ギリシャ神話、西洋占星術の基本的な心理学的ステップ、ソクラテス・プラトンの考え方など、古代の秘教学校で培われた哲学に基づき、秘技や知識を取り入れています。通常、この種の知識は二次元的ではなく一次元的に解釈されることが多いのですが、ビーマーライトペン・カラーエンライトメント・メソッドでは、三次元の豊かさから解釈をおこなっており、これらの知識が重要な柱を形成しています。

◈光の呼吸（ブレスオブライト）

この強力なパーソナルワークには、長期間にわたって心身に蓄積された緊張を解きほぐし、意識のなかの不要なものを浄化する力があります。技術的には、さまざまな呼吸法を用いて光を吸い込み吐き出しながら、ソウルワークと統合されたボディワークをおこないます。

プラクティショナーはカウンセリングの際に、クライアントにバイアルのセットを見てもらいます。クライアントはそのなかから一番惹かれるバイアルを選んで、そのワークを受けることができます。もし、オーラソーマのリーディングも受けている場合には、1番目または2番目に選んだイクイリブリアムが対応しています。

◈神聖幾何学

神聖幾何学は、謎めいた神秘的な科学のシンボルとしての役割をもち、人々や場所をスピリチュアル的に保護するために、古くから利用されてきました。実際、古代の秘教学校では、神聖幾何学は、高次の精神性を覚醒させるイニシエーションのためや、縁起のよい儀式をおこなうための手法として実践されていました。

大聖堂の壁にステンドグラスの幾何学模様が用いられていることを考えると、このような建築物で頻繁に使用されてきたことがよくわかります。光が透過し、ステンドグラスの幾何学的な模様を照らし出すと、聖堂内の人々は色彩と光の波長に包まれます。彼らは神聖幾何学によって伝えられた光の粒子の光線を浴びることになります。

ビーマーライトペンでは、光と色を使って、静寂、瞑想、インスピレーションを得るために、私たちの内なる大聖堂を建てることができるのです。

このストラクチャーは、レベル2で学びます。

◈メタモルフィック・コンステレーション

インナーチャイルドにはたらきかけるストラクチャーは、「メタモルフィック・コンステレーション」と呼ばれています。

ビーマーライトペン・カラーエンライトメント・メソッドでは、主に2種類を使用します。

1つ目は、受胎からはじまり、この地球上での過去世の最後を思い出し、その人生の全過程に関するものです。

2つ目は「プレナタル・コンステレーション」としても知られています。このセッションでは、子宮にいたころの記憶を追体験したり、母親の胎内にいた時にどのような感情を受け取っていたかを感じたりすることができます。

どちらもとてもリラックスでき、バランスをうまく整えるものであり、さまざまな段階のワークで提供されます。

第4の柱　サトルアナトミー（エネルギー体の微細解剖学）

サトルアナトミーでは、チャクラ、サトルボディ、エネルギー、経絡、マヤンゲート、神聖幾何学など、それぞれ異なるはたらきについて詳細な考察をおこなっていきます。

人類は、目に見えず不可解なものを目に見える形にして理解しようと、何千年もの間、微細エネルギーに関する研究に時間を費やしてきました。

ビーマーライトペンでは、人間の身体的側面をサポートするために、実用的でダイナミックかつ効率的手法を確立し、さまざまなレベルでこの知識を統合しました。

さらに、解剖学や生理学といった分野で扱われる人体の知識は、ビーマーライトペン・カラーエンライトメント・メソッドを習得するうえで不可欠なものであり、プラクティショナー認定コースで提供しています。

これらのことから、ビーマーライトペン・カラーエンライトメント・メソッド（日本ではビーマーライトペンという略語を使っています）は、ホリスティックな変容と癒しの強力なシステムとなっています。

◈チャクラとサトルボディ

チャクラとは、古代サンスクリット語で「車輪」を意味する言葉で、身体上にある生命エネルギーの基点です。このチャクラが見える人は、チャクラは色彩を帯びた光を放って振動する車輪のようだと表現しています。また、エネルギーを体内に取り入れ、変換し循環させることから、ヴィッキー・ウォールはチャクラを「エネルギーステーション」と呼んでいました。

チャクラはマクロ宇宙からミクロ宇宙へのエネルギーの流れをコントロールし、またその逆も同様です。さらに、チャクラは色を通して関連するサトルボディのマインドや知性のはたらきと結びつき、それぞれのチャクラは特定の色と関係しています。

サトルボディは解剖学的な位置に一致するチャクラとは異なり、人体の周りに重なり合って存在する、いわば衣服のようなものです。ただし、私たちの体の周りを覆う皮膚に最も近いサトルボディは、他とは異なる性質をもちます。そのはたらきは、人間が生きていくうえでとても重要です。チャクラによって伝達されるものをどのように受け取るかは、その人の健康状態によって異なります。よって、読者の皆さんが概念をより理解できるように、物理的な側面での例を挙げるようにします。

体はエネルギーを取り込み、周囲に放出し、脳がそれを処理し、必要に応じて再分配します。すべてのサトルボディはエネルギーセンター（チャクラ）とつながっており、正確にはその相互作用の過程で意識レベルが生まれるのです。

それぞれのチャクラは、人体の特定の部位と深く結びついています。何千年にもわたる観察と洞察を通じて、このエネルギー的な側面をもつ多様な機能についての理解が深まってきました。これらについて、次に詳しく解説していきます。

チャクラに関する研究では、著述家や学派がチャクラを批評したり、軽視したりする傾向があることがわかりました。これは身体のある部分やその機能に対する文化的な視点の影響を受けているためです。実際、彼らが下位チャクラや上位チャクラについて言及する際、地球に対する身体の物理的な位置を表しているわけではありません。むしろ、魂は別次元にあると考え、その存在を崇高なものとみなしています。一方で、肉体はより下のレベルに位置するとみなされ、実用的で基本的な機能を果たすためだけに存在すると考えられています。

このような考え方から、魂は肉体よりも優れており、肉体が生きている限り、肉体は本質的な要素ではないという信念につながりました。したがって、すべてがエネルギーであり、私たちは地球上で自身の精神を肉体的な形でも体験し、自分の可能性を探求し、それを自然が与えてくれた形で具体的に表現するためにここにいるのだと考えています。

今日の地球上で、私たちは自身のエネルギーを探求し、理解を深めることで、「上なる如く、下もまた然り」という真実に基づき、人間が本来もつ全体性を実現できると信じています。そして、その逆も同様です。

概念的には、第1チャクラと第7チャクラを「天と地をつなぐ体の基点」、その他のチャクラを「身体的、感情的、精神的なレベルで管理するエネルギーセンター」とイメージするといいでしょう。

さらに、すべてのチャクラには、あらゆるレベルで糧となる色が関連づけられています。例えば、疲れていたり、性的疲労を感じたり、物質的な次元がおろそかになっている場合は「レッドが不足している」と言い、おしゃべりが多く、落ち着きがなく、何事にも責任を感じ過ぎている場合は「ブルーが過剰になっている」と言います。

おそらく色は、サトルボディとチャクラがバランスよく機能するために光のスペクトルに満ちていて、必要な情報の伝達手段として機能しているのでしょう。

ではここから、最も一般的で典型的な概念でチャクラを分析し、対応するチャクラの色に相対的なバイアルを使って色の光を照射し、サトルボディのどこにはたらきかけるかを示します。時には、チャクラの解説が自分自身のことを述べているように思えるでしょう。それでいいのです。なぜなら、少なくとも時折、自分の問題に気づくことができれば、内なるシャーマンを目覚めさせて癒しをもたらすことができるからです。それはいまここで起こり得ることなのです！

イクイリブリアム／バイアルのすべての色の組み合わせは、それぞれがチャクラとそのサトルボディに対応しています。次のチャクラに関する解説の内容は、オーラソーマのチャクラセットと関連しています。

◈第1チャクラ

イクイリブリアム／バイアル5番、6番は、セクシャリティを促し、生命力を高めます。第1チャクラは、物理的な世界との意識的なつながりのある第1サトルボディにつながっています。どちらもレッドに関連づけられています。

第1チャクラは、物質的な生活にグラウンディングさせることから、体、生命力、セクシャリティ、そして一般的な物質世界との関係を表しています。第1チャクラは足から生殖器の領域、仙骨の近くに位置します。このチャクラは地球と深く関わっています。乳児期の最初のつながりが母親であったように、知覚力を備えた生物として、私たちの最初のつながりは母なる地球であるべきです。

みずがめ座の時代になって私たちの意識が目覚めるにつれ、調和の取れた出生が人間の第1チャクラのバランスを整えるのに非常に助けとなるという認識がますます広がってきました。なぜなら、誕生とは、物質、環境、人生における転生のはじまりであり、基盤であるからです。

実は、第1チャクラには、生命の根源的なエネルギーが宿っています。たしかに第1チャクラがうまく機能しない人は、誕生の際のトラウマがあったか、幼年期に辛い経験をしている場合が多いようです。もちろん、公的な医療サービスはこのような状況に対して何もできません。なぜなら、サトルエネルギーや、エネルギー的な次元で人間に起こることを考慮していないからです。

一方、現代人の日常生活のなかで母なる地球との関係をしばしば忘れがちななか、地球との調和を目指すシャーマニック・セラピーは、こうした問題に詳しく、どのようにアプローチすべきかを理解しています。

そして、色を使っても奇跡を起こすことができます。ビーマーライトペンやイクイリブリアムのような光のツールを使って、特定のストラクチャーで不足している波長をつくることができるからです。レッドの光をあてることでレッドの波長を第1チャクラに取り戻し、このチャクラの力強さとダイナミズムを回復させ、レッドに関わる体内情報の流れを活性化します。

また、レッドは血の色であることから、生命を表す色でもあります。実際、レッドには体力を増強し、活力と健康を向上させる効果があります。疲れているか、落ち込んで元気がない時、レッドはすべてのチャクラのエネルギーの循環を刺激し、活力をもたらし、運動や行動する力を生み出します。

レッドは生殖器を活性化させ、より多くの赤血球を生成するのに役立ちます。

第1チャクラが必要とするバランスの取れたエネルギーを受け取れず、レッドが不足したり過剰になったりすると、地球との調和や日常との関係が間違いなくバランスを崩します。例えば、子どものころに行動を制限され抑圧されて育ち、レッドの光を十分に吸収できなかったため、レッドが不足している場合です。そのような場合、現在のあなたは、身体的に性的興奮を得ることが難しく、結果として人生への情熱が足りない、情緒不安定でやる気のない大人だと感じているかもしれません。

一方、レッドのエネルギーが過剰になると、性的な面でもすぐに興奮してしまい、物質的な次元にとらわれて過敏になる傾向があります。この場合でも、すぐに焦燥感に駆られたり、不満を募らせたり、怒りっぽくなります。


ここでは第1チャクラの色についてさらに補足を述べたいと思います。

同系色であるピンクも第1チャクラに含まれます。実際、カラーセラピーでは「ピンクはレッドに光が加わったもの」と解釈されています。ですから、第1チャクラのバランス、あるいはアンバランスについて、レッドもピンクも同様の解説がなされています。

また、とりわけピンクは、特別な意味も含まれます。女性らしさのハーモニーと女性性のすべての特徴を表すピンクは素晴らしいフェミニンカラーであり、母性愛、愛情、注意力、そして傾聴を必要とする子どもを育てることにも関係しています。ピンクは、与え受け取る能力に共鳴します。

光で満ちたレッド、つまりピンクは情熱の赤い糸が第1チャクラから共感することで心につながり、やがて無条件の愛としてピンクの糸に変容していく様子を表しています。

第1チャクラのレッドのエネルギーが過剰だと、その人の性格が影響を受け、過度に支配的、抑圧的な印象を与えることがあります。

その一方、第1チャクラのバランスが取れていると、意欲的に目標を追求することで活発でダイナミックになり、人生において自分の道を進む意思を高めるとともに必要に応じてその道を変えることができます。第1チャクラがバランスよく活性化していると、自分や他人を大切にし、人生をつねに再生でき、そして日常生活のなかで、いまこの瞬間に根ざし意識を高めて自分を強くすることができるようになるのです。

最終的には、人生で起こることに巻き込まれたり、その出来事と自己を同一視して混乱することもなくエネルギーを使うことができる第1チャクラが潜在的にもっている観察の力を目覚めさせることになるのです。


このチャクラについて、偉大な賢人の説諭をご紹介したいと思います。

「世に生きて、世に属さず」

実際、人間は鷲のように大地から栄養を得なければならないにもかかわらず、鷲よりも高く飛べる魂をもっているのです。

イクイリブリアム／バイアル26番、87番、105番（イクイリブリアム／バイアル26番が強過ぎる場合は、その代わりに87番が最適なものとなります）。これらはショックを吸収し、生殖器系に関するブロックを解除するので、不妊治療にも役立ちます。

◈第2チャクラ

マントのように体全体を包み込む第2サトルボディは、肉体より3～10センチメートルのところに存在していて、官能的で流れるような性質をもち、その機能は知覚することにあります。それに対応する色は第2チャクラと同じオレンジです。

第2チャクラは、卵巣からおへそ、腰部を中心としたお尻周り、仙骨までの領域に位置しています。その主な機能は、快楽、官能、交友、他者との融合、そして精神的な充足感の追求、精神的なエクスタシーの追求に関連します。

このチャクラは、創造的な喜びの源《みなもと》として、人生の至高の意味を探求するように自分を駆り立てます。

そしてこのチャクラを、胎児から大人になるまでの記憶の貯蔵庫と考えることができます。

母親の胎内にいた時と同じように、他者と完全に一体化した時に感じる深い満足感の記憶が残っています。母の胎内では完全に内なる次元にいたのに、誕生とともに外界に出て、他の感覚や他の次元、つまり人生を体験するという自然な欲求を肯定することになります。そのような特性は、つねに自分のなかに内在します。集中して内側の世界を感じたいという欲求と外側の世界に出て他者を求めたいという欲求です。

第2チャクラは、二元的な性質をもつ複雑なチャクラであり、理解し受け入れなければなりません。なぜなら、そうすることではじめて、外の世界と内の世界との関係のバランスを見つけることができるからです。

このチャクラでは、私たち人間の官能性とセクシャリティの美しさに気づきます。そして私たちはここで、一部の宗教的道徳が教えようとしたような、自分の性が子孫繁栄のためだけのものではないことを理解しています。なぜならセクシャリティとは、人間にとって他者との融合、生命との交わりのなかで喜びをもって顕現したいと願う、共通した喜びであり、体のなかの生命力から生じる人間にとって生得的に必要なものなのです。実際、セクシャリティは最も強力な生命の表現であり、あなたを束縛することも、自由に解放することもできるのです。

このエネルギーを長年にわたって科学的に研究していた精神医学者ヴィルヘルム・ライヒは、ついに発見したこのエネルギーを「オルゴン」と名づけました。さらに、それは性的表現や特定の瞑想法によって自然に表出するエネルギーであると考えました。このエネルギーが発揮されないと、他人のネガティブな感情に影響を受けやすくなってしまうのです。自分を守ろうとしたり、苦しみを避けようとしたりすると、自分の感受性が鈍ってしまいます。

第2チャクラのバランスが崩れている人は、自分の内側に入って自分自身のエネルギーを取り戻す方法を知らないために、他者との関係において依存してしまう傾向があります。愛情に満ちた子ども時代を過ごしていても、保守的で抑圧的な性教育を受けてきた場合、大人になってからの性生活は困難となり、トラウマになってしまうことがあります。

このような人は、ショックを経験し、エーテル体の傷を抱えていることがよくあります。

エーテル体の傷は、オーラにあいた穴のようなもので、そこから多くの生命エネルギーが放散され、エネルギーのバランスが大きく崩れてしまいます。このようなエネルギーバランスの乱れを補おうとして、人はさまざまな種類の依存症に陥りやすくなります。極端な場合はこのエーテル体の傷は、拒食症や過食症といった身体的かつ精神的な損傷を引き起こす可能性があります。

そこで、ビーマーライトペンで適切な波長（オレンジ）をエーテル体にもたらすと、エーテル体の傷を修復し、生きる喜びに関わっている、この素晴らしいチャクラのバランスと調和を回復することができるようになります。

◈第2ハーフチャクラ（第2・5チャクラ）

イクイリブリアム／バイアル4番、41番は、「インカーネーショナルスター」にあたたかさと気づきを与え、太陽神経叢（みぞおち）をリラックスさせるのに役立ちます。

第2ハーフチャクラの色はゴールドに関連しています。このチャクラはおへそから上に2〜3センチメートルのところにあり、基本的に体の中心を表しています。太陽の情報を受け取る宝箱のようなもので、私たちはこのチャクラに深い愛に満ちた意識を向け、その人の潜在的可能性を最大限に輝かせるべきなのです。

太陽神経叢は、光と意識の素晴らしい種であり、私たちが輪廻転生によってその種を開花させるようになります。

ちなみにこの種は、ある流派では「モナド」と呼ばれ、ヴィッキー・ウォールは「真のオーラ」と呼び、マイク・ブースは「インカーネーショナルスター（受肉の星）」とも呼んでいます。ですから、この種はもっと大きな意識の拡大をもたらします。

そして生きている喜びをもっと感じるために、モナドや真のオーラ、インカーネーショナルスターを活性化させる必要があります。

右に挙げたイクイリブリアムのいずれかを適用することに加えて、この星の輝きが私たちの人生の道やステージをより一層明るく照らすように、「光の呼吸（ブレスオブライト）」とともにワークに取り組むことが望ましいでしょう。

イクイリブリアム／バイアル4番、42番、51番は、肝臓、脾臓、膵臓、胃のエネルギーのブロックを除去するのに役立ちます。神経系統を調整し、肌のpH値のバランスを取ります。

第3サトルボディは、肉体より15～35センチメートルのところに存在しています。その性質は電気と磁気であり、その機能は電気的なエネルギーにつながっています。

◈第3チャクラ

第3チャクラの色はゴールドとイエローに関連し、人体の中心部に位置しています。太陽神経叢、胃、膵臓、胆嚢、肝臓、腎臓、副腎に関係しています。その機能は、生命の力の顕在化です。愛のように、このパワーは無限大です。

第3チャクラは、自分のなかに宿る「ソル・インウィクトゥス（不敗の太陽神）」であり、感情の中心であり、人生の火鉢であり、環境や光、太陽からもたらされるすべての情報を集めて整理する場所でもあります。このような理由から、一般に「太陽神経叢」と呼ばれています。

第3チャクラが活性化しはじめると、私たちは成熟しはじめ、非常に明確で強い識別力を身につけ、自分自身や他人に対してもより正直で、誠実になります。

自分自身と向き合えば向き合うほど、他人とも向き合えるようになります。さりげなく、時には無意識のうちにおこなわれている人間関係のパワーゲームが、これまで自分自身のエネルギーを浪費させてきたことに気づきます。

世界では第3チャクラがブロックされる割合が非常に高くなっています。なぜなら、悟りを開いたマスターでもない限り、第3チャクラのブロックを解除し、その潜在能力を最大限に発揮させるためには、非常に多くのエネルギーが必要だからです。

第3チャクラの性質は火のようなものです。私たちの心を温めてくれる火は、一族や群れ、家族から離れて個性を確立できるよう勇気づけてくれます。

第3チャクラの資質には、「決断力」、「自律的に個別に選択する能力」があります。

肉体的な面でも、第3チャクラの位置を考えると、他の人と一緒にいる時に体のこの領域で何が起こっているかを認識することは非常に重要です。例えば、相手のパーソナルスペースに侵入したり、自分のパーソナルスペースが相手に侵されていると感じたりする投影のメカニズムは、非常に広く無意識のうちにおこなわれていますが、エネルギーレベルでは非常に散逸的です。

特に自分が達成したいことを他の人が実現していると、自分にはそのためのエネルギーが足りないことに気づき、羨望という感情が湧き起こることもあります。

チャクラをバランスよく保つには、他の人を傷つけずに自分の生命力を発揮することが大切です。ただし、その力を悪用し、人を虐待したり、危害を加えたり、他人のスペースに侵入したりしてはいけません。

これでは、苦しみを生み出し、結果的に負のカルマになってしまいます。

自己評価と、識別する能力を高めるためには、自分と向き合うことはとても大切です。

第3チャクラがブロックされている人は、非常に防御的で卑屈な態度を取り、きわめて強い被害者意識をもっている傾向があります。その一方で、自分の利己的な目的のために他人を罵倒したり、操ったりするような暴君的な態度を取るようになります。また、このような人は洞察力が欠けているため、自分や他人を傷つけてしまう恐れがあります。


最も一般的な集団的な条件づけとは、勝利を得ることができた人、他人に勝つ方法を知っている人を評価の対象とし、その人に権力を与えるものです。

一般的に人は、自分を評価したり、他人と比較したりして、自分が優れているか劣っているかを判断します。後者の場合は、成功しないことや自分が不十分であることへの恐れや不安感に陥るようになります。そして、自分を比較したり、判断したりする姿勢が生まれます。他者に評価され、認められ、報われるものを得るために、自分のエネルギーを向ける努力において、識別力を失った人は、自分の潜在能力や生まれもった能力を自然な形で伸ばすことを忘れてしまいます。

ですから、このような状況では、リラックスして自分のために新しいエネルギーを生み出すことは難しくなります。たしかにこのような状況では、第3チャクラのダイナミックなパワーは存分に発揮されません。

バランスの取れた第3チャクラから恩恵を受けるのは、世界のなかの個人として行動することを学んだ人です。自分の意思、決意、自己の尊厳を主張して自分らしく生きることは、すべての人間が生まれながらにしてもっている権利なのです。

私たちのなかのソル・インウィクトゥス（不敗の太陽神）は、他人を傷つけたり、損害を与えたりせずに、自身の光を表現することができます。というのも、恐怖に支配されないように思慮深くその感情に注意を払い、楽観的でポジティブ、そして自分の力や能力に自信をもっているからです。

私たちは皆、太陽光のなかで生きています。そして、恐れという感情を太陽の光で燃焼することで、真にエネルギーが活性化され、誰もが自分のパワーを取り戻すことができる潜在的な能力をもっています。人類が進化していくためには、一人ひとりが自分の内なるこの太陽神とのつながりを維持していかなければなりません。それは確実に光と色のセッションをおこなっていくうえで大きな支えとなるでしょう。

◈第4チャクラ

イクイリブリアム／バイアル3番、10番、91番は心臓と循環器系を強化し、心臓の領域の過度な負担や息苦しさを分散させ、心臓のはたらきを正常にするのに役立ちます。

第4サトルボディはメンタル体として知られており、皮膚より40～50センチメートルのところに存在しています。その性質は直感的なものです。そのはたらきは、思考状態を受け入れることにあります。

第4チャクラは、グリーンとオリーブグリーンに関連しています。その位置は人体の胸部にあり、2つの主要な原色であるグリーンとイエローの組み合わせで表現されています。

このチャクラを最も象徴するイメージとしてサルバドール・ダリの《瞑想するバラ》が挙げられます。この絵画的表現では、私たちの素晴らしい心とそのはたらきが、とても美しく異彩を放つ卓越した手法で表現されています。この絵画の下部には大地が描かれており、そのすぐ上には鮮やかに輝くイエローがあります。私たちは個人的に、それを意識の覚醒として解釈しています。

そしてこの絵画の上部には、ダイナミックなブルーが広がり、その美しさは色褪せることなく、繊細ながらも生き生きとした鮮やかな赤い薔薇の花が青空の下に表現されています。それはつまり、生命の心、ハートを表しているのです。

第4チャクラはまさに分水嶺のようなものです。ここでは、物質のダイナミクスが精神的な次元と統合されます。

第4チャクラは心臓、肺、気管支のある胸部に位置し、その主な機能は愛、拡大、真実の探求、統合、空間、自由、癒しです。

これらの臓器の機能は明らかに呼吸と切り離すことができません。実際、呼吸はそれらの機能を可能にする役割を果たします。そのためにはスペースが必要になりますが、呼吸をしなければそのスペースはできません。

呼吸をすることはシンプルですが、そう簡単ではありません。というのも、呼吸をよくするためには多くの抑圧された感情やストレスによって生じる緊張を解放する必要があるからです。

グリーンはスペースをつくるのに役立ちます。スペースがあれば、呼吸がしやすくなり、呼吸によって緊張を解きほぐし、緊張が和らぐほどスペースが広がります。それが好循環になるのです。

また、このスペースがあれば、人生で蓄積された失望による多くの苦しみを手放すこともできます。スペースがあれば、ハートのなかにとどまることが容易になり、過去の傷やネガティブな思考の集合意識から距離を置くことができます。

自分に正直になり、他人に心を尽くすことを学べば、ハートは開き、残っている抵抗を浄化することによって、存在の至高の真実に向かって、より一層自由に上昇することができるようになります。

第4チャクラが開くことは、魂が肉体に完全に宿ることに相当するといわれ、この体験は言葉にできないほどの至福の瞬間であると感じる人もいます。

そして第4チャクラを開放することは、通常、感情の解放に先立っておこなわれ、かなり強烈な体験と表現されます。その後、泣いたり、笑ったり、感じたり、もっと自分の気持ちを表現したり、もっと多くの感情を感じ取ることができるようになります。

一般的に女性は、泣いたり笑ったり、表面的であっても自分の感情を表現することを社会文化的に認められてきたため、そのような経験を普段の生活ですんなりと受け入れることができます。しかし男性の場合は、そうではありませんでした。なぜなら、特に過去においては、男性が感情を強く表現することは、非常に否定的にとらえられていたからです。男性がこうした体験を通して新たな自分と融合する際には、より細心の注意とケアが求められます。

第4チャクラが開いていると、いまこの瞬間をもっと意識的に体験することができます。人との関係も、愛と配慮のあるものになっていきます。さらに、男性性と女性性の統合により、理解力や関係性は現実の次元へと広がります。

このように天と地との架け橋を築くことができたので、いま癒しは私たちの人生に愛の魔法としてあらわれはじめています。

◈第4ハーフチャクラ（第4・5チャクラ）　アナンダカンダセンター

イクイリブリアム／バイアル43番、62番。

第4ハーフチャクラは創造性に関連しており、具体的にはハートのチャクラの延長線上にあるものとみなすことができます。

このチャクラは、ターコイズチャクラまたはアクエリアスチャクラとも呼ばれています。ターコイズはハートの調子を整えるのを助ける色であり、創造性の色でもあります。

欧米ではチャクラが公表されて以来、ターコイズチャクラについて言及するのはヴィッキー・ウォールがはじめてでした。

彼女は「アナンダカンダと呼ばれるこのチャクラが活性化しはじめ、右の肩甲骨の下で非常に強く感じる」とよく言っていました。

第4ハーフチャクラは胸腺を司り、若々しい免疫システムを統括します。このチャクラはイルカと関連し、遊び心と愛のエネルギーをもたらします。

現代はまさにターコイズチャクラの時代といえるでしょう。人類がこれほどまでに自身の潜在能力を発揮している時代は、これまでありませんでした。

マスコミによる言語知識の普及、日常生活における創造性と才能の表現、人間や動物に関係なく、他者との共存のなかで生まれる認識によりあらわれるヒューマニズムは、すべての地球生態学の責任と人間、惑星、銀河、宇宙の相互依存の意識、そして感情的な共有と知識の可能性を達成します。

つまりそれは、すべてにおいてターコイズの光の照射が起きていることを示しています。

今日では、過去に実現不可能と考えられていた多くのことが十分に実現できるようになっています。しかし実際には、この第4ハーフチャクラの影を見つけるための意識が欠けていることが多く、その影があるということは、明らかに活性化のためのバランスが取れていないということなのです。

それは何を意味するのでしょうか?

これまで述べたチャクラが十分に統合されていないといえるでしょう。

例えば、多くの人とコミュニケーションを取るのが上手になったり、多くの言語を話すことができるようになったとしても、アナンダカンダの活性化が間違いなくバランスの取れた形でおこなわれているということではありません。というのも、その他にも理由があって、おそらく第1チャクラや第3チャクラなど、それぞれのチャクラに対応した能力を発揮できるようになったのかもしれないからです。

他には感情についての話があります。ターコイズは、感情を特徴づける色でもあります。エネルギーが過剰または不足しているために感情をうまく表現できないハートは、たしかにバランスを崩していることを示しています。

ターコイズのネガティブな面には、自分の感情に溺れてしまったり、現実逃避をしてつねに空想にふけってしまうなどが挙げられます。こうした人は明らかに助けを必要としています。

もし助けを求めないのなら、自分の生き方に気づいていないか、エゴが邪魔をしているかのどちらかだと思います。そして、第1チャクラ、第2チャクラ、第3チャクラ、第4チャクラに関する具体的なテーマに取り組むべきです。

もちろん、自分がどのような生き方をしているのか、自分の行動や思考でどのようなエネルギーを生み出しているのか、意識していない人には難しいことだと思います。でも一方で、自己の成長のために私たちを頼ることができます。

ターコイズの調和を実現するには、意思をもたなければなりません。少なくとも、ハートからの言葉をもっと話したい、もっと受容的になり、自分のハートの創造性や、つねに若々しく人生の創造性に自信をもって、新しいものに対してオープンに生きるという意思が必要となります。そうすれば、社会に存在する多くの問題が創造的に解決され、すべてがより美しく、より輝き、よりバランスの取れた、より本物の流れに沿ったものになると確信しています。

◈第5チャクラ

イクイリブリアム／バイアル2番、50番。

ブルーとペールブルーに関連しており、発声や喉、口、耳の不調に役立ちます。その最大の機能のひとつはコミュニケーションです。第5サトルボディに対応し、その性質は創造性であり、責任をもつことに目覚めるはたらきがあります。

第5サトルボディの皮膚からの距離ですが、おおよそ50〜70センチメートルのところに存在しています。体から離れている分、よりエーテル的な要素が強いサトルボディなので、人によって異なります。

第5チャクラは、とても複雑なチャクラです。このチャクラには、過去世において何者かに抑圧されたり、話すか話さないかで拷問を受けたりした過去のあらゆる人生の記憶が残っているからです。

イタリアの哲学者であり科学者でもあったジョルダーノ・ブルーノは真理の探求者であり、類まれな才能に恵まれていました。そして、ブルーノは第5チャクラが滞っていなかったため、人々に自分の見解である地動説を主張していました。それゆえに、ローマで異端裁判にかけられ、カンポ・デ・フィオーリ広場で火刑に処せられました。しかし、これは人道に対する真の犯罪であり、これまで誰も処罰されず、部分的にはいまだに認知されていません。そして、連行される前に彼の口には猿ぐつわがはめられ、もはや何も話すことができなくなりました。

これは、中世ヨーロッパにおいて、たとえ専門分野における深い考察や研究の成果であったとしても、自分の意見、考え、ビジョンを主張することが非常に危険であったことを思い出させる一例に過ぎません。

第5チャクラが開いている人は、知的な人が多く、自分の考えを伝えるのがうまく、優れたコミュニケーション能力をもっています。当然のことながら、知性が火の要素であることから、彼らが伝えるものはあっという間に広がっていくでしょう。

そう遠くない過去の時代に、政治的、家父長的、宗教的権威は、つねに精神的にも政治的にも他の人間の肉体的支配さえも求め、それを獲得してきました。そしてつねに自分たちとは異なる思想や信念を伝える人々を従わせるよう弾圧してきたのです。

第5チャクラが開いている女性を象徴する女神は、つねに抑圧され、何世紀もの間迫害され、火刑に処せられたことさえあります。そのため、こうした女性たちは、第5チャクラがブロックされている傾向が著しくあります。

現代でもなお、女性に対する虐待は非常に多くおこなわれており、多くの女性は現状について話すと、生活に支障をきたすのではないかと考え恐れを感じるのです。また、父親像に対する先祖から受け継いだ葛藤があるため、男女ともに内なる人間性を統合することは、一朝一夕にできるものではありません。

過去の時代において、誰もが第5チャクラが抑圧されて、真実を伝えることで身体的にも、精神的にも、そして心理的にも虐待されてきたために、それが第5チャクラの大きなブロックを生み出す要因のひとつになっています。そうしたことから、限りなく愚かな人たちを除いて、現在でも、人々はしばしば何をどう伝えるべきかわからなくなることもあります。

たしかにこれは過去の遺産ではありますが、今日でも、おそらくより巧妙な方法で社会に蔓延している道徳観念のために、何も考えずに信じることが知恵だと勘違いし、人間の嘘が神の助言として押しつけられ、物質的な豊かさが名誉と解釈される世界で自分が生きていることに気づきます。この世界では、虚栄心や傲慢さは自信をつけるため、そして偽善は生き方を知る術として解釈されているのです。

つまり私たちは、依然として本来あるべき世界とは真逆の世界で生きていることになります。ですから、このチャクラを開くのは、なかなか難しいことなのです。

しかし、第5チャクラは、前述したチャクラからの情報の貯蔵庫でもあるので、理解力やその強さという面で、すでにハートチャクラを通して達成したものをすべて再び活性化するようになります。というのも、私たちは愛、正直さ、誠実さ、真実という資質で満たされた魔法の水のなかに浸りきったからこそ、ハートチャクラで勇気と力を集めて喉のチャクラを開くことができるようになります。

喉のチャクラを開いて、自分自身と対話することにより私たち人間が自分を表現できると、平和で豊かな世界を実現することになるのです。あるいは魂に宿る無限の世界の知性とこの世の知性との間で、フルートを奏でる役割を果たすことができるようになります。日常生活の神とともに、自分のなかに生きている神々の使者になることができるのです。いまの時代の素晴らしさは、混乱や葛藤のもやもやした感情を払拭するためにはたらくことができること、その共同創造者としての責任と信頼を得ることができることです。

瞑想は、あらゆる葛藤を手放し、受け入れ、理解し、穏やかな青空を実現することができる創造的な世界をイメージするのに役立ちます。雲ひとつない青空のように。

◈第6チャクラ

イクイリブリアム／バイアル0番、1番、96番。

想像力と直感力を得るのに役立つロイヤルブルーと関連づけられており、さらに目の不調によるアンバランスを再調整します。また、火傷や炎症を緩和するのに役立ちます。このチャクラの性質とはたらきは、意識とビジョンです。

第6サトルボディは、人によって皮膚からの距離は異なりますが、肉体より60～80センチメートルのところに存在し、第6チャクラによって活性化されます。

第6チャクラは、このチャクラの中核部が脳内の中央に位置しているにもかかわらず、額、こめかみ、鼻のつけ根、目、耳の上部に対応する頭蓋骨の各側面に影響を与えています。

第6チャクラの肉体的機能は、内分泌活動の調整を制御する視覚、嗅覚、聴覚、記憶力及び脳下垂体に関係しています。

第6チャクラが活性化すると、自己やその世界に属する家族や友人という小さな輪を超えて、植物、動物、空気、海などのすべてを含むようなもっと広い視野をもつようになります。スピリチュアルなレベルでの第6チャクラのはたらきは、ビジョン、神秘主義、瞑想、直感、過去世の記憶の目覚めです。第6チャクラが開くと、第三の目（鼻のつけ根より少し上の眉間のあたりに位置する特別なエネルギーセンター）を活性化するための理想的な条件が整い、そのなかに隠された大いなる光のパワーが引き出されます。

過去の神秘学派は、第三の目の光を活性化する方法についてさまざまな研究をおこなってきました。このチャクラのバランスが取れていると、第六感に導かれるようになります。

第三の目の光は意識の光です。それは暗闇から繁栄し直感によって合理性を超越し、すべてをつなぐ重要な仕組みを見て感じ取ることができます。

第六感の次元に達すると、身体の壁を克服し、並外れたビジョンをもち、1ミリも移動することなく時空間を超え、緻密なパラレルワールドの現実を見てコミュニケーションを取るなど、たくさんのことが、やすやすと実現できるようになります。

しかし、この第六感のすべてが常軌を逸してしまわないように、規律、忍耐、瞑想などで鍛えた心の内面とのバランスをうまく取らなければなりません。アクティベーション（活性化）だけでは不十分であり、それだけではアンバランスさが生じてしまいます。

つねにグラウンディングしていることは非常に重要です。そのため太極拳、ヨガ、ダイナミックな瞑想、さまざまな種類のダンスなど、動きを伴う瞑想を強くおすすめします。それらをおこなうことで好循環が生まれます。

つまり、瞑想を実践すればするほど第三の目が活性化し、日常生活においても直感的かつ健康的、精神的に満たされます。

第6チャクラ、特に「第三の目」は、瞑想やグラウンディングをしっかりと意識することでつねに浄化されていないとその活性化は危険です。精神的な混乱、不眠、恐怖、孤立、さらには起きてもいないことについて「すでに実際に起こっている」という狂気とも呼べる幻覚の状態に陥る可能性があるからです。第6チャクラ「第三の目」の精神的な側面についても同じことがいえて、もっと高い精神の能力をすべて開くには、その他のチャクラのバランスが取れていて、グラウンディング、識別力、スペース、理解力、自己責任などが非常に優れている状態でなければなりません。

◈第7チャクラ

イクイリブリアム／バイアル20番、16番、54番、56番。

脳の緊張を取り除き、右脳と左脳のバランスを回復させます。偏頭痛にも役立ちます。

第7チャクラは、光を受け取り伝達し、第7サトルボディにエネルギーを与え、ここで放出される強力なエネルギーの流れを助け、悟りと超越の質を高めます。このチャクラのはたらきは、自己の存在そのものの、あらゆる光線を放射することです。第7サトルボディの体からの距離は1メートル以上です！

安定的かつ継続的に悟りの次元に到達した時、第7チャクラは活性化されバランスが取れていると考えられます。その悟りは人生という名の夢からの目覚めに他ならないといわれていますが、私はそれを聞くと気分が悪くなります。というのも、時に朝目覚めるのがとても億劫に感じることがあるからです。このことから、私の人生の夢がどんなものか想像できるでしょう！

第7チャクラは、バイオレットとホワイトと関係があります。王冠のように頭頂に位置し、脳と松果体を司ります。

第三の目が開くと、体内で生成された電磁エネルギーが外界に解き放たれ、他のスピリチュアルな力や宇宙的なパワーとつながることができるようになります。クンダリーニのエネルギーの流れを阻むものがなくなり、その電流のようなエネルギーが第7チャクラに流れ込み、脳内の受容体を刺激して圧倒的なエクスタシーをもたらし、このチャクラが開放されます。

そしてこのチャクラを開くことで、驚異的な宇宙のオーガズムのエネルギーとともに悟りが開かれるのです。これは、偉大なマスターたちが教えてくれたことです。

個人的には、悟りは決まった道筋がないので、あらゆる悟りによってつねに人それぞれ違う経験をしているのではないかと思います。同じものはこの世に存在しないのです。というのも、誰にでもダイモーン(*Daemon*：ギリシャ語で「超自然的霊的存在」や「神」の意味)がついており、その背景にはそれぞれ異なる歴史や文化、条件づけがあるからです。

悟りがもたらすものは、本当に素晴らしいものです。いわゆる悟り、あらゆるものにつながって融合されていくような感覚で素晴らしい内なる静寂のなかにあることがわかる、ということがすべての人に共通する体験のようです。そのような体験をした人たちは完全に満たされ、地球の魂からジョルダーノ・ブルーノが発見した無限の世界に至るまで、すべての現実の中心と融合していると感じています。

そして、人類は何千年も前から、このような精神的な高みを探し求めてきたようです。私たちは皆、暴力や虐待、妬みや不正のない、平和、愛、美、正義、祝福、喜びの世界と融合することで、満たされたいと思っています。

その一方で、この現実の生活に戻って、このエネルギーセンターが開かれていないだけでなく、機能不全に陥っている場合について少し分析してみましょう。

美しい感覚はすべての人間を魅了するので、現代では昔に比べて幻覚剤（麻薬）が使われるようになってきたようです。もちろん、これは成長のためにも健康のために必要でないことは明らかです。

このタイプの経験は心地よいのかもしれませんが、誘発されているだけの錯覚であるために進化しません。つまり、脳が着実に持続できるように発達する機会にはならないのです。さらにこれらの中毒物質は、健康を維持しようと特に強い依存状態をつくり、神経系統を刺激し、非常に破壊的な酷使を続けて体を弱らせます。そしてそれは身体、感情や精神に壊滅的な影響を与えるため、すべてに注意が必要になります。

天と地、精神と肉体の統合を司る第7チャクラが薬物によって著しくバランスを崩すと、人は衰弱し、調子を崩した状態になり、現実から逃避したいという強い衝動に駆られ、精神的に不在の状態に陥ることがあります。

私たちは宇宙やスピリチュアルの法則と強い断絶がある時代に生きています。そのため、再び宗教戦争が各地で勃発したり、精神世界へ狂信的に傾倒したり、あらゆる場所で男性性と女性性が対立するようになります（これらは、バイオレットに関するネガティブな側面のテーマでもあります）。

現実感や方向性の喪失は、現代人の苦悩の数々のあらわれのひとつに過ぎません。いますぐにでも個人意識と集団意識のカルマの浄化が必要とされているのです。天と地をつなぐ架け橋である第7チャクラのバランスを整える必要があります。

いずれにしても、第7チャクラは、悟りを開く前から、光や宇宙の波動をとらえるアンテナとしての機能をもち、それを使って他のすべてのチャクラやサトルボディを浄化し、バランスを整えるのに役立ちます。

◈第8チャクラ

イクイリブリアム／バイアル67番は、他者への配慮（気配り、気遣いなど）、思いやり、そして小さなものへの愛を促します。

このチャクラはマゼンタに関係しており、１９８０年代初頭にヴィッキー・ウォールの透視能力によって識別されました。肉体の外側に存在するチャクラで、実際には頭より上へ20～30センチメートルのところに存在しています。

このチャクラは小さなものに愛情を注ぐように努めることで活性化するようです。

第8チャクラは肉体の外側にあるので、ポジティブな面しか解釈されないと思われます（他のすべてのチャクラは肉体の内側、すなわちある特定の体の部位に位置しています）。というのは、このチャクラはつねに身体的次元に内在するどんな心の葛藤の影響も受けないからです。

また、第8チャクラには、魂の故郷と呼ばれるパワフルなエネルギーセンター（ソウルスター）があり、そこには私たちの太古の昔からのすべての知識を集めている強力なエネルギーセンターです。

ソウルスターは、魂の情報が記録されている個人的な本のようなものです。そのページを開けば、私たちが読む準備ができているすべての情報が与えられ、マゼンタの光にインスパイアされる愛と思いやりとともに魂の情報と統合することが容易になります。

第4章

時が語る光の旅
（何世紀にもわたる光の旅）

この章では、1冊の本を読むだけでなく、まるで図書館全体を巡るようにたくさんの内容が詰め込まれているのがわかるでしょう。

私たちにとって大切な光と色について語る前に、もっと深く神秘的な現象である「闇」について語る必要があるかと思います。

「暗黒」という「闇」。光がない状態は、多くの文化黎明期の記述だけでなく、現代の宇宙物理学によれば、すべてのものが生まれている、あるいは生まれたようにみえる状態です。

現時点で認識されている宇宙科学の世界で、きわめて高密度で強力な重力をもち、最も大きなテーマとは何でしょうか？

それはあの有名なブラックホールであり、他の天文学的テーマと比較することはできません。質量とそれに伴うブラックホールの重力は想像を絶するほどの大きさなのです。そのため、ブラックホールは近づいてくる物質を引きつけ、飲み込んでしまいます。

現在、宇宙全体が最終的には無限の密度をもつ巨大なブラックホールになってしまうことは知られています。それはなぜでしょうか？　なぜなら現代の科学によれば（2017年現在）、宇宙全体は有名なビッグバンを伴うブラックホールの一種から生まれたからです。少なくともこれが今日の私たちの認識です。

また、遠い未来において、現在到達しているレベルは人類が基本的でシンプルな事柄すら知らなかった無知の時代とみなされ、もし2500年に学校が存在していれば、学校で子どもたちにそう教えられることになるかもしれません。
いずれにしてもこれが現代の科学の状態です。

また、宇宙は巨大な肺であり、生命は吸って吐いてという大きな呼吸で表現されていると考えることもできます。驚くべきことに、私たちの宇宙の歴史のなかで、これは息を吐くことからはじまります。ブラックホールからある地点までの宇宙の連続的な拡大があり、その後、非常に小さな停止があり、再び息を吸うことになります。つまり宇宙全体が巨大なブラックホールに向かって加速的に収縮し、次の呼気で再び拡大するのです。

呼吸の周期は私たちが呼吸をするリズムより少し長く、何十億年も何十兆年もありますが、この息を吸うことと息を吐くことにどんな違いがあるのでしょうか?

現状では、これら2つのサイクルは宇宙と共存しているようであり、宇宙は光速で拡大し続けている一方で、宇宙の内部では対照的なサイクルの連続的な現象がすでに起こっているようです。そのなかでは星が消滅し、巨大なブラックホールがさらに巨大化するという現象が絶えず起こっています。

このようにして世界を見ると、正反対の2つの力を見分けることができます。

① 拡大の力─光

② 収縮の力―重力

今日に至るまで、科学は最初の力である光の力を明確に説明できていません。QED（*Quantistic Electro-dynamics* ＝量子電磁力学）による優れた説明にもかかわらず、実際には光が何であるかはわかっていないのです。

一方、科学の関心は主にもうひとつの力、重力に向けられてきました。

もちろん、私たち人類は宇宙での探索を続け、望遠鏡や宇宙船を開発し続けていますが、実際の投資は現在、別の方向に向かっています。粒子加速器を使って、闇の力、暗黒の力、生成力、再生力である重力を発見するために研究が進んでいます。

すべては暗黒からはじまり、発生し、誕生します。そして、光がまったくない闇は、宇宙だけに存在するのではなく、人類の生命が誕生する母胎にも存在するのです。

なぜ私たちは暗黒に恐怖を抱くのでしょうか？

昼でも夜でも、光に明るく照らされた世界に生きているというのに、なぜそんなに闇を滅ぼそうと必死になるのでしょうか？

闇と暗黒について語ることなく、光と色について語ることはできません。光と色の驚くべき世界を研究することで、さまざまな気づきと目の前に広がる感動は、暗黒への恐れをなくし、その驚異的な創造力をより深く理解するようになるはずです。

闇が死であることは事実ですが、同様に闇が再生であることも事実なのです。離婚に終わった結婚、破綻した事業、打ち砕かれた夢など、あらゆる死に直面した時、目を閉じて心の内側に入るだけで、内なる暗黒のなかに新たな再生する力を見出すことができるのです。そして、闇を悪魔化することは、多くの宗教やニューエイジにとって最も重大な過ちのひとつです。

よく知られる「悟り」が、無限の静寂と闇の瞬間以外の何物でもないのかは、誰にもわかりません。悟りとは、いったいどこから生まれるのでしょうか？　まだ悟っていない状態から、悟りを開いた状態へと移行するのでしょうか？　そんなことはあり得ません。悟りは、闇のなかでこそ生まれるものです。そうでなければ、悟りを得ることは不可能なのです。

もし自分の内なる闇に入ったことがなければ、どうやって悟りを開くことができるでしょうか？　私たちは内なる闇に入って、心のなかに光をもたらしてくれるものを待っているのです。

光は闇から生まれ、色もまた闇から生まれます。そこで私たちはようやく旅をはじめることができるのです。

光の旅

実際のところ、光が生まれたのはいつでしょうか？

もっと言えば、光とは何か？

長い間、人類を魅了してきた問題です。というのも、人類の歴史については過去8000年ほどの知識しかもち合わせていないので、それがどのくらいの期間なのかは本当のところはわかりません。

とはいえ、石器時代の人でも、光が火という形で目の前にあらわれる現象をはじめて目の当たりにした時は非常に驚いたのではないかと思います。

私たちの文化の歴史は、光や火を征服することからはじまったと言っても過言ではありません。人類の文化史が光を征服して利用することからはじまったとすれば、ロウソクで照らされた夜に光を手にすることは発展への大きな一歩を踏み出したことになります。

あまり知られていませんが、ガリレオやニュートンと同じように聡明な頭脳をもった人類史上の巨人たちは、「光とは何か」という問いに対する答えをあらゆる方法で探し求め、その謎を解明するためにさまざまな試みをおこなってきました。

光を扱う仕事をしている人にとっては、このテーマはもっと深く研究する価値があると思います。光の現象を理解しようと積み重ねられ、今日では当然とされている結果に至るまでの研究は、先人たちの努力や犠牲が払われてきたことを忘れてしまいがちです。過去の研究の歴史をたどることで、光と色のワークに専念できることは、いかに自分が幸運に恵まれているのかをよく理解できるはずです。

古代の世界、特に古代ギリシャにおいては、光の現象以上に視覚の現象について研究されていました。自然哲学のギリシャのイデア（観念）、特に光に関するものについては２０００年以上の長きにわたり世界に影響を与えてきました。

古代ギリシャは決して帝国ではありませんでしたが、広範囲にわたり影響を与えるような文化帝国を築いたのです。

マグナ・グラエキア（大ギリシャ）時代、イタリア植民都市のひとつであるシチリア島のアグリジェント出身の偉大なギリシャの哲学者エンペドクレスは、目から光が放出されていると述べました。

どのようにして光が目に届いたのでしょうか？　それは実にシンプルであり魔法のようでもあります！　女神アフロディーテは、土、火、水、空気の四元素から人間の目をつくり出し、その後その目のなかに光を灯したのです。

この四元素はエンペドクレスにより提唱されました。

エンペドクレスによれば、世界は自然界の四元素である「地（土）」、「火」、「水」、「空気（風）」で構成されていました。これらの四元素は「愛」と「憎（憎しみ）」という2つの力の動きにより、目にすることのできるすべての現象を生み出しています。それはシンプルですが、おそらくいまの現実からそうかけ

エンペドクレス

離れた考えではないのです！

エンペドクレスが、目から炎のような光線が出て、それが物の形や色を明らかにすると仮定した一方で、他の人たちは、「物体は放たれた光線を受けて目のなかに像が結ばれる対象である」と言いました。すべてがまだ曖昧ではっきりしていません！

エピクロスの原子論を詩にした詩人ルクレティウス（紀元前99年頃―紀元前55年）は、かなり以前からまったく異なる方法で物事をとらえていました。『事物の本性について』という唯一の著作のなかで、「太陽の光と熱は、太陽から放出され衝動の方向に動く小さな原子によって引き起こされる」と書いています。それはまさに今日の科学的に認められた事実に驚くほど近いのです！

しかし当時は、誰もルクレティウスを信じませんでした。そのため、長い間エンペドクレスの理論が最も広く世間に認められていたのです。

その後、光の現象を理解するために真の革命が起こるのは、「わずか」１０００年近く後のことです！「アラブ世界のレオナルド・ダ・ヴィンチ」といわれるアル＝ハイサム（アブー・アリー・アル＝ハサン・イブン・アル＝ハイサム）の登場によって、状況は一変します。アル＝ハイサムの最も重要な研究は「光学」であり、それはおよそ500年にわたり科学的見解に影響を及ぼし、これまでの方法を根本的に変えたのです！

いまではアル＝ハイサムを近代科学の父と呼ぶ人も少なくありません。

その理由は、実際に今日でも科学の研究において当然とされている「仮説―実験―確認あるいは仮説の拒否」という一連の手順の基礎を最初に確立したからです。

ヨーロッパではアルハゼンという名で知られているアル＝ハイサムは、現在ではイラクの主要な都市であるバスラで965年に誕生しました。

アブー・アリー・アル＝ハサン・イブン・アル＝ハイサム

当時バスラにはイギリスの兵士はもちろん、石油ポンプもありませんでした。『聖書』の「エデンの園」のなかにも登場するユーフラテス川とチグリス川の合流点に近い「東方のヴェネツィア」と称されるバスラは、当時のアラブ文化の中心地でもありました。バスラではアル＝ハイサムの他に、アラブ文学界のダンテ・アリギエーリ、アル・ジャヒズ、女性神秘家で禁欲から「神への愛」を世界ではじめて昇華させたスーフィズムの先駆者ラービア・アル＝アダウィーヤが生まれました。
このバスラは豊かで美しく文化と革新的精神に満ちており、西暦1000年ごろに活躍したアブー・アリー・アル＝ハサン・イブン・アル＝ハイサムが誕生しました。

当初アル＝ハイサムはイスラム文学の研究に取り組んでいましたが、彼は自伝のなかでさまざまな宗教学者たちが調和を見出すことができないことに不満をもち、宗教研究を完全に放棄することにしたと語っています。彼は、アリストテレスのように、唯一の確実性は観察可能で再生可能なものに基づいている、という結論に達しました。

当時、それは大きな一歩でした。というのも、宗教に支配されていた時代においてアル＝ハイサムは科学的思考を取り入れたからです。

アル＝ハイサムは生涯のなかで天文学から数学、哲学から医学など非常に多くのことを研究し、膨大な量の論文や科学書など、実に200以上もの著書を出版しました。出版されたなかには、例えば『宇宙の構造』、『月の光』のような本があります。なかでも私たちにとって特に興味深いものといえば『光学の書』(Kitab al-Manazir) が挙げられますが、これは最も重要な著書なのです。

この著書のなかでアル＝ハイサムは2000年以上の伝統を破り、光を光線と定義し、目のなかの光を照らしたのはアフロディーテであるという神話を封印しました。

彼は、光線は物体（オブジェクト）から反射された小さな粒子で構成された光源からできていると定義しました。この考察は17世紀後半まで将来における光の研究の基礎となりました。

さらにニュートンがあらわれるおよそ700年前（!・）、アル＝ハイサムは光を色のある構成要素に分割し、光がある媒体から別の媒体に移る時に光路が分岐することを知り、日没時に太陽が屈折現象によって一番大きく見えるという事実を示しました。

光が異なる密度の媒体に進む時に観察される現象を「屈折」と呼びます。例えば、手を水に浸すと実際の自分の手より大きく見えるのがその現象です。太陽が最も大きく見えるのは夜明けや日没の時であり、それは光が大気を通ってより低い傾斜角に進むようになるので屈折率は増します。

アル＝ハイサムの発見は、それだけではありません。というのも、アル＝ハイサムはこの屈折から大気の厚さも計算したのです！

アル＝ハイサムのこの功績をたたえて、月の大きなクレーターの1つに彼の名前が刻まれました。

アル＝ハイサムが活躍した時代にもしノーベル賞があったら、彼はいくつもの賞を受賞したことでしょう！

しかし残念ながら、彼の研究は1500年代の終わりまでヨーロッパではあまり知られていませんでした。つまりそれは失われた600年間を意味したのです。

そして光を理解する次の大きな進歩は、17世紀初頭にドイツ人のヨハネス・ケプラー（1571―1630）によってなされました。

ヨハネス・ケプラー

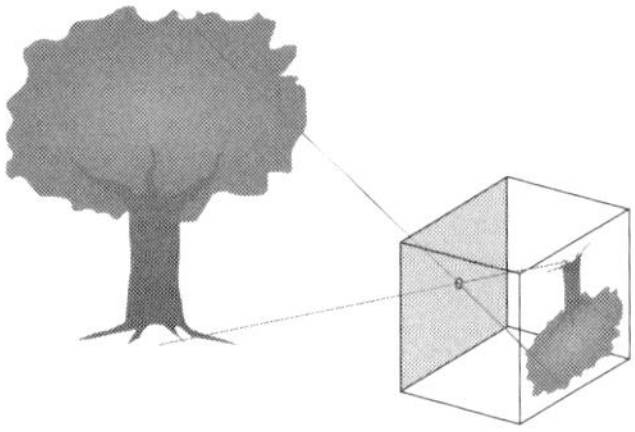

ケプラーは数学者や哲学者でもありましたが、特に天文学の研究によって有名になりました。彼は自身の研究のなかで宇宙の調和を見出すことを望んでいました。というのも、世界は完全なる調和によって成り立っていることを確信しており、この宇宙の調和を解明することこそが研究者としての義務であるととらえていたからです。

そしてレンズを用いて望遠鏡を組み立て光の研究に貢献し、アリストテレスが約２０００年前に発明した暗室（カメラ・オブスキュラ）について、最初に数学的用語を用いて理論的に正しく記述したといわれています。

暗室は光が小さな穴を通過することで逆さまの画像をつくります。

そのことからケプラーは数学を用いることで写真をつくり出す第一歩を生み出したのです。

ケプラーは人間の目についても、暗室と同じようなはたらきをもち、網膜上「見えた」ものは反転した像をつくり出すということを的確に仮定しました。しかしもちろん、誰も彼の推論を信じませんでした！

17世紀以降、およそ17世紀後半に入ったころから、異なる光の理論が広まりはじめました。ケプラーが亡くなる1年前にクリスティアーン・ホイヘンス（1629―1695）が生まれました。ホイヘンスは28歳の若さで、振り子が一定の速度で動くというガリレオ・ガレリイの発見を用いてはじめて機械式時計を製作しました。1年も経たないうちに彼の時計はすでにオランダ中のすべての教会で使用されるようになりました。

それから17年後、今度は世界初の腕時計を完成させました。

つねにデカルトの考えに魅了されていたホイヘンスは、1690年に光の波動説を発表しました。ホイヘンスによれば、光は空気中の圧力波として伝播します。その理論によれば、光は水のような密度の高い媒体に入ると、より遅い速度で進行します。

クリスティアーン・ホイヘンス

興味深い理論であったものの、ホイヘンスはそれを数学的に説明することができませんでした。残念ながら彼の理論は他の側面においても説明が不十分でした。例えば、光は明らかに直線的に進むのに対し、波は曲線的に移動するという事実などです。

光の解明に向けての次の大きな一歩は、もう1人の研究者、アイザック・ニュートン卿（1642―17

アイザック・ニュートン

27）によって成し遂げられました。彼は自身の研究によって報酬や評価を広く享受することができ、それにより一層研究に励むことができました。

ニュートンは他の多くの研究者とは異なっていました。というのも当時、他の多くの研究者は異端裁判により次々と迫害され、研究者としての職を剥奪されたからです。

ニュートンは素晴らしい研究者であり、アルベルト・アインシュタインと並びすべての時代において最も重要な物理学者とされています。また多才だったため、あらゆる方法を駆使して完全に研究に没頭していたのです。

彼は数学者、錬金術師、哲学者、そして宗教家でもあったものの、心の奥底では異端でした。しかし、そのことは決して誰にも悟られず、抜け目なく、本当の信念を隠し続けたのです。

また彼は、通常叙階が必要な教会大学の数学教授という名誉職に、叙階されることなく就くことができました。彼はまた聖職者として、教会の大学に相当する場所で数学教授になることが命じられ、それは最も重要で名誉ある職でした。ところが彼は死の床で、終油の秘蹟（死を目前にした者に対しておこなわれるカトリック教の儀式）を断ったのです。彼は亡くなる直前にまだ動く力が残っている間に、彼の名声と研究の成果として得たすべての財産を彼の親戚に分け与えたのです。彼はまるで生まれたままの赤ん坊の姿のように、裸の状態でこの世を去りました。

また彼は、科学者としての人生の他にもイングランド王立の造幣局の局長も務めました。銀で保証されたポンド・スターリング貨を金に置き換えることで、偽造者を無慈悲に追いつめていきました。国の財務執政官の役割も担っていたのです。都市のあまり栄えていない場所に行き、偽造者を処罰するために証拠を衣服の裾に隠し、それを持ち帰り直接証拠として集め、訴追しました。その当時、偽造の罪を犯すと絞首刑や四つ裂きの刑に処せられました。

ニュートンは1642年にリンカンシャー州の小さな町で生まれました。そこはオーラソーマの発祥の地から80キロメートル離れた場所にあります。ロンドンに近いリンカンシャー州の町、グランサムで学校に通い、大学に進学しました。学校では、彼はクラスのなかで優秀な生徒でしたが、大学では特に目立つ学生ではありませんでした。

ニュートンは個人的な研究に没頭し、やがて22歳の時に微分積分の数学的手法を開発しました。この手法は数学に革命をもたらし、現代でもそれを勉強する高校生にとって難解な分野であり、苦労を強いるものとなっています。

ニュートンについて語りたいことは山ほどありますが、私たちは主に光と色に関する研究への功績に興

ルネ・デカルト

味があります。

ニュートンが自らおこなった数学の研究は、ルネ・デカルトの研究をもとに進められてきました。

デカルトは数学とは別に、光が光源から目に向かい波のように伝わる、目には見えないがあちこちに存在するエーテル（古代ギリシャで空気層の上にあると考えられた澄んだ層）の世界の存在を仮定していました。

この発見をもとに、ニュートンと同時代の科学者たち、とりわけ王立協会（王立研究所）の同僚であるロバート・フックは、光と色に関する波動説を打ち立てました。かつて彼らは色について、「光が伝わる物質の違いや、光がある物質に到達するまでの時間の長さによって生み出される」と言っていました。

当時、ガラスのプリズムを通過した光は異なる色に分かれることが知られていました。彼らによると、ガラスはもとの光を変化させて色を生み出すため、ガラスのなかを進む光の距離が長ければ長いほど、色がより強くあらわれると考えられていました。

しかし、ニュートンはこの考えをまったく信じておらず、いつものように実験を続けていました。

そこで彼は簡単にテストしてみました。まず、白色光を三角プリズムに通しました。するとすべての色の光が反対側から出てきたのです。次に、2つ目の三角プリズムを手に取り、1つ目のプリズムとは逆に先端を下向きにして置き、そこに色の光を通しました。すると反対側からもう一度白色光が出てきたのです！

ニュートンはそれが意味することをすぐに理解しました。白色光とはこれまで考えられていた澄んだ透明な光ではなく、むしろ異なる複数の色の光線で構成されていたのです。

1672年にニュートンはこれらの研究や他の考察について発表しました。実験に基づいた証拠によって、光は小さな粒子で形成される光線によって成り立つことを示したのです。

この研究は王立協会（王立研究所）の発行する学術誌『フィロソフィカル・トランザクションズ』に掲載されましたが、それは当時センセーションを巻き起こしました。

ロバート・フック

もうひとりの非凡な科学者、ロバート・フック（1635―1703）は、王立協会（王立研究所）においてニュートンの同僚でした。彼は偉大な実験者であり、多面的な科学者であり、発明家であり、そして建築家でもありました。彼はニュートンの粒子説とは対照的に、光が波であるという事実に基づいて光と色の波動説を発表しました。

フックはニュートンを盗作で訴え、それは科学史上最も有名な紛争のひとつにまでなり、30年以上も続きました。

フックの死後、ニュートンは1704年に研究論文「オプティカル」を出版することができました。


ニュートンの色の理論では、色は光からのみ生まれると考えられています。物質は「色」について言及する必要はないのです。実際、夜間のように光がない時には、色はないということになります。代わりに物体に光があたる時に特定の色があらわれるのです。それは物体そのものが色をもっているのではなく、光の大部分が照らされた物体に吸収されたのであり、代わりに反射された物体、つまり反射光が色となるのです。

つまり「色」というのは、物体が反射し吸収できなかった光が照射された部分だけを指したのです。

それにもかかわらず、光によって観察できるすべての現象がニュートンの理論で説明されたわけではありません。しかしニュートンは、光は真っ直ぐな光線として進むものであり、波動のなかに存在するものではないと述べています。

17世紀はほぼすべてにおいてニュートンの理論が支配していました。たしかに疑問や不確実性はありましたが、多くの事柄について正しかったために、光に関する彼の考察に限り人々は支持しました。

ニュートンに同意しなかった学者のひとりに、スイスの数学者レオンハルト・オイラー（1707―1

７８３）が挙げられます。彼は科学の巨人とも称されましたが、特に数学の才能に長け、28歳にして「バーゼル問題」を証明しました。これはほぼ１００年間、世界中の優れた数学者が挑み続けたものの到達できなかった難題でした。

特に回折《かいせつ》現象は、光の粒子説では説明することが非常に困難な現象であったため、オイラーは光の波動説を擁護しました。回折とは、波が互いに比較的近い開口部を通過する時に生成する干渉を意味します。

さらにオイラーは音と光を類推し、どちらも確証するための媒体が必要であると考えました。光のための媒体は、あの有名な「エーテル」でした。オイラーは太陽を「光を鳴らす鐘」と表現しました。

しかし、残念ながらオイラーは自身の理論についてうまく証明ができなかったため、「波としての光」は再び人々の記憶から忘れ去られていきました。

事実、19世紀初頭にトーマス・ヤング（１７７３—１８２９）が光に関する研究をはじめて発表し、光の波動説を支持する実質的な証拠が得られるまで、忘れられていたのです。

トーマス・ヤング

ヤングは非常に特殊なタイプの学者でした。というのも、彼は16歳にして12か国語に堪能であり、光と色の研究以外にも古代エジプト学などの考古学に取り組

オーギュスタン・ジャン・フレネル

んでいたのです。

ヤングによれば、人間は目のなかにある３つの異なる受容体で光を感知します。それらは赤、青、黄の三原色であり、それぞれ１つずつ反応するのです。

さらにヤングは、17世紀にすでにフランチェスコ・マリア・グリマルディによっておこなわれた実験に基づいて、光を２つの小さな穴に接近させる回折を用いて実験をおこないました。

まさにヤングが活躍した時代と同じころ、科学史において、オーギュスタン・ジャン・フレネル（１７８８―１８２７）は歴史に残る偉大な功績を残しました。しかし、残念ながらフレネルの活躍の期間は短いものでした。彼は結核により命を落としたからです。

フレネルの残した功績に誰もが非常に感銘を受けました。

フレネルはフランスの公共事業に携わる若手の技術者でした。彼は工学に非常に興味をもっていたものの、光の研究にも非常に興味をもち発展させていきました。たとえオイラーの研究や他の学者による光の波動説を知らなかったとしても、たったひとりで理論を打ち立て研究し実験を重ねたのです。

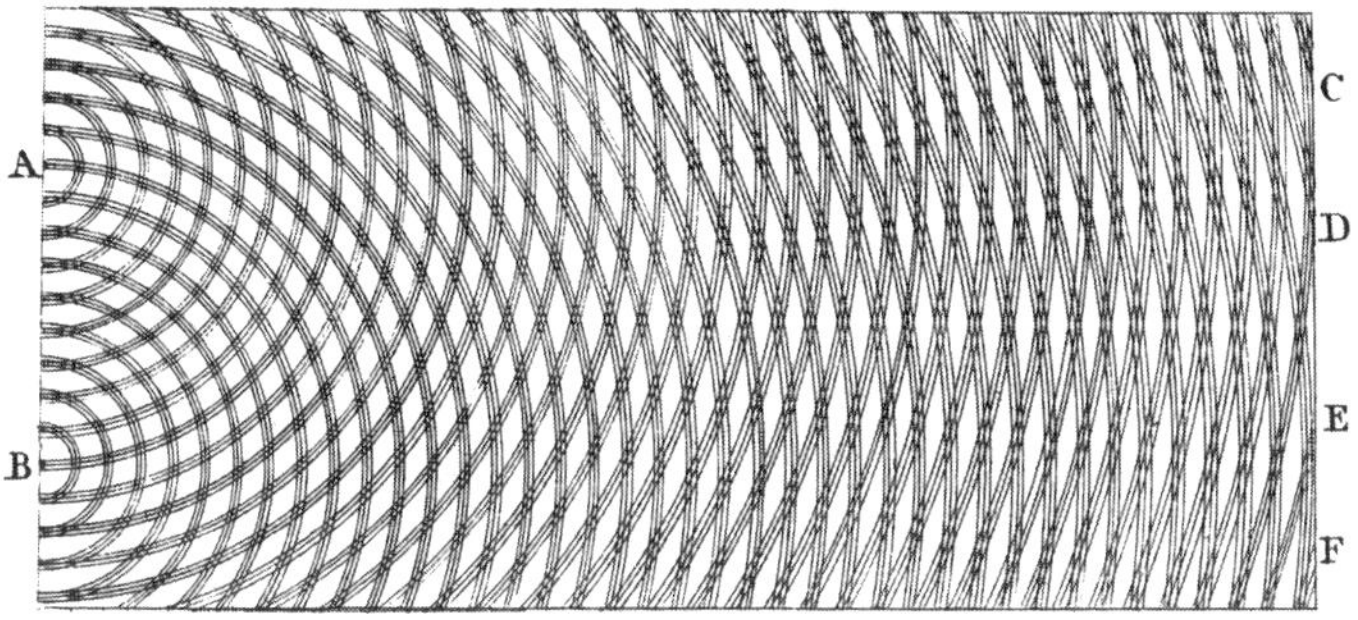

1817年、フランス科学アカデミーはアカデミーのグランプリ（当時のノーベル賞の一種）にて、回折現象を説明するための数学的研究に最高の賞を授与することを発表しました。

ここでの回折とは何を意味するのでしょうか？　それはあまりにも専門的なテーマであるものの、非常に興味深く感じます。というのも、光の本当の性質についてはいまだに解明されておらず、大部分が謎に包まれているからです。

要するに回折というのは、基本的に干渉であるともいえるでしょう。回折は、あらゆる種類の波が障害に遭遇した時に発生します。「回折（*diffraction*）」という用語は、1665年にイタリアの科学者フランチェスコ・マリア・グリマルディがはじめてこの現象を観察し、記述したことから生まれました。

古典物理学において回折現象とは、波が曲がること、あるいは小さな開口部を通過した後の波の広がりとして説明されていました。

回折の例を上の図に示します。これは1803年にイギリスの物理学者トーマス・ヤングが王立協会（王立研究所）で発表したものです。図では、波がA点とB点を同時に通過した後に、異なるタイプの干渉や重なりが生じることがわかります。これが回折現象です。

ともあれ、1819年に入るとすぐにフレネルはフランス科学アカデミーの競技会に参加する2人のうちの1人となりました。波動説がどれほど普及したかを想像してみてください！

フレネルは、光の波動説の完全な記述を含む135ページに及ぶ論文を提出しました。

アカデミー委員会は、その当時有力な科学者で構成されており、そのほとんどがニュートンを支持していました。シメオン・ドニ・ポアソンはその委員会に所属するひとりであり、有名な数学者でした。そしてニュートンによる光の粒子説の熱烈な支持者でした。

ポアソンはフレネルの理論を冷静に研究し、打ち出した計算をすべて検証し、その理論を忠実に再現することで、次のような結論に達しました。「フレネルの見解が真実であるなら、平行光線で円形の物体を照らすと、この物体には影がつくられる。しかし、回析現象により光の波は曲がり、障害が存在しないかのように影の中心に輝点（小さい光の点）を形成する。この輝点から影をつくった円形の障害物までの距離は、円形の障害物の直径とほぼ同じ長さであった」。

ポアソンにとってこれはあまりにも信じがたく、想像を絶することでした。それは光の波動説を永遠に葬り去ってしまうように感じられました。

ポアソンの指摘を受けたアカデミー委員会の委員長は、真の科学者にふさわしい唯一の正しい方法として、実際に実験をおこなうことにしたのです。その実験の結果を書いたものがここにあります。

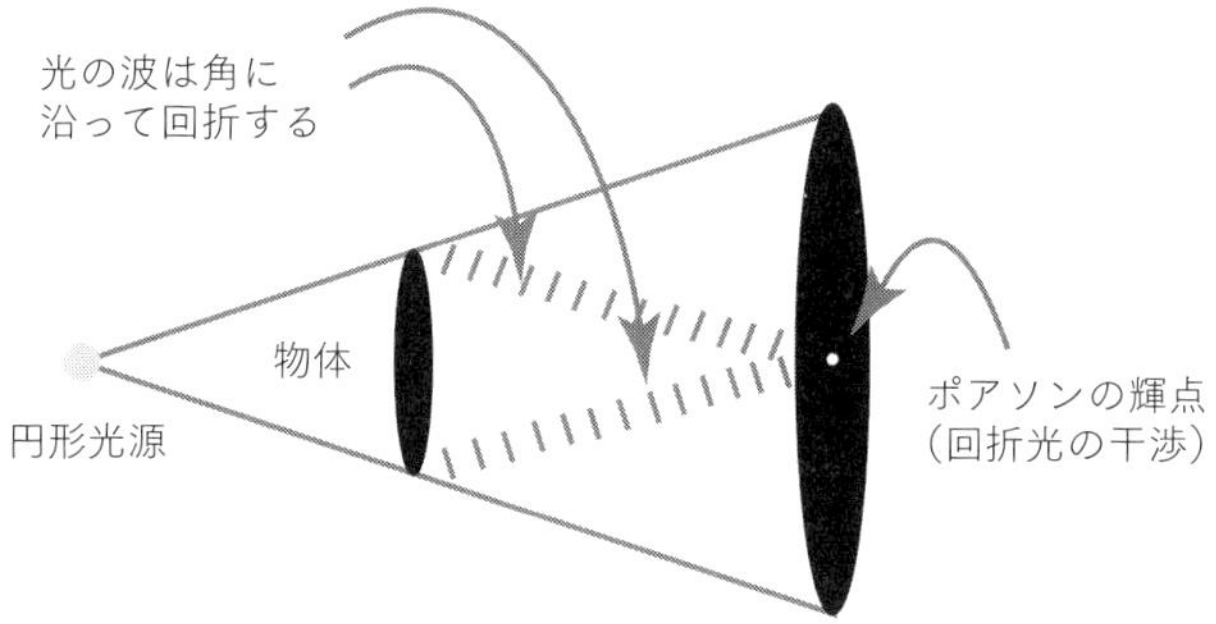

「ポアソンは、著者(フレネル)が示した積分から、不透明な円形スクリーンの影の中心に、光線がわずかに斜めに入射する場合、障害物となるスクリーンが存在しないかのような輝点があらわれるという驚くべき結果を導き出した。われわれは、実験を直接検証し、観測によってその積分を完全に裏づけた」

実験はフレネルの理論を確実に証明したのです。

このポイント(輝点)は「ポアソンの輝点」と呼ばれ、光の波動説を論破するように企てられた声明は皮肉なことに、フレネルの理論が正しいものであるということを裏づける結果をもたらしました。

というわけで、オーギュスタン・ジャン・フレネルは賞を受賞し、その後フランソワ・アラゴとともに研究を続け、偏光など光のさまざまな側面について研究を重ねました。

しかし残念ながら、フレネルはやがて結核に冒され、大切な研究の時間が奪われてしまいました。

相対性理論の世界に入る前に、私たちが光の「古典的な」歴史を結論づけるためにほんの少しだけ最後のステップが足りないようです。

この段落は……あぁ、まだ話し足りないことがありました。というのも、もう1人の男性の仕事と研究について述べる必要がありました（残念ながら、女性はまだ科学の殿堂では容認されていません）。その男性学者はマイケル・ファラデーであり、アインシュタインは彼について「彼は遠いところにいる恋人に恋焦がれるように神秘の自然に恋をしていた」と、ある文書

マイケル・ファラデー

のなかで書いています。

アインシュタインを語るうえで、このファラデーこそが重要な人物なのです！

ファラデーは非常に貧しい家庭の息子であったため、まともな教育をほとんど受けられず、製本業兼書店の工房で見習いとして13歳で働きはじめました。そこでの見習い期間は実に7年にも及びました。

彼は教育をほとんど受けていなかったことで、仕事場で扱う本を読みながら独学で勉強をしました。彼にとってこれ以上の学習環境はなかったでしょう！

ファラデーはありとあらゆる種類の本をむさぼるように読みました。なかでも特に深く影響された本は、

偉大な論理学の巨匠アイザック・ウォッツによる、自身の精神的能力を向上させる方法を説いた「The Improvement of the Mind（知性の向上）」（未邦訳）でした。

ウォッツの著書を読んでから自分の能力のとらえ方や視野が広がったファラデーは、自分が科学に向いていることを実感し、できる限り科学の授業を受けるようになりました。

「庶民」であるファラデーにとっては、大学に入学することなど夢のまた夢でした。ましてや当時のイギリスでは、目に見えないとはいえ、階級制度がインドよりもひどいものでした。

そこで彼は独学で学び続け、顧客の多大な支援のおかげで、当時最も重要な化学者で物理学者であったハンフリー・デービー卿の講義に通うことができたのです。

ハンフリー・デービー

ひととおりの授業が終わると、「書店見習い」ファラデーは何をしたのでしょうか？

彼は授業中に取ったノートをすべて集め、300ページに及ぶ本を書きました。その本は非常に完成度の高いものでした。彼はその本をデービー教授に送りました。驚いたことに、デービー教授は彼を助手として雇うことにしたのです。

ファラデーは、この出来事について次のように語っています。

「信じられないほど素晴らしいことだ！」

デービーの助手を務めていたファラデーは、また偶然の巡り合わせで、その当時最も重要な科学機関である王立協会（または王立研究所。当時のイギリス科学界を代表する学術団体）に移り、そこに57年間在籍することになったのです。

ファラデーは、目覚ましいキャリアを築いたにもかかわらず、王立協会（王立研究所）の会長職、男爵位、ウェストミンスター寺院におけるニュートンの隣に埋葬されることを拒否しました。

今日私たちがオーラ、オーリックフィールドまたはエネルギーフィールドについて語るとしたら、それはファラデーに負うところが大きいでしょう。

ファラデーの物理学への偉大な貢献は電場と磁場を認識し説明したことであり、また一方が他方に影響を与えること、つまり磁場が電場を変化させ、逆に電場が磁場を変化させることができることを発見したことです。

ファラデーは電磁力を発見し記述することに成功しました。そして最初の電気モーター装置とその後の時代を支配するようなあらゆる電気機械の基礎をつくり出したのです。

１８４５年、ファラデーは磁場によって光線を偏向させることに成功し、これによって光も電磁気学の分野に含まれることを明らかにしました。

しかし、そんなファラデーが習得できなかったものは数学でした。数学を知らない物理学者は音符が読めない音楽家のようなものなのです。

そして、光のグランド・マスターとして光の歴史に登場したのは、数学に非常に精通したもう1人の人物、ジェームズ・クラーク・マクスウェルでした。彼はファラデーの発見をすべて説明し、確認しました。マクスウェルは、電磁気学においてニュートンが重力に関する理論を確立したのと同じように、その分野で偉業を成し遂げました。彼はすでに知られていた研究をすべて調査し、電磁気学のあらゆる現象を記述し、関連付ける4つの式を定式化しました。それはニュートン以降最大の科学の功績であると考えられています。マクスウェルの4つの方程式は、電気も磁気も光も、すべて同じ現象である「電磁場」のあらわれであることを示しているのです。

ジェームズ・クラーク・マクスウェル

マクスウェルはこの方程式について研究を重ねている時に、興味深いことに気がつきました。それは、方程式に自然の定数と電磁波の伝播速度を表す定数があらわれていたことです。この速度の値は秒速30万キロメートルに近く、これはこの時代にすでに認知されていた光の速度とほぼ同じ値を示していたのです。

しかしマクスウェルにとってそれは偶然ではなく、後に次のように記しています。

「速度は光のそれに非常に近いので、光そのものが電磁気学の法則に従って電磁場を伝播する波の形の電磁波干渉であるという結論に至る強い根拠があるようだ」

1864年、マクスウェルはわずか33歳で4つの方程式についての論文を出版し、そこでこれらの式の複雑さを読者に示しました。もちろんそれは簡単な掛け算ではありません！

すべての電磁気の現象は、これらの4つの公式によって説明することができます。

そしてそれは電気から衛星テレビ、携帯電話に至るまでありとあらゆる電気に関わるものすべてにあてはまります！

$$\oiint_{\partial\Omega}\mathbf{D}\cdot\mathrm{d}\mathbf{S}=Q_f(V)$$

$$\oiint_{\partial\Omega}\mathbf{B}\cdot\mathrm{d}\mathbf{S}=0$$

$$\oint_{\partial\Sigma}\mathbf{E}\cdot\mathrm{d}\boldsymbol{\ell}=-\iint_{\Sigma}\frac{\partial\mathbf{B}}{\partial t}\cdot\mathrm{d}\mathbf{S}$$

$$\oint_{\partial\Sigma}\mathbf{B}\cdot\mathrm{d}\boldsymbol{\ell}=\mu_0 I+\mu_0\varepsilon_0\iint_{\Sigma}\frac{\partial\mathbf{E}}{\partial t}\cdot\mathrm{d}\mathbf{S}$$

これらの4つの方程式はエンジニアと物理学者によって開発された何千もの機器をつくるうえで基礎を形成しているのです。

これまでの歴史上の科学者のなかで、ジェームズ・クラーク・マクスウェルほど私たちの日常生活に影響を及ぼした科学者はいません！

マクスウェルは腹部にできた腫瘍により48歳で亡くなりました。

彼は、カラー写真の発明者でもありました。世界初のカラー写真は彼によって撮影されたのです！どのくらいの日本人が彼の名を知っているのでしょうか！

１８６４年、マクスウェルの方程式により、光を理解し操作するための大きな戦いは終わったのです。光は波であり、科学者たちにそれを制御するための数学的方程式を与えました。

ただ、科学というのは決してとどまることを知らないのです！

それから数十年の間に新しい発見は次々となされ、１９００年ごろには古典物理学の時代が終焉を迎え、現代物理学の時代へと幕を開けたのです。

そして現代物理学の時代では、問題はもはや光を操ることではなく、「光とは何か？」という当初の疑問に対する研究の原点に立ち返ることになります。

この質問に対する決定的な答えを見出すことが、相対性理論と量子力学の理論を用いて光の真の性質に関する発見へとつながりました。これらの最高の知の結晶が私たちの世界にあらわれたことで、新しい研究分野が誕生したのです。

研究を大きく前進させたマックス・カール・エルンスト・ルートヴィヒ・プランクは、マクスウェルの生誕１００周年を迎えた１９３１年に自身の論文のなかで、「人間の知の責任を果たしたマクスウェルの理論は人類最大の勝利であり、それは後世語り継がれる偉業である」と述べています。

現代の光のビジョン

マクスウェルの電磁波理論は、その理論が革新的であったとはいえ、波が伝播するための媒体を必要としました。

音が空気中を進むように、池の波が水中を移動することを踏まえると、電磁波は仮想の「エーテル体」を通って進むという仮説が立てられました。

これは、地球の回転方向に進む光線は地球の回転方向と逆行する光線より速く進む必要があるという考えに基づいており、20世紀初頭まで信じられていたことでした。しかしいくら実験を重ねても、誰もそのエーテル体をとらえることはできませんでした。

そのためアルベルト・アインシュタインが相対性理論を１９０５年に発表するまで、光の速度は一定であり、最終的な観察者の位置や動きとは無関係であると仮定されていました。

科学界がアルベルト・アインシュタインの理論を確信するまでに20年の歳月を要しました。いずれにせよ、エーテル体の存在はここで永久に葬り去られてしまったのです。

その後、どのように電磁波が広がっていくのか研究がなされました。

研究が進むにつれて、現象はますます奇妙になりました。いまではもう科学者たちの周りで実用的な応用が急速に広がり、まるで誰もが電磁気の「ウイルス」に感染したかのように解決策を模索していました。

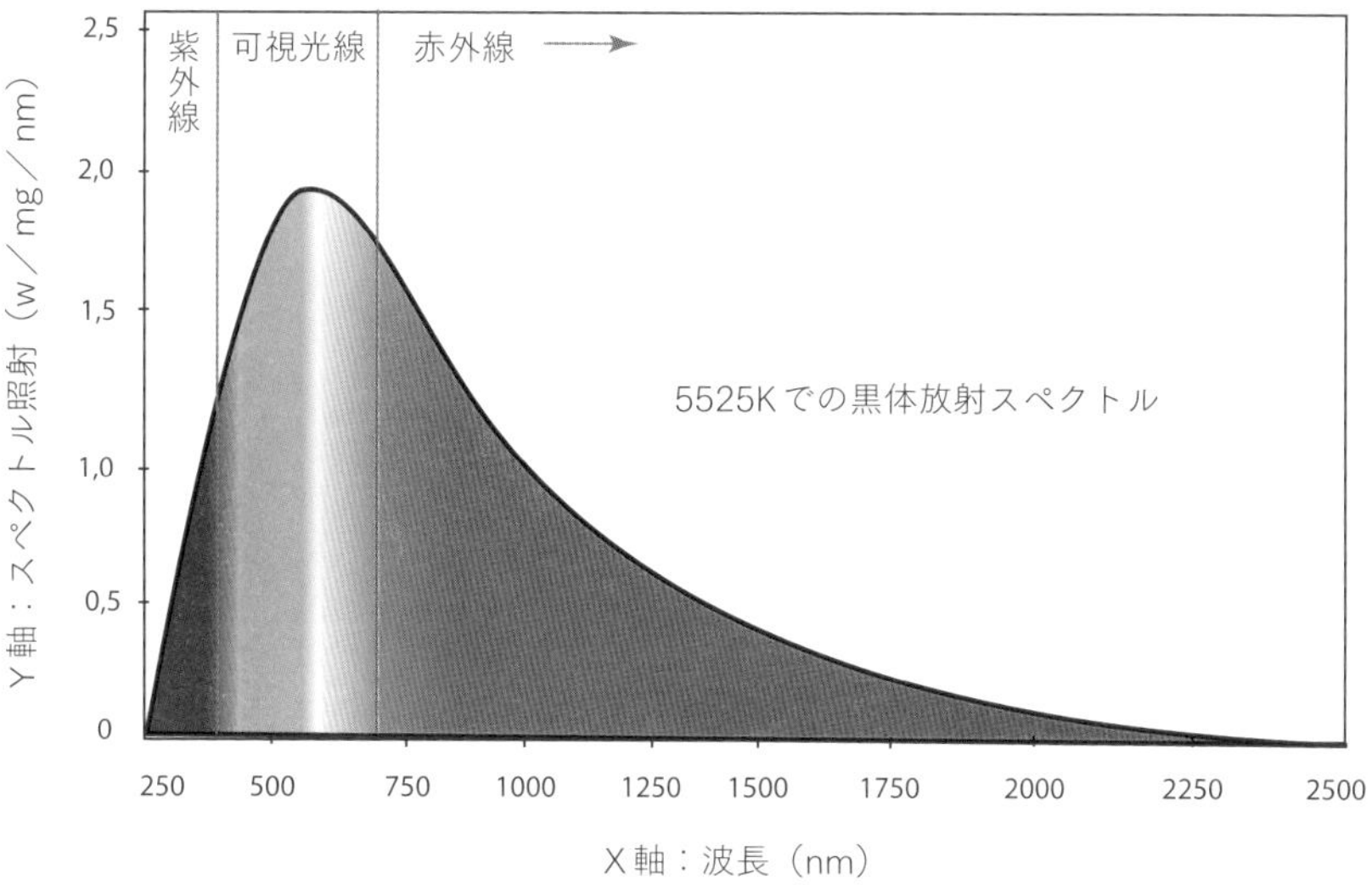

この状況は、現代におけるインターネットの導入のようなものだと想像する必要があります。それはあたかも現代のエル・ドラド（南米アマゾンに存在したという伝説の黄金郷）なのです！

その一方で、電磁波の放射を目的とした研究も進められました。

完全に黒い物体は、単独ではエネルギーを放出せず、すべてを吸収します。しかしその物体に熱を加えるとエネルギーを放出しはじめます。そしてその黒体が加熱されればされるほど、エネルギーは大きくなり、電磁波として放出され、「発光スペクトル」がつくり出されます。

室温では物体は赤外線波のみ放射するため、完全に黒く見えます。その黒体が摂氏５００度以上の高温で加熱されていくと、目に見える電磁波を放射しはじめます。それは最初の「スペクトル」の灰色、次に赤色、

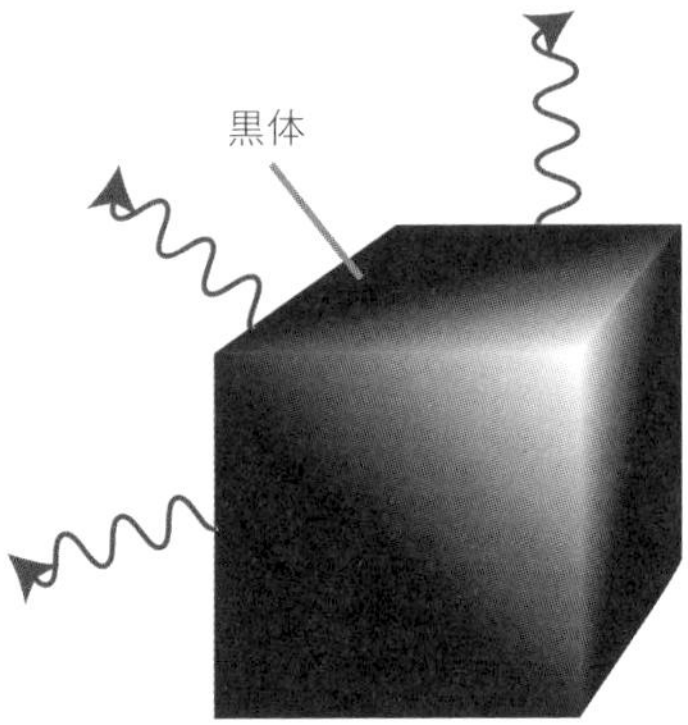

その次は青色となり、そして最終的に1万度に達すると印象的な青みがかった白色になります。

この発光スペクトルを知ることにより、色から温度を推測することが可能となります。

自然にはもちろん完全な黒体は存在しません。しかし、たとえ理論上の黒体に正確に対応していなくても、白熱の物体から温度のおおよその見積もりをおこなうことができます。例えば溶岩の温度、鉄の塊の温度、ピザ窯のなかの温度などが挙げられます。

黒体を使った実験は1860年からおこなわれており、その発光スペクトルは1890年に物理学者ヴィルヘルム・ヴィーンによって記述されています。

ヴィーンはまた、色の放射を司る法則を数学的に記述することができたため、1911年にノーベル物理学賞を受賞しました。

さらにアインシュタインより早く、質量も電磁波で構成されているとの結論に達し、質量とエネルギーの相対関係を見出して、「me（4/3）E/c2」という公式を打ち出しました。それはアルベルト・アインシュタインのものに非常に近いものでした。

古典物理学の時代には、黒体から放出されるエネルギーは、すべての異なる波長に等しく分布するはずであると考えられていました。しかし実際には、波長が短ければ短いほどエネルギーは強くなるのです。当然のことながら、物体のエネルギーが増し加熱されていくことでますます電磁波が放出されていきます。

電磁波のスペクトルのなかで最も強く、最もエネルギーの高い波は、波長の短い波、つまり紫外線です。そのため、物体が加熱されればされるほど、エネルギーが高ければ高いほど、よりエネルギーの強くて短い波長の紫外線を放射することになります。紫外線は目に見えないため、言い換えれば、加熱中のある時点で黒体は見えなくなるはずですが、現実的にも理論的にも不可能な状態でした。

当時、このような状況は「紫外線のカタストロフィー」とも呼ばれ、ほとんど誰も説明することはできませんでした。

ヴィルヘルム・ヴィーン

古典物理学に続く電磁波によるエネルギーの連続放出の概念が紫外線のカタストロフィーをもたらしたため、結局、誰かが別の説を打ち立てなければなりませんでした。

数学的解を提案したのは、32歳で物理学の大学教授となったマックス・プランクでした。

プランクは、数学的にいえば、エネルギーは「紫外

マックス・プランク

線カタストロフィー」につながるような無限の可変性をもつ電磁波として放出されるのではなく、むしろ「エネルギー粒子」を通して放出され、その粒子はどのような周波数にも対応せず、標準周波数の倍数の周波数しかもつことができないと主張しました。

結果として、もはや無限の波長数は存在しなかったのです。

さらにプランクは、放出される粒子の量が変化し、波長が短くなれば放出される粒子が減少することを主張しました。

そのため、たとえ紫外線がより多くのエネルギーをもっていたとしても、大災害に陥るほど放出できる粒子は少ないので、結果として「紫外線カタストロフィー」は免れることになったのです！

粒子から放出されたエネルギーの合計は、黒体を加熱することによって供給されるエネルギーと等しくなり、すべてがもとどおりに戻ります。

どういうこと？　電磁波ではなく粒子について話しているのでしょうか？

ではここで時計の針を戻してみましょう。そして光についての古い論争をもう一度思い出してみましょう。

マックス・プランクにとって、電磁波として理解されていた光を粒子ととらえる考えは、到底受け入れられるものではありませんでした。たしかに彼は、電磁波として広く受け入れられている光の理論に反対することになるとは夢にも思いませんでした。

しかし彼は非常に数学に長けていたため、自身の見解として「数学的トリック」のようなものを考え出しました。

この数学的なトリックは、特に物理学的世界観に革命をもたらす天才的な理論であることがわかりました。それは当時、多くの現象を説明できなかった「量子物理学」への第一歩へとつながったのです。「量子の飛躍」として世のなかに広く知れわたり、現在では普遍的に認められているこの発見により、1918年、マックス・プランクはノーベル賞を受賞しました。

ハインリヒ・ヘルツ

さて、電磁エネルギー放射の研究はさておき、もう1人の物理学の天才、ハインリヒ・ヘルツ博士の発見からはじまった研究があります。

ハインリヒ・ヘルツはクラーク・マクスウェルの到達した理論をさらに発展させました。

マクスウェルは電磁波の理論を説明しましたが、これはただの理論に過ぎなかったのです。

ヘルツはマクスウェルの理論をすべて実験レベルで確認しました。今日では博物館でも見ることができますが、ヘルツは実験に必要な機械をすべて自分で制作したのです。

ヘルツははじめて電磁波を生成し、送受信を実証しました。この業績により、ラジオ、テレビ、レーダーの発明の基礎が築かれました。

今日、飛行機で安全な旅ができ、船が大海原を迷わずに進むのは、ハインリヒ・ヘルツのおかげと言っても過言ではありません。

ヘルツは驚くほど科学の世界に没頭し、28歳の若さで物理学の大学教授に就任しましたが、その生涯は短く、37歳でこの世を去りました。しかしこの短い生涯のなかで、彼は周波数という重要な発見をしました。後にこの功績をたたえ、周波数の単位は「ヘルツ」という彼の名前で呼ばれるようになりました。

ヘルツは実験中、偶然興味深い効果を発見しました。電流が2つの極の間で生成され光を照射すると、その2つの極の間の張力（電圧）が変化するのです。これは光が電気的影響を有していることを示し、その現象は「光電効果」と呼ばれています。

しかし残念ながら、ヘルツにはこの研究を続けられる時間は与えられていませんでした。結局「光電効果」の研究は保留となり、物理学の世界を決定的に変えた年、つまり1905年までさらなる発見を待つことになったのです。

アルベルト・アインシュタインはマックス・プランクの研究を用いて光電効果を説明しました。アインシュタインが科学者として優れていたのは、理論家であると同時に経験主義であった点にあります。彼は、実験の結果を物理学や数学で理論的に説明できなければ満足しませんでした。しかし、理論的に説明がつけば満足かといえば、それも異なり、実験での確認も必要としていたのです。

1905年というのはアインシュタインにとって驚くべき一年でした。彼は当時、26歳でした。その年、彼は世界を変えた4つの科学論文を発表しました。すなわち1921年にノーベル賞を受賞した「光電効果」の理論、ブラウンの分子運動、特殊相対性理論、そして最後に質量とエネルギーの等価性についての研究です。

アルベルト・アインシュタイン

科学者の生涯でそのような発見を1つでもすれば、偉大な科学者の一員として名を連ねることができるでしょう。アインシュタインは、若い妻と2歳になる長男の生活を支えるために特許庁で働きながら、わずか1年でこれらの4つの発見をしたのです。

光電効果の研究でアインシュタインは、光が小さなエネルギー粒子で構成されていることに疑いの余地が

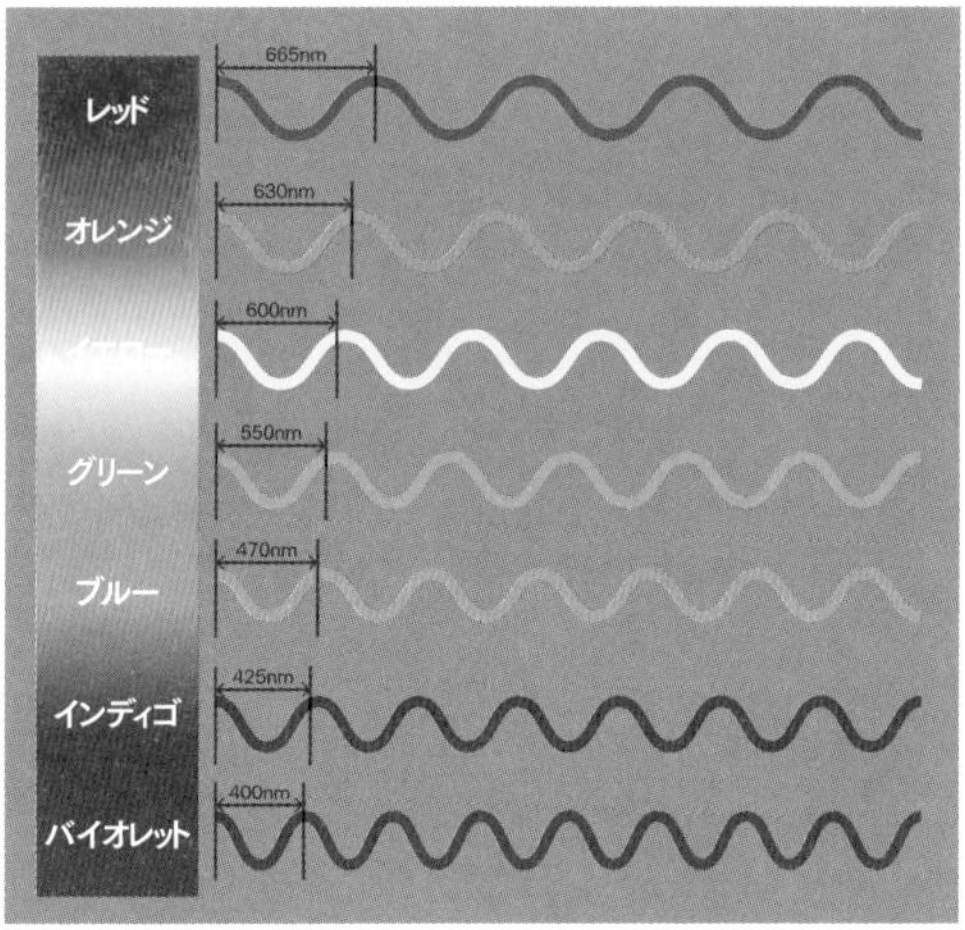

ないことを証明しました。そして彼はこれを「フォトン」（光子《こうし》）と命名しました。

フォトンは金属表面と相互作用をすることで、金属から電子を放出させ、電流を生み出します。

アインシュタインはまた、この効果は光波《こうは》の周波数のみに依存し、力には依存しないことを示しました。したがって、長波をもつ赤外線はほとんどエネルギーをもたないために大きな強度でも光電効果が生じることはないのです。対して紫外線は短波ですが非常に高いエネルギーを有するため、小さい強度でも光電効果を引き起こします。

それではそれが粒子説の再来となるのでしょうか？

いいえ、それは不可能なことです。ヤングの実験によって光の回折と屈折、つまり夜明けと日没に太陽がより大きくあらわれる現象を否定することができなかったからです。

その解決策は？　今日まで粒子説を説明する結果は見つかっていないのです。

大きな問題は、量子力学は素粒子レベルでしか観測できず、私たちが目で見ることのできるマクロなレベルでは観測できないということです。どんな場合でもつねに同じ法則が適用されるにもかかわらず。

こうして、プランクとアインシュタインの発見から現代の物理学が生まれました。

これらの発見は人間の知識を信じられないレベルにまで引き上げました。ヴェルナー・ハイゼンベルク、ニールス・ボーア、ルイ・ド・ブロイ、エンリコ・フェルミ、リチャード・フィリップス・ファインマンなど、これらの科学の巨人たちはノーベル物理学賞を受賞しています。彼らの成功のおかげで、今日、CDを挿入して音楽を聴くこともでき、コンピューターに電源を入れてインターネットに接続ができるのです。

では光についてはどうでしょうか？

光は神秘的で謎めいており、矛盾した現象なのです。光は波と粒子の性質を併せ持つものの、同時に起こることではないと今日では知られています。いわゆる「光の二重性」です。同様に物質においてもそれはあてはまります。

現時点では、光と物質は状態確率の近似によってのみ述べることができます。つまり、ある瞬間にフォトンや電子、他の原子が特定の状態である場所に存在する可能性があるということができ、それ以上のことはいまの時点ではいえません。

確実性と安全性に対する私たちの願いは、事物の性質の状態に対応していません。それは例えば、自然は黒でも白でもなく、同時に黒であり白でもあるのです。しかし私たちは、同時に2つの側面を見ることはできないのです。それはちょうどエッシャーの絵画のようなもので、白と黒が同じ紙の上に描かれているようなものなのです。そしてそれは同時に2つとも見ることができないのです。白を見れば、黒が見えなくなり、黒を見れば、白は見えなくなるのです。

ですから、「私は目に見えるものしか信じない」という人は本当の無知であると断言できるでしょう！

アルベルト・アインシュタインは事物の状態について、「神はサイコロを振らない」と述べていました。また、ヴェルナー・ハイゼンベルクはそれについて、「アルベルト、神に指図するな！」とアインシュタインに答えたのです。

今日では神が存在するかどうかの事実は別にして、「神は遊んでいるのか、それとも真剣なのか？」と尋ねることができるかもしれません。

光の謎はまだ明かされてはおらず、依然として解明すべきことはたくさんあるのです。そして「光とは何か？」という問いは、おそらく人類に永遠についてまわることでしょう！

第5章 色彩科学と知覚

色というのは、この惑星に光が最初に到達した日から人間とともにありました。先史時代の洞窟に描かれた原始美術の絵画には、すでに色が使われていました。また、どの文化的段階においても、そして地球上のあらゆる民族においても、色は社会組織、儀式、役割や階級の区別、そして個人を称賛するうえで重要な役割を果たしてきたのです。

色は私たちにとって当たり前のようなものに思えますが、実際にはまったく違います。エジプトの神殿から中世初期の大聖堂、アフリカのフェイスペイントから多色刷りのファッション誌まで、人間がつねに色を使ってきたことは事実ですが、「色」という現象のさまざまな技術的、生理学的、文化的、精神的な側面において、その研究や理解はまだ進んでいないのが現状です。『光と色のヒーリング（原題：Luce e colore per guarire e gioire〈癒しと喜びをもたらす光と色〉』と題された本書では、色の現象について深く考察することが不可欠となっています。

そこでこの章では、色彩科学と知覚に関するさまざまな側面について概説したいと思います。あまりにも専門的過ぎると思われるかもしれませんが、心配しないでください。というのも、色の謎はいまだ解明されていないのです！

基本的に色は2種類あります。

■発光色

ここでは、電磁波という電磁エネルギーを放出する物体について説明します。これら電磁波の一部は、可視スペクトルに属する周波数を有します。そしてこれは、私たちが色として認識される光線をつくり出します。これらの色は「スペクトルカラー」とも呼ばれます。

例として、火山の溶岩、虹、カラーライト、レーザー光線、太陽などの色が挙げられます。ここでは、色は色彩の光線としてあらわれます。

■反射色

この場合、ある表面が光源（例えばランプや太陽）から照らされると、少なくとも部分的には、電磁波スペクトルの可視光線に属する電磁波を「浴びる」という現象が起こります。このエネルギー、つまり波動は、その一部が照射された物体の表面に吸収されますが、その一部は反射され、再び電磁波の光線となります。

これらの電磁波は可視スペクトルに属し、物体はある色の光線を反射するため、反射した光の色であらわれます。

一方、黒い表面は、さまざまな長さの可視光線をすべて吸収することができ、その結果、黒（無色）に見えるのです。それ以外の表面では、受け取る光の一部を反映します。

この電磁波の反射を引き起こす原因は何でしょうか？

この反射は色素と呼ばれる特定の物質によって引き起こされます。それはある特定の周波数の電磁波を完全に反射するという特性を有する物質です。

反射された色は、定義された周波数の電磁波に対応することが明らかです。しかし、このタイプの物体は色を発色しないことに注意する必要があります。その物体には、そこに送られた特定の電磁波を反射する機能しかありません。そしてその物体に何も送られなければ、確実に何も反射することはできないのです。

したがって、表面が照らされていなければ、その物体は黒く見えるのです。

そのため、光がなければ色素の世界にも色がないことになります。色素は反射するだけで、それ自体が光線を発することはありません。

この2つの色の世界は、異なる色の法則に従うため、それぞれの色の次元を区別することは非常に重要なものになります。

発光色

1つ目の色（発光色）について説明します。これは物体から放出される色の光線、すなわち「カラーライト」としてあらわれます。

紙の世界からデジタルと仮想の世界へと移行が進むにつれて、今日ではカラーライトはますます重要になっています。例えば印刷した写真からデジタルカメラ、携帯電話の液晶画面やパソコンの画面といったディスプレイの画面に移行しました。画面に表示される写真に適用される規定は、印刷された写真に適用される規定とはまったく異なります。

したがって、スクリーン、テレビ、映画館では、放射される光線がどのように作用するかを考慮しなければなりません。

ニュートンはすでに、白色光はすべての色の総和に過ぎず、その逆もまた然りであることを発見していました。ニュートンの話にもあったように、これは当時としては画期的な発見でした。

ニュートンのおかげで、今日では、色の基本である「原色（プライマリーカラー）」と呼ばれる色の組み合わせで、すべての色をつくり出せることがわかっています。

これらの原色は必ずしも定義されているわけではありません。ただし、特定の色が他の色よりもフルカ

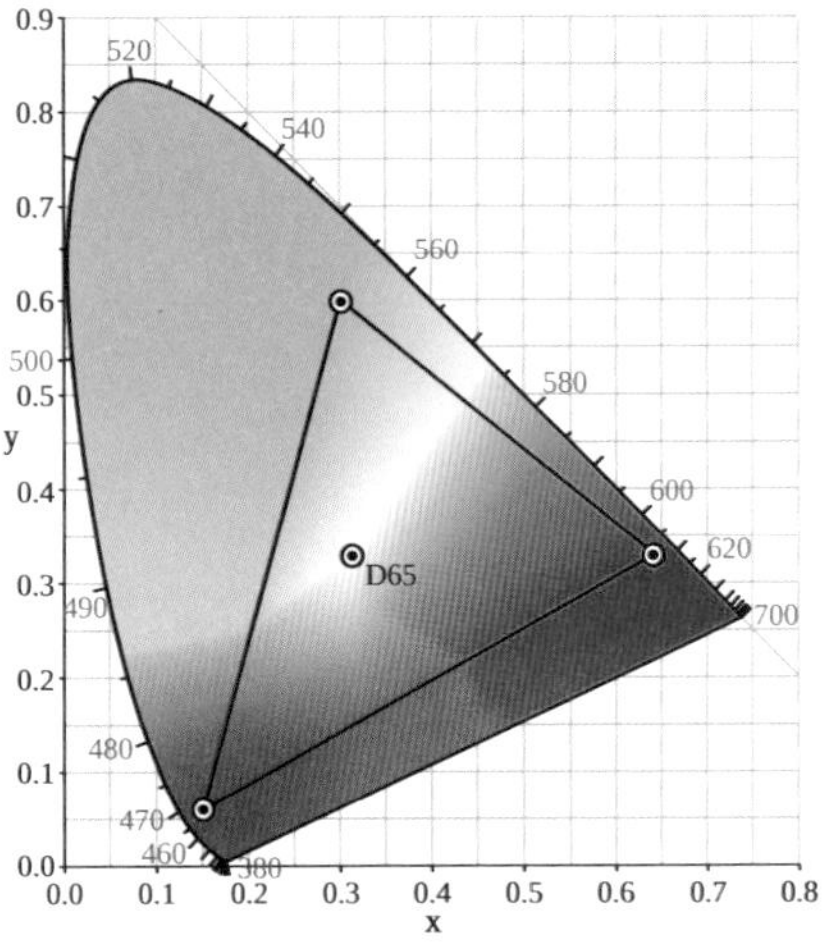

色域の例

ラーのパレットの作成に適していることが証明されています。

このフルカラーのパレットは、専門用語で「色域」と呼ばれます。色域では、特定の基本色である三原色から作成できるすべての色がまとめられています。

上図の各色域は、赤、緑、青の三原色によってつくり出されます。

では、どのようにして色の光線をつくり出すのでしょう？

例えば、ビーマーライトペンのようにフィルターを通すことでつくられます。ペンに挿入されたバイアルは、ペン自体が放射する白色光のフィルターの役割を果たします。

問題は、結果として生じる色の明るさです。フィルターが光を吸収するため、一般的に明るさは比較的低くなります。そのため、フィルターを使ったワークはビーマーライトペンには適していますが、テレビやコンピューター画面などの技術的用途には適していません。色を出すために、優れた強度と一貫性のある色を提供する色の光源が必要となります。そこにはスペクトルカラーが必要となります。

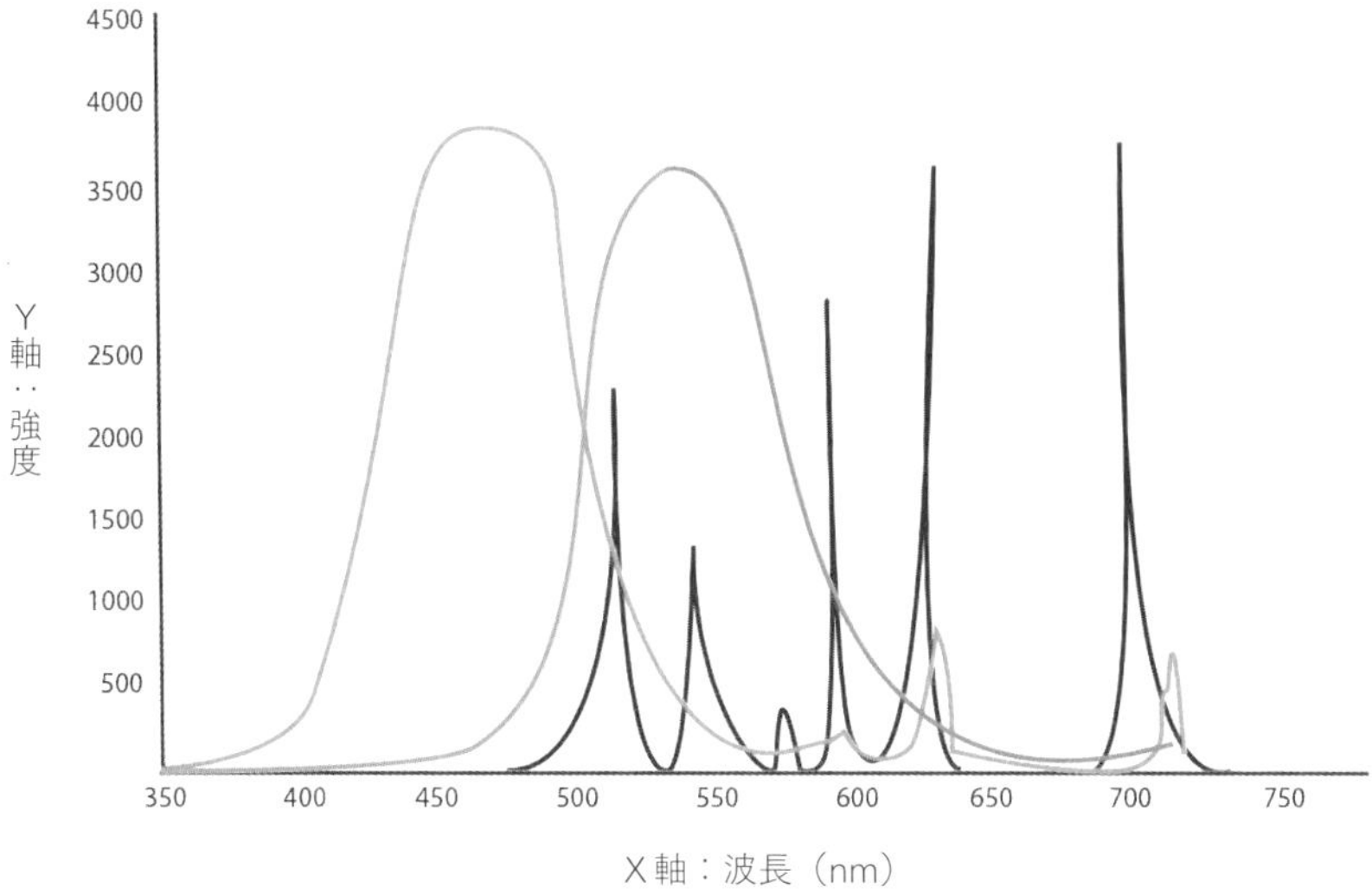

例えば、電気などの刺激の結果として物質から放出される色です。

自然界や人工物のなかには、刺激を与えるとスペクトルの色を発する物質がたくさんあります。現在これらの物質のなかで最も広く使われているのは、リンです。リンは非常に優れた元素です。

それは多くの物質と容易に反応するだけでなく、私たちの体のエネルギー源であるＡＴＰ（アデノシン三リン酸）という物質の中心的な要素でもあります。またリンは刺激を与えると、赤、緑、青の三原色がはっきりとあらわれます。

電気刺激の量に応じて、リンは最初に青、次に緑、そして最後に赤に発光します。そして、この三原色である3色の光線を使って、「色域」のすべての色を作成することができるのです。

三原色の光線を混ぜて色をつくる時の「加法混色」

について話します。実際、この色の光線による色のシステム全体を「加法システム」とも呼びます。

加法とは、基本的にある光線に別の光線を加えて色をつくることです。色を追加すると、結果的につくられた色は「強い」ものになります。三原色の光線をすべて加えると、光は非常に強くなり、色のない白い光になります。そのため、色域の中央の部分は白が表示されているのです。たとえ2色のみであっても同様になります。

リンの発光波長で標準化された赤、緑、青は、可能な限りさまざまな色を作成するために使用されます。英語では赤、緑、青を「*Red Green Blue*」で表します。このカラーシステムはRGBと呼ばれます。残念ながらRGBシステムの色域（または「パレット」）は、前ページの図で示したように、人の目が知覚できるすべての色を含んでいるわけではありません。

130ページにある図では、「色の三原色」が表示されています。この図は色域図と呼ばれ、内側の三角形の各頂点には赤（レッド）、緑（グリーン）、青（ブルー）の三原色があります。三角形の辺上には、この3つの原色からつくり出せる色があります。三角形の2つの頂点を結ぶ線に沿って、2色の混合が表示され、中央に向かって移動すると、3色の異なるパーセンテージの結果（3色が異なる割合で混ぜられた結果として出来上がる色）が表示されています。この図では内側の三角形が外側にある曲線の大きな三角形で囲まれています。

外側の三角形は、人間が知覚できる色の範囲（可視領域）です。内側の三角形はＲＧＢシステムの色域であり、蛍光体技術によって作成される色域です。外側の大きな三角形は人間が裸眼で知覚できる色の範囲を大まかに示しています。

しかし、その色域はどれだけ欠けているかがよくわかります。というのも、人の目はリンの色域が生み出す色よりもはるかに多くの色を識別できるからです。テレビやパソコンの画面でつくられる色よりもはるかに多い色を認識することができます。

そのため、画面上の画像は、高品質で印刷された写真のような美しさや迫力には到底及びません。

しかし同時に、印刷からデジタルへの移行も進んでいます。

いずれにせよ、この分野における研究や実験は活発におこなわれています。これは第4、第5の原色を追加し、ＬＥＤやプラズマのスクリーンを組み合わせるなど、さまざまな試みがおこなわれています。とても革新的です！

将来的には、色の表現力がこれまで以上に優れたスクリーンが登場することを期待しています。

私たちにとって重要なことは、ビーマーライトペンを使用することは色の加法混色の世界に入っていくことであるということを認識することです。3本のビーマーライトペンを使って、レッド、グリーン、ブルーのバイアルを挿入し、同時に3本とも同じ場所に照射すると、結果として生じる色はホワイトになります。

そのため、通常は1つのワークに対して1本のビーマーライトペンを使いますが、複数のビーマーライトペンを使用する場合は、それぞれ異なる領域に対して使用します。

反射色

さて次は、絵画や印刷の世界における色の表現、すなわち色の「減法混色」について見てみましょう。ここでも原理はつねに同じであり、原色からはじめてできるだけ広い色域をつくり出していきます。

オーラソーマが採用している一番古く、最もよく知られている色のシステムは、いわゆる「アーティストのパレット」、またはレッド、イエロー、ブルーを三原色とするRYBカラーモデルです。原色はレッド、イエロー、ブルーです。二次色はオレンジ、グリーン、バイオレットであり、三次色はマゼンタ、ロイヤルブルー、ターコイズ、オリーブグリーン、ゴールド、コーラルです。少なくとも理論的にはそう考えられます。残念ながらRYBシステムは非常に限られた色域しか提供していないからです。このような理由から、芸術家はさまざまな種類の顔料を古代から色のパレットに付け加えているのです。

そして、現在、RYBシステムは技術的に印刷に適していないため、オーラソーマのカラーローズのポスターは印刷できません。

現代の印刷技術では、とりわけ別のシステムが適用されています。このシステムは、シアン（青色の一種）、マゼンタ、イエロー（黄色）、キー・プレートまたはキー・トーン（黒）を意味するCMYKシステムと呼ばれおり、有名な「四原色印刷」の４色刷りを指します。レーザープリントも同様のシステムを採用しています。

実際には、特にアートの世界では、天然色素、さまざまなベース、化学的な相互作用など、色をつくり出すための多くの方法があります。

オーラソーマのイクイリブリアムボトルは、これらの原則に基づいてつくられています。

色の知覚

まず、私たち人間がどのように色を知覚するかを検討していきましょう。

ここでは、人間の色知覚についての議論に限定しますが、色知覚というのはその生物種の生物学的特性に基づいて、生物種ごとに異なるということができます。

人間の色知覚の生理学研究は比較的遅れて、科学界の関心を集めるようになりました。1800年代初頭にあの天才トーマス・ヤングはすでに人間がどのように色を知覚できるのか考察していましたが、その後、1965年に色の知覚について生理学的に興味をもち研究する学者があらわれるまで、実に100年以上の歳月を待たなければなりませんでした。しかし、人間の色知覚についてはいまだ多くのことが解明されていません。

私たちが見ることができる色は、すべて人間の目が知覚できる波長に対応する電磁波なのです。

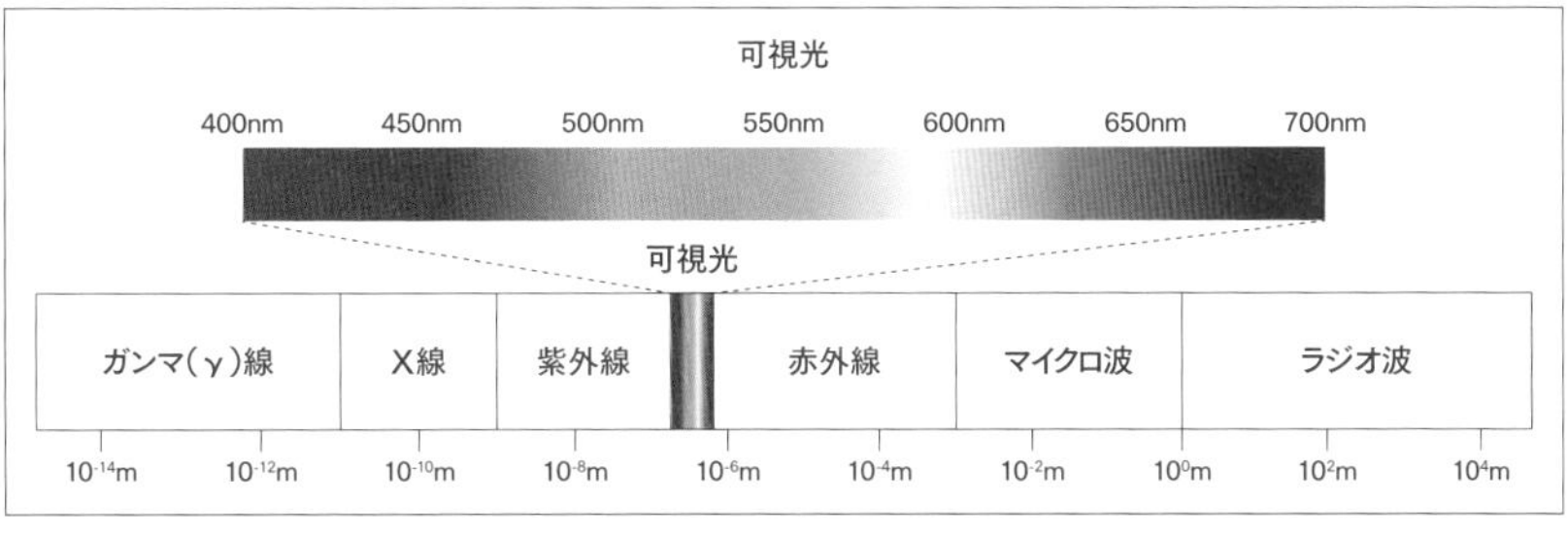

電磁波スペクトル

可視スペクトルは、電磁スペクトルのうち、波長380ナノメートル（*nm*）から780ナノメートルまでの領域を指します。特殊なケースとして、紫外線域で300ナノメートルまで、赤外線域で800ナノメートルまで見ることができる人も存在します。

私たちが見ることができる電磁スペクトルがいかに少ないか。驚くべきことです。

電磁波の波長は0・000000000015メートルから1万キロメートルまで変化しますが、可視スペクトルはわずか380ナノメートルから780ナノメートルであると考えられています。1ナノメートルは100万分の1ミリメートルなので、380ナノメートルは0・00038ミリメートルとなります。

電磁スペクトルが道路とするなら、地球から太陽までの距離は70倍の長さとなり、光の速度で移動するのに1年かかります。この道路の全体のうち、私たちは1メートルしか見ることができません！

少し想像してみてください。

それでは、人間の目の生理学に話を戻しましょう。

実際、ヤングの直感は正しかったといえるでしょう。なぜなら人間の目は、ある特定の波長の光に反応する特定の細胞を有しているからです。

一般的に、目には2種類の受容体があり、光に対する感度が大きく異なります。

■桿体細胞《かんたい》

この目の細胞は非常に感度が高いのですが、1種類しか存在しないため、光の波長を区別することができず、白黒の視覚に適しています。夜間に活発になります。つまりこの細胞により、夜になると色を識別することができなくなるのです。

■錐体細胞《すいたい》

錐状体は感度の低い細胞であり、3種類あります。それらは異なる光感度（スペクトル）を有しており、昼間の明るさのような一定の光量が必要となります。3種類の光感度はそれぞれ560ナノメートル＝緑黄色（緑がかった黄色）、530ナノメートル＝黄緑色、420ナノメートル＝青色となります。最後の青のスペクトルは全錐体細胞のたった12パーセントしかありません。

以上のことから、私たちの目はさまざまな種類の緑を区別することができるのです！

細胞は波長を明確に区別できるわけではありません。色を決定するためには、脳は2つの異なるセンサーの反応を比較しなければなりません。センサーの密度が高いほど色の認識はより明確になります。

脳を刺激する光の信号は、どのようにして伝達するのでしょうか？

ある波長の光子は、感覚細胞内のタンパク質を変化させ（光子の力はすごい！）、結果として、活動電位が生じ、脳に伝達されるのです。受け取ったさまざまな信号から、脳は知覚されるものの形と色をつくり出します。

しかしここで問題が生じます。というのは、一日の流れのなかで色が一定ではないからです。太陽の位置によって大気中の吸収率が変わり、結果的に異なる光を得るため、同じものでも、朝、昼、日没の時間帯では、よく注意してみるとその対象物は違って見えます。

私たちは実際には、刻々と変化する万華鏡のような色彩に囲まれているはずです！

誰も何も理解していないため、脳はこの問題に対処するため、「色の恒常性システム」と呼ばれる事実を考慮したアルゴリズム（計算手法）を開発しました。

「色の恒常性システム」とは何でしょうか？

例えば朝、赤いシャツを着たとします。少なくともあなたはそれが赤に見えます。ただし、そのシャツは赤く発光しているのではなく、吸収できない光を反射しているだけなのです。朝と夕方に長い波長の光が多く地球に届き、より赤くなるということです。そのため、夜明けや夕暮れ時に太陽が赤く見えるというわけです。反対に正午になると、光のエネルギーが強くなり、短い波長の光、つまり青になります。

その結果、午前中はシャツの色がより明るく、強い赤に見えますが、正午頃になると、黒に近い濃い赤になるはずです（光のなかの赤が少ないため、シャツが反射する量が少なくなり、暗くなります）。

もし望むなら、実験で試すこともできます。デジタルカメラを三脚に取り付け、１時間ごと丸一日かけて色の物体を撮影します（デジタルカメラには人間の脳のような色の恒常性のシステムはありません）。写真ごとにその物体の色が違うのがわかると思います。

普段私たちは、このような光の変化の影響をまったく受けず、明るい太陽、晴天、曇り、朝、昼、夕日など、天気や時間のなかで物体の色をつねに同じように認識しています。これが色の恒常性と呼ばれるものなのです。

つまり、目のなかのさまざまな細胞への刺激が直接私たちの意識に到達するのではなく、色の恒常性システムの計算を経て到達するのです。

私たちが見ている色は、その瞬間の本当の色ではなく、脳が私たちに見せている色なのです！　そう、本当に驚くべきことなのです！

脳がどのように機能しているのかを理解することは不可能であり、同様に色が脳に与える影響を評価することも不可能です。

多くの点で色の科学はまだはじまったばかりなのです！

色のシンボリックな意味

「色における表現と決定は1つである。光が自身と物体を一般的に区別なく表現する時、色はつねに特徴的で意味深い有意な方法で表現される」（ゲーテ）

この章では、虹の色がもつ、いくつかの象徴的な特徴を紹介します。これらの特徴には、ポジティブ――光、ネガティブ――影というような光と影の意味を含んでおり、読者の皆さんが虹の色がもつ基本的な性質や意味を理解できるように説明したいと思います。

◈レッド

エネルギー、情熱、熱意、地に足をつける、覚醒、生命力、活躍、拒絶、反逆、激情、ダイナミズム、連帯、分離能力。

活力がみなぎり、行動力を高めます。ジオパシックストレス（自然電磁場が崩れた状態から生じる、地球に関連したエネルギーによって引き起こされるストレス。不快感や病気の原因となる）の影響から離れ（あるいはその影響を和らげ）、大地とのつながりを取り戻し、オーラのバランスを整えます。警戒心、注意力を促します。性欲や生殖能力にも作用します。暖かみのあるエネルギッシュな色は、プロジェクトの実現をサポートしてくれます。

謙虚になりやすくなります。必要に応じて多くのエネルギーを生み出すのに役立ちます。

◈ピンク

最も攻撃性のない、調和の取れたフェミニンな色です。女性的な直感力を高め、自分や他人を大切にする姿勢を促し、与える能力と受け取る能力を高めます。愛や優しさ、人の話を聞くことや話し相手になることへの欲求があります。

外部からの挑戦的な攻撃から身を守り、心を落ち着かせ、心地よい調和を保ちます。そして心の滋養と女性性のエネルギーを促します。

無条件の愛、自分と他人の話に耳を傾けること、利他主義を促進します。ネガティブなものから五感を守ります。豊かな創造性につながるのを手助けします。自分や他人を思いやり、愛を与えるようになります。

◈コーラル

愛の叡智の色。また、片思いや報われない愛を意味することもあります。壊れやすくデリケートで傷つきやすいのと同時に、繊細さと愛情深さを併せ持っています。人生に対するポジティブさ、他人への思いやりをもたらし、失恋から立ち直る手助けや感情の脆さをサポートしてくれます。個人の目標を犠牲にしてでもコミュニティの幸福（宗教、家族、愛国心）のために貢献します。

相互依存について意識的になれる一方で、他者に盲目的に依存したり、人を愛し過ぎたり、話を聞いてもらいたいと強く感じることがあります。

万物の一体感に気づくようになります。過去の傷ついた経験を癒し、それも進化の過程において大切であったことに気づき、タイムラインを癒せるようになります。

◈オレンジ

感情的な衝撃を和らげる、官能性、エクスタシー、インスピレーション、外向性、陽気さ、社交性、高揚感、関係性、依存性、共依存、献身的、情熱的、官能的。

ショックや深刻な感情的、身体的、精神的ストレスから回復させるのに役立ちます。感情を落ち着かせます。エーテル体の傷を修復し、エネルギーとパワーを再調整します。中毒やホルモンバランスの乱れを克服するのに役立ちます。スピリチュアルガイドとの積極的なコミュニケーションを促します。神経質で感情的なストレスに対する癒しを促し、宗教的体験における神秘的な心境にも関係があります。

オレンジは特に苦しみを伴う過去を乗り越えるプロセスをサポートしてくれます。いまの時代の変化に柔軟に対応することができるようにしてくれます。男性性と女性性の調和をサポートします。傷ついた記憶を和らげ、思いやりの心が芽生えるのを助けてくれます。

◈ゴールド

錬金術、富、結束、自尊心、個性、力、深い喜び、知恵、不変性、識別力、不合理な恐怖、大きな不安、深い混乱、傲慢さ、利己主義。

神経系を落ち着かせます。恐怖やパニック発作を克服するのに役立ちます。混乱のなかで光を照らし出します。

ゴールドは内なる叡智とつながることを促し、スピリチュアルガイドのポジティブな導きを受け入れやすくします。人生に崇高な幸福をもたらすという意味だけでなく、他者や自分をジャッジしないことなど、あらゆる面でセルフケアをサポートしてくれます。魂の古い傷を癒すことで、いまこの瞬間に気づき、焦点をあてて生きることを学びやすくします。

◈ イエロー

評価する能力、知性、知性認識、喜び、自己肯定感、一方で、ジャッジメント、過度な批判、自己中心主義、精神的混乱、恐れ、感情の乏しさ、貪欲、利己主義。

日々の暮らしに明るさと光をもたらします。知性を輝かせ、高めます。消化と集中力を促進します。共感力や自己肯定感を高めます。

大天使、女神、超自我とのコミュニケーションを手助けします。第3チャクラに関わる個人の気づきや顕在化をサポートします。いまこの瞬間を生きること、他の意識の形とコミュニケーションする際に内なる光を灯すのに役立ちます。

◈ オリーブグリーン

シンクロニシティ、女性的なハートの導き、協調性、両極性の統合、苦しみ、競争、出世主義。

協力、兄弟愛、姉妹愛、そして真実の光を育みます。知的洞察力を高めます。シンクロニシティを活性化します。

内なる神性を求める人の色。ハートの真実とその崇高な願望を再び結びつけてくれます。

◈エメラルドグリーン

パノラマビジョン、真実の探求、統合、ハートの空間の拡大、細胞のバランス調整。また、迫害、羨望、ハートの制限、迫害の記憶。

高次元の世界と現実世界とのバランスを整え、外的世界と内的世界をつなげることでハートの調和を保つ手助けをしてくれます。ハートの空間を創造し、ハートを開く能力を促進します。人生、自分自身、他人を信頼することを促してくれます。

自分の時間や空間を見つけやすくし、世界に向けて広がる手助けをします。真実を追求する際のファシリテーターとして機能します。ハートの空間を確保し、いまこの瞬間を大切に受け入れることで、正しい方向への取り組みをサポートします。

人生の意味を深く考え、ハートの内なる空間が不足している時に生じる恐れを克服するのを助けてくれます。

グリーンは、自分のなかにゆとりを生み出し、地球への愛とのつながりを感じさせてくれます。感情をリフレッシュし、内なるバランスを取って生きられるよう助けてくれます。

◈ターコイズ

創造性、ヒューマニズム、理想主義、才能、感情の共有、遊び心、知識の共有。ニューエイジとマスメディアの色、人道的な相互依存。また、現実逃避、感情の脆さ、心の感情を表現することの難しさ、という意味もあります。

コミュニケーションの創造性と創作意欲を刺激します。冷静さ、忍耐力、慎重さ、受容と寛容さを促します。心の爽やかさ。人生のビジョンを刷新し、新たなインスピレーションや理想をもたらします。夢にとらわれないように助けてくれます。

ハートの創造性を使って、内なるマスターとつながり、未知なる次元へと意識が拡大していくことを助けます。

ターコイズは、特に新しい時代のなかで、大きな変革期に生きていく時に心がつくり出す障害を克服するのに最適な色です。

◈ブルー

保護、コミュニケーション、理解、やすらぎ、友情、滋養、神の刻印、郷愁、未来への展望。一方で、野心、不安、緊張、硬直、抑うつを示すこともあります。

自分や他者に伝えること、自分や他者におこなうこと、自分や他者について考えること、自分の人生で創造するもの、そして自分がつくり出すことのできる平和について、責任をもつことができるようになります。

神の加護への信仰を深めます。私たちの生命、そして地球上の生命を守るためにサポートしてくれます。自由意思を明確にし、強化します。

瞑想中の霊的な保護に最適です。もちろん、ブルーは身につけることによって心を落ち着かせてくれるので、あらゆる種類の瞑想にも役立つでしょう。

◈ロイヤルブルー

神秘主義、瞑想、観察、集中、直感、チャネリング、透視、より高次の心を活性化すること。一方で、精神病、幻覚、分離、孤立を示すこともあります。

また、人生の浮き沈みを見守ります。豊かさと調和に対する願いを満足させるものにします。自身の声を聞き入れ、内側と外側のビジョンを促進します。直感力を高め、瞑想し熟考へと誘《いざな》います。

◈バイオレット

高次元と地上界の統合、スピリチュアルな奉仕や使命、変容、スピリチュアルな錬金術。また、スピリチュアルな誇り、狂言、宿命、迷信を示すこともあります。

謙虚さと優しさを育みます。忍耐力と心の強さをもたらします。静寂を促すようになります。瞑想をおこない、落ち着きと穏やかさの効果を持続させるのに役立ちます。人生の無常や儚《はかな》さの観察を容易にします。一体感と内なる全体性を感じさせます。

自分自身の内なる可能性や使命を認識するのに役立ちます。

自分の感情と他人の感情を同一視せず、自分自身に対する自嘲や他人への共感を高めます。二元性を超越します。あらゆるレベルで変容と癒しを促進します。過去の思い込みやトラウマからの解放を促します。

◈マゼンタ

霊性の向上、スピリチュアルな許し、女性性の力の認識、高次元からの愛、自己犠牲、献身、小さなことのなかの愛。一方で、集中力の欠如、世界の苦しみを感じる、地に足がついていないと感じる、精神的な裏切り。

ソウルスターのエネルギーをグラウンディングするのに役立ちます。愛、気遣い、許しを促します。精神集中と細部への配慮を促進します。人間に秘められた古代からの資源を再活性化する能力をサポートします。日常の些細な出来事のなかに、スピリチュアリティや美を見出すことができます。あらゆるものの美しさ、輝きのビジョンを促します。夜間に潜在意識が放つ夢を解釈したり、悪夢を解明したりするのに役立つ色です。

また、空想する時に、魂を養う精神的な偉大さや崇高さといった夢を強化するためにも効果的です。古代からの知恵を引き出し、偉大な過去の種を残しながらも、いまこの瞬間を生きることができるのです。

◈ホワイト

苦しみの理解、苦しみを乗り越えること、人生を映し出す鏡、イニシエーション、新しい道への旅立ち、苦しみ、心の投影、仮面をかぶる、涙を流す必要性。

カルマの浄化をサポートします。すべてのレベルの毒素を排除するのに理想的です。

自分のやりたい新しいプロジェクトや、あらゆるタイプの太陽のイニシエーションをサポートします。

イクイリブリアム/バイアル54番に相当するこの色は、カルマの浄化にも役立ちます。水のように透明で、そして浄化と清潔感をもたらし、鏡としての役割も果たしてくれます。明晰さをもたらすことで、痛みや苦しみを理解するのに役立ちます。もはや必要としないものを手放し、勇気をもって新しいものに果敢に挑戦することをサポートします。

第6章 イクイリブリアムとバイアル

イクイリブリアム／バイアルのスピリット

オーラソーマのイクイリブリアム／バイアルの大きな特色は、色と光のヒーリングにおける25年以上にわたる具体的な実践の成果です。もちろん、イクイリブリアムの名称からもインスピレーションを受けましたが、研究、瞑想、探求、さまざまな人種や文化、背景をもつたくさんの人々とワークをおこなってきた経験は、明晰さと情熱と熱意をもってイクイリブリアムの優れた点を表現するための基本ツールとなりました。

ボトルの説明に関しては、過去の書籍で解説されているような「古典的」と呼ばれるパターンに追随したものではありません。こうした概略的な説明はシンプルなので、学習のためには役立ちますが、より深く掘り下げるには少しシンプル過ぎるのです。

本書では、自由で表現力豊かな説明を選びました。これから記述するそれぞれのイクイリブリアム／バイアルの説明は、クライアントの経験からの物語に沿って説明されているもの、スピリチュアル・心理学的解釈によって解説されているもの、色彩が生理学や解剖学に与える影響に関連した医学的・科学的見地から使用されたケーススタディを紹介しているもの、シンプルに実際のセッションやトリートメントのエッセンスのみを記述しているものなど、さまざまなパターンがあります。

私たちはここまでイクイリブリアム／バイアルについてしばしば解説をしてきましたが、それはどのように作用するかということよりも、どのようにはたらきかけるのかという点についてのものでした。

また、オーラソーマとビーマーライトペン・カラーエンライトメント・メソッドという2つの光のシステムを組み合わせて実施した実際のワークの体験を紹介することができました。これらは互いに相乗効果を発揮し、同じ色と意味をもつマトリクス（基盤）となっています。

この2つの方法は、その実践的な使用方法は異なりますが、同じ目的を共有しています。

オーラソーマは「認知的なタイプ」であり、リーディングを通してクライアントの潜在能力を明らかにすることができます。イクイリブリアムの体への適用も、進化と新しいものへの開放のプロセスをサポートするために奨励されています。

もう1つのビーマーライトペンは「経験的なタイプ」であり、色の光とストラクチャーを使用します。色と光のビームを使用することで、成長と変容のプロセスを促します。

最後に、コンセプトをよりわかりやすくイメージするために、次の例をご紹介しましょう。

アッシジの聖フランチェスコはご存知でしょうか？　皆さんのなかには「彼を知らない人なんていないはず！」と思う方もいらっしゃるかもしれません。

フランチェスコが生まれた街、生涯にゆかりの深いアッシジでは、彼を埋葬するために2つの大聖堂がつくられました（実際には1つの建物ですが、上堂と下堂の二重構造になっており、2つの大聖堂を融合しています）。ここでは、聖フランチェスコに捧げられた2つの大聖堂に宿る敬虔な精神について説明します。

アッシジの大聖堂には、聖フランチェスコの遺骨が祀られている下聖堂と、ジョットの絵画によって聖フランチェスコの生涯が描かれている上聖堂と呼ばれている聖堂があります。その上堂では、司祭がメッセージを伝えて、信者を励まし、その教えを熱心に説きます。信者たちはしばしば上堂を訪れ、その説法を聞いてより深く理解が得られるようになります。もう一方の下堂では、信者たちは祈りを捧げ、瞑想をおこない、自身が浄化されて涙を流します。その聖堂では心の苦しみが浄化され、その人自身は湧きあがる喜びを感じながら恍惚感に包まれるようになります。そのようなことが毎日繰り返されるのです。

2つの美しい大聖堂ですが、巡礼者は一方の大聖堂しか訪れない人も多いのが実情です。巡礼者はもう一方を知らないこともあれば、時間がないため上堂または下堂のどちらか一方だけを訪れることもあるでしょう。

少し前にビーマーライトペンの生徒たちとアッシジを訪問した際に今述べたようなインスピレーションが沸き上がり、このような巡礼が私たちにもたらす効果を実感しました。

以後の表記では、イクイリブリアム／バイアルを「E／V」、ビーマーライトペンを「BLP」、癒しのストラクチャーを「ストラクチャー」と表記することがありますのでご承知おきください。

また、オーラソーマやビーマーライトペンは、医学的治療法ではありませんので、病気の治療や診察のためのアドバイスに代わるものではないということも理解しておいてください。

ビーマーライトペン　バイアルセット――ベーシックセットとセルフケアセット

ここでは、ビーマーライトペン（以降、ＢＬＰ）を実践する皆さんがシンプルで奥深い体験をするためのさまざまなセットをご紹介します。

ベーシックセットとセルフケアセットは、チャクラとエネルギーバランスの再調整を基本にしたセットです。

ベーシックセットとセルフケアセットは、どちらもチャクラに関するセットです。

ここには第1チャクラから第8チャクラまでの各チャクラに対応するＥ／Ｖ（イクイリブリアム／バイアル）が入っています。真のオーラとインカーネーショナルスターがある第2ハーフチャクラ（第2・5チャクラ）、そしてアナンダカンダセンターのある第4ハーフチャクラ（第4・5チャクラ）などの中間的チャクラを含みます。

◈第1チャクラ――イクイリブリアム／バイアル5　イエロー／レッド　サンライズ／サンセット

ヴィッキー・ウォールのボトルは、第1チャクラに関連しています。

この色の組み合わせは、ヴィッキー・ウォールが最初に手がけた配色のひとつです。すべてのイクイリブリアムのなかで最もエネルギッシュなボトルのひとつといえます。

イエローとレッドの2色を混ぜるとオレンジになるので、ここではオレンジについても考慮しなければなりません。イエローとレッドの組み合わせが第1チャクラに関係しているなら、オレンジは第2チャクラに関係しています。第2チャクラのダイナミクスは、この2つの色を混ぜることではじめて顕在化しますが、すぐにその効果が明らかになるわけではありません。これが、オレンジが「隠された色」とみなされる理由です。

一目見ただけではわからないように、それはこのE／Vのダイナミクスに対処しなければならない人からも隠されています。

一般的に、私たちは「問題ない」と思われる人とお付き合いするでしょう。こうした人たちは、きちんとした身だしなみで、友好的に握手を交わし、エネルギッシュです。そして自分にとって必要なものや、どうすればそれを手に入れられるかをわかっています。ほとんどの場合、実生活において物質的にも恵まれ、社会的にも成功して大きな問題を抱えていない人たちであり、大金持ちでなくとも裕福な人たちです。

たしかに日常生活において深刻な問題を抱えている場合、物質的な次元で必要最低限なものですら十分に満たすことができないという逆の状況の人も存在します。

どちらの場合にも、冒頭で述べたように、このE／Vに関する問題はもっと深いところにあり、オレンジに隠されています。すなわち第2チャクラです。実際、こうした人の難しいところは、より深いレベルで感情的に満たされる人間関係を築くことにあります。

性的な領域は一般的にうまく機能しますが、より有意義な満足感を求め、カップルとしての長期的継続関係に不可欠である安定した関係を築くことはできません。

セッション中にクライアントとの間に深い信頼関係を築くことができれば、性的な問題についてその人の話にじっくり耳を傾ける機会が得られるかもしれません。

性的能力（セクシャリティ）を深く分析すると、正常に「機能している」とはいっても、その深層には問題があり、本来の感情や感覚を体験するには程遠い状況であるといえます。女性ではオーガズムに達しにくかったり、不感症の問題があったり、男性では早漏などの問題が生じてくる場合もあります。

ほとんどの場合、この性的問題に関する最も深刻な原因は、過去のトラウマ的な体験による細胞の記憶にあり、異性との関係性にあります。したがって、適切な光のトリートメントをおこなうことで非常に満足のいく成果が得られる可能性があります。

第1チャクラにイクイリブリアムを使うこともできますが、クンダリーニ・エネルギーのバランスを取り、エネルギーの流れをよくして再生を促すためにBLPのセッションをおこなうことをおすすめします。

この場合、最も使用されるストラクチャーは、モチベーションと自信を回復するためのチャクラの再調整です。セクシャリティのバランシングに関するワークは、隠された恐怖や緊張感を解放し、リラクゼーション、性的快楽への衝動の活性化を促します。光の呼吸（ブレスオブライト）は心身のブロックを取り除き、感情の統合を達成できるようにします。胎内退行セッション（プレナタル・コンステレーション）は、私たちが子宮内で過ごした時の記憶を探求し、深い理解を得ることを助けるものですが、私たちが大きな羊水のなかを泳いでいた時、エネルギー的、スピリチュアル的、感情的、肉体的なレベルで私たちを養ってくれたものが何であったかを知ることで、受胎から誕生までの記憶を光で癒すことができます。

ここで、ＢＬＰのプラクティショナーの体験談をご紹介します。

親愛なるガーラ様

施術を受けてくださった方に体験談をお願いしてありましたが、まだその機会が得られなかったのでまとめを書いておきます。

クライアントは、慢性疲労症候群と右肩の痛みに苦しむ44歳の女性です。以前、他のテクニックで施術を受けたことがありますが、効果が持続しなかったので、ビーマーライトペン（ＢＬＰ）の施術を受けはじめました。主に活力と強さを与えるために、第1チャクラと第2チャクラ、レッドとオレンジ、そして右肩にターコイズを使って多くのワークをおこないました。自分を表現したいという印象を受けたのでアナンダカンダを引き出したいと思いました。実際にクライアントは優れた創造性をもった人なのですが、それが一時的にブロックされていたのです。

ＢＬＰのさまざまなストラクチャーを用いた5回のセッションの後、彼女はとてもよく眠ることができるようになったと言いました。目覚めた時にはとてもすっきりリフレッシュしており、午後の昼寝を取る必要がないと感じたそうです（最初のトリートメントの後は、私が先に伝えていたとおり一時的に眠気は悪化していましたが）。

そして彼女は突然、日常で起きた特別な出来事について次のように語りはじめました。

「座っている時、腹部に鋭い痛みが走り、何かが上昇し、喉まで到達するように感じて、疝痛《せんつう》で吐きそうになりました。なんとかトイレにたどり着いた時、さらに気分が悪くなる代わりに突然深いオーガズムに襲われる感覚をおぼえました！」

彼女は性的な領域がブロックされていたので、これまでオーガズムを得られた経験がなく、心底驚いて動揺したそうです。

このセッションの成功は、ＢＬＰのメソッドによって第1チャクラが再活性化されたことが、彼女のエネルギーフィールドのカラーバランスを回復させたのだと思います。実際、クライアントが説明したように、彼女の体験はとても肉体的なものでした。彼女は下半身から頭に向かってエネルギーが上昇し、全身に響き渡るような深い感覚を感じたのです。また、この新しい体験とともに、彼女には「副作用」的な効果も続いています。透視能力が覚醒し、明晰夢を見るようになり、平静さと肉体的な強さも取り戻しました。

ホリスティックワーカー、ＢＬＰプラクティショナー生徒
デボラより

◈第1チャクラ——イクイリブリアム／バイアル23　ローズピンク／ピンク　愛と光

　このE／Vは愛と光を自分自身の内側に見出すことができるようにします。このカラーの組み合わせは、暖かさ、友情、気遣い、傾聴、連帯感、思いやりなどで表現される人間の愛の美しさを反映しています。

23番は、オーラソーマが考案したE／Vのなかで最も美しい重要なボトルのひとつです。当然ながら、このボトルを選ぶ人はとても豊かな感受性や繊細さをもち合わせています。この23の「2」と「3」を足すと「5」になります。したがって、このE／V23番の数字を構成するものは、E／V2番と3番であり、この数字も念頭において検討してみましょう。

　2番は平和のイクイリブリアムとも呼ばれ、感情の世界に直接関わっており、特に宇宙の二元性の象徴として表現されています。また一般的な情報として、他者の存在によって引き起こされる感情的な葛藤に注意を払う必要があるということを示唆しています。

　3番はトライアド（3つ組）と創造力の数であり、オーラソーマのなかでも人生の宝物を守るために役立つ「ハートレスキュー」に関連しています。E／V3番はトライアドの創造性によって表現され、オーラソーマのなかではハートのスピリチュアルなコミュニケーションを開くドアとして認識されています。

「2」と「3」の合計は「5」であり、数秘術的な観点から考察されるべきエネルギーです。

数字の解釈を扱ってきた多くの古代文化において、「5」は人間を表す数字であると考えられています。レオナルド・ダ・ヴィンチは『ウィトルウィウス的人体図』のなかで、この惑星における人間の役割を見事に表現しています。つまり、宇宙というサークルのなかで人間には、宇宙からエネルギーを受け取る2本の腕、地球からエネルギーを受け取る2本の脚、そのエネルギーを使ってやるべきことを理解するために頭があるのです。

したがって人間は五感によって人生の質を高める存在といえるでしょう。また五感とは、この世界を知覚するための5つのアンテナでもあります。

この5つのツールを用いると、自分がどこにいるのか、そして自分が進むべき道はどこからはじまるのかを発見することができます。

自然界の5つの神聖な要素は、自分がいかに自然界と表裏一体であるかを強く思い起こさせます。5つの側面の1つは、女性性、自由、繊細さを最もよく表している蝶に関連しています。自分自身を養うために、E／V5番は、蝶がさまざまな蜜を吸うようにさまざまなソースからエネルギーを得て、その自由を変容的で建設的な方法で使わなければなりません。

イクイリブリアム23番はローズピンク／ピンクで表現され、これまでのところ、ローズピンクがあるのはオーラソーマのすべてのセットにおいてこれが唯一のイクイリブリアムであり（2020年時点）、本質的には間違いなく女性性を表すイクイリブリアムなのです。

ローズピンクの特徴は、ピンクに少量のオレンジを加えたものです。これはハートのショックを示唆しています。

ボトルの下層は無意識の領域を表しており、ピンクは無意識下で非常にヒートアップした状態があることを示しています。

もしかすると、心を荒らしているのは報われない思いの炎かもしれません。いわばインナーチャイルドを無視したり、拒絶したりした辛い記憶が蘇って、さらに激しく燃える炎ともいえるでしょう。

実際、このイクイリブリアムを選んだ人は、ハートが傷つきやすく感情的なトラウマ（心の傷）を負っています。イクイリブリアム23番を通して、その人自身が困難な状況にある、ということを明らかにします。それはしばしば、自分の内側でまだ昇華しきれていない最近の別離が原因で燃えている心を隠すことができます。

ちなみにボトルの名前にもあるように、このイクイリブリアムのエネルギーは愛と光です。愛は自由のなかでしか成長できません（E／V5番で表現されています）。いわば自分や他人の期待からの自由、インナーチャイルドの辛い記憶からの自由、相手に依存してしまう条件づけからの自由などがあります。

自由になるためには強くなる必要があり、自分を支えてくれる男性的な女性らしさを自分の内側につくり上げることができれば強くなれるでしょう。そのようにしてはじめて、私たちは自分の内側にある愛を見つけることができます。そうするとはじめて心と和解することができます。そして和解した心は、愛を与え、光を受け取ることができるのです。

このE／Vを選ぶ人は、第4チャクラにこのボトルを塗ったり、特にハートやセクシャリティ、マヤンゲートのストラクチャーを用いてBLPのセッションをおこなうことでその恩恵を確実に受け取ることができるでしょう。

このワークでは、自分を揺さぶる嵐がくるたびに、自分自身という根を強くして葉を育むための知識がもたらされるでしょう。インナーチャイルドの繊細さや柔らかい心に触れ、どうすれば過去を赦して手放せるかわかるようになります。やがて、大人のもつ強さや理解を広げることができるようになります。

◈第2チャクラ――

イクイリブリアム／バイアル26　オレンジ／オレンジ　ハンプティ・ダンプティ　エーテルレスキュー

このE／Vはショックを吸収し、エーテル体を調整し、タイムライン（過去から現在の時間軸）を癒す機能をもっています。

比較的短時間で素晴らしい仕事をするため、シャーマニック・ヒーラーとも呼ばれています。

唯一問題なのは、私たちのショックは非常に古いものであるということです。生まれてすぐにこのイクイリブリアムを使用することができれば、理想的だといえるでしょう。というのも、どんなに速くスムーズで穏やかな出産でも、長くハードで辛い出産でも、生まれた赤ちゃんにとってはつねにショックな体験だからです。

これまで経験したことのない力で押し出され、とても狭く息が詰まるような産道を通り抜けて、まったく新しい次元に誕生するということは、トラウマにならざるを得ません。子宮のなかでしか見たことのない暗闇から、まばゆい光が赤ちゃんの目に飛び込んできたり、へその緒が切られて親とのつながりが断たれたり、はじめて空気を吸って呼吸することになったり、その体験は想像を絶するものです。ましてや、子宮のなかで羊水の音や柔らかなくぐもった音にしか慣れていなかった赤ちゃんの耳に、外界から音が聞こえてきます。その他にも、私たちが生まれたからこそ受けなければならないショックの数々は、まだまだ書き連ねることができてしまいます。

どうやら、私たちが衝撃を受けるたびに、「魂の逃避」が起こるようです。

実際に「魂の逃避」が起こった時、エーテル体レベルでは、通常は太陽神経叢に存在しているオーラフィールドの中心が左側にずれてしまいます。これらの逃避の重症度は、ショックの強度や大きさに関係しています。

非常に大きなショックにより魂の逃避が深刻になり、そのため体から魂が完全に離れて戻らないことがあります。

ショックというのは重大な出来事です。ショックが繰り返されることで、それに慣れて深刻さが軽くなるわけではありません。実際、ショックが起こるたびにエネルギーシステムに乱れが生じ、その結果として「魂の逃避」が起こり、統合されたエネルギーシステムの位置が変わってしまいます。

この状況が速やかに改善（衝撃を吸収）されなければ、すぐにさまざまな症状となってあらわれます。つまりそれは肉体エネルギーの低下であり、症状の軽いものから重いものに至るまでのうつ病、睡眠障害、摂食障害などによる空虚感あるいは記憶の欠如や衰え、意識的および無意識的な恐怖、他者への依存などが挙げられます。また孤立状態に陥る、あるいは集中することが非常に困難となります。

シャーマンの文化では、ショックはつねに孤立した一過性の出来事としてではなく、非常に深刻な結果をもたらす可能性のある体験として考えられてきました。そのため、ショックを再吸収し、魂の一部を即座に肉体に再統合する技術を発展させてきたのです。結果は通常、非常にポジティブであり、このような癒しを目の当たりにした人々はただ歓喜し、深く感動します。

ショックやトラウマにつながる経験をした場合、私たちはエーテルレスキューを使って自分のエーテル体を癒すことをおすすめします。

使い方は簡単です。エーテルレスキューを使って左耳の下から脇腹、脚に沿って左くるぶしまで、体の左側全体に広げます。この場合、オーラにオレンジ色のポマンダーをできる限り何度も使用し、ＢＬＰでチャクラを再調整するためのストラクチャーを適用したセッションを数回おこないます。

私たちの経験では、ショックを非常によく解消してくれるのは、マヤンゲートの竜・嵐・魔法使い・月のゲート、過去世ワーク、そして第2チャクラと第5チャクラのワークです。

オーラを再構成し、オレンジの問題を再調整するこのワークの間に、多くの最近や過去の記憶、あるいはずっと遠い過去の記憶が蘇ることがあるでしょう。それらを今この瞬間のポジティブな光のなかで見ることで、私たちのタイムラインを癒すことができます。その結果、まるで生まれ変わって、幸せで喜びに満ち、素晴らしい成果を上げているかのように感じるでしょう。

すべてのものがお互いにつながり合っているという相互依存の意識は、素晴らしさを明らかにし、私たちもまたこの人生のなかで貢献するためにここに存在しているのだということを教えてくれるでしょう。

◈第2チャクラ――イクイリブリアム/バイアル87　ペールコーラル/ペールコーラル　愛の叡智

このE/V87番で、私たちはオーラソーマセットの新色であるコーラルに出会いました。古代エジプト文明におけるヒーリング寺院では、コーラルは最も重要な色のひとつとして扱われていました。

コーラルにはつねにショックがつきまといますが、オレンジのショックとは少し意味が違います。例えば、コーラルは非常に敏感でショックを受けやすく、きわめて繊細なタイプであることを表しています。海の珊瑚のようにとても大事に扱われることが必要になります。

コーラルには、「報われない愛」という、とても脆く壊れやすいメインテーマがあります。

ちなみに報われない愛とは、その愛がまったく感謝されない方に向けてその人が求めている愛を投影している状況を意味しています。それは片思いです。

実際、コーラルの性質をもった人は、一般的に手の届かない人や、心が誰かに奪われているか、絶対にその愛に応じることができない人に恋をする傾向があります。あるいは仕事に対して非常に熱心な人が多いのですが、この献身や熱意が職場環境ではまったく認められないか、評価されないというケースがよくあります。または、その人は子どものために自分の一生を犠牲にしたあげく、おそらく最後には「あなたはもういらない」とか、「すべて間違いだった」とさえ言われるでしょう。

たしかに日々の生活のなかで報われない愛の例は枚挙にいとまがありません。

このような報われない愛の物語はどこから生まれるのでしょうか？　それは愛されるだけでなく、愛したいという深い欲求から生まれるのです。

健康な人にとって愛を必要とするのは自然なことですが、愛情不足やトラウマ的な経験によって歪められることもあります。愛が歪められると、この欲求は非常に強いものとなり、本来の人間のもつ欲求の範疇を超えてしまい、それが優位に立つようになります。すると自然な感情として脳内で自然に処理をするということができなくなってしまうのです。

まるで、欲求が脳の神経接続を閉じてしまい、私たちが影響を受けやすく、操られやすくなっているかのようです。片思いの傷は人を弱くするのです。

第2チャクラのバランスが崩れ、エネルギーを失っているため、チャクラを癒すためにBLPを用いてトリートメントをおこなう必要があります。

チャクラのトリートメントに関しては、最初にまず光を何度も照射してバランスを整える必要がありま す。これらのエネルギーの乱れは、決して1つのチャクラだけに見られるものではありません。すべてのチャクラはつながっているので、自動的に他のチャクラにも影響を及ぼすからです。

その後、第1チャクラ、第2チャクラ、第3チャクラのストラクチャーを使ってワークをすると効果的です。神聖幾何学を用いて滋養を与え、エネルギーを安定させていきます。

特に第2チャクラでは、クライアントをより大きな枠組みのなかでグラウンディングさせ、個人のニーズを超えて意識を拡大させるようにサポートすることが大切です。

そして次にマヤンゲートのワークへと進んでいきます。

まず竜と種のゲートからはじめ、根底にあるフラストレーションを解放し、内なる無限の深さへと拡大するために、星のゲートへと進みます。

そして最後に、自分の内なる魔法の神聖な呪文に触れるために魔法使いのゲートへと進み、世界の橋渡しのゲートでは自分の内なる資源がいかに貴重であるかを理解します。見返りを受け取らずに資源を与え続けることはエネルギーの無駄遣いである、ということに気づくことでしょう。

そして、このような傾向を完全に排除することはできないことを認識することも重要です。このタイプの人たちはエネルギーが落ちたり困難な状況に陥ると、すぐにこのような傾向があらわれます。

ある程度のセッションをすれば、その内容をクライアントと共有することができます。というのも、長い目で見れば、クライアントも自分の人生のマスターにならなければなりません。そうするためには、まず自分自身のマスターにならなければならず、自分の長所と短所を判断することなく知ることが必要になります。

自分自身を知ることが自分自身を救うことになるのです！

◈第3チャクラ――イクイリブリアム／バイアル4　イエロー／ゴールド　サンライト

古代の知恵の啓示。個人の自己の意識を意味します。第3チャクラのE／Vです。

第3チャクラのはたらきを助けます。筋肉痛や胃の不調に効果があります。

この色の組み合わせは、ソル・インウィクトゥス（*Sol Invictus*）、つまり不敗の太陽と呼ばれる太陽神を崇拝してきたすべての存在とつながっています。

ミトラ（神）、ハドリアヌス帝、コンスタンティヌス帝など、偉大な司祭であった古代地中海の巨匠や皇帝たちを思い起こすことができるでしょう（ごく数人を挙げただけですが）。

そしてまたソル・インウィクトゥスは古代の偉大な精神的道標でもあり、シュメール人、エジプト人、フェニキア人、バビロニア人などから崇拝されてきました。さらにはインカ、トルテカ、アステカ、マヤ、コギ族などの中南米文明でも生命と光の絶対的な供給者として崇拝されています。

太陽は脈々と続く生命であり、輝き続ける光であり、世代から世代へと伝承される重要な情報です。太陽があらゆるものすべてを照らし続けることで生命は命をつないでいきます。

古代の人々は、太陽の軌道を観察し、私たちの存在の中心にある光に息を吹き込むことで、私たちが生まれながらにもっているパワーと叡智をどのように活用できるかを察知しはじめたのでしょう。


イエローとゴールドは、一般的に動物にとって神経系と関係しており、人間にとっても同様です。神経系の性質は肉体、感情、精神それぞれの外的・内的刺激に反応することであり、そのすべてを活性化させることです。

私たちの生命は自律神経系によって支えられています。その中心にあるのが「ソル・インウィクトゥス」であり、私たちの内なる声を照らし、育んでいる太陽です。

時にはその光はまぶしく感じます。光を受け入れるには正しい識別力が必要なのです。

外部からの光の刺激が強過ぎて、体内とのバランスが取れないことがあります。そのため、体は混乱し、過剰な光に対する反応は混乱、収縮、恐怖を引き起こすことがあります。そして、自分がどこに向かえばいいかわからなくなります。

また、自分や世界との関わり方がわかりません。そうすると、人生の羅針盤を失ってしまいます。やがて私たちは迷いや戸惑いに恐れを感じます。また、その感情から逃避しようとして、精神的なレベルで反応します。そのためこのような混乱に対して、コントロールすることが最も自然な反応だと考えることがよくあります。

これは、社会から個人や集団に共通して教えられていることです。


ですから、第3チャクラのレスキューが必要なのです。

第3チャクラを癒すことで、生まれつき備わっている識別力を回復することができます。それによって私たちがあまりにも多くの刺激によって物事を見失い混乱しているという事実を受け入れることができれば、精神的な混乱から抜け出せる可能性があるのです。そしてこういった状況には衝動的に反応することはせず、人生の錬金術が状況を解決してくれるのを待つほうが賢明かもしれません。自尊心が生まれ、強化されるのはこのような経験からなのです。


サンライトのバイアルはイクイリブリアム4番にあたります。

「4」はピラミッドを表す数字であり、ピラミッドの形は永遠の知識を象徴する強力な構造をしています。構造は基本的なものであり、どのような行動を取るべきか、どう流れるべきか、また、どのように障害を乗り越えるのか、自身を整えるかを示してくれます。それは支配的なコントロールにつながるものではなく、むしろ生命の炎、情報の光、知識の力を封じ込め、流す方法を学ぶことにつながります。

そうすることで、すべてが軽やかで明るく、楽しい喜びへとつながるのです。

第3チャクラのバランスを取ることで、ポジティブかつ忠実な方法で人生と向き合うことができます。そして、この時代に、この空間に、自分の個性をもって世界に存在する権利を肯定することができます。

BLPを使って第3チャクラのエネルギーをチャージ・ディスチャージすることで、太陽神経叢の収縮を和らげ、恐怖と混乱を取り除きます。また、ツォルキン（古代マヤ文明の神聖暦）を使って得られる私たち一人ひとりのバイオリズムに従ってマヤンゲートを使いワークをすることで、このE／Vと関連している過去世の記憶にはたらきかけることができます。

さらに、光の呼吸（ブレスオブライト）のストラクチャーを用いて意識的な呼吸をおこなうことで、それが呼吸中枢の緊張を解きほぐし、内なる叡智を再び活性化させ、生命そのものの輝きに満ちた力で流れ続けるために、正しい情報を受け取りやすくしてくれるのです。

◈第3チャクラ――イクイリブリアム／バイアル41　ゴールド／ゴールド　エルドラド（黄金郷）

叡智のゴールド。意識的にも無意識的にも、あらゆるレベルでの叡智。

私たちは賢者を愛し、知恵を尊重し、賢くなりたいと思っていますが、一日の終わりには、またもやガラクタをため込み、怒ったり、憤ったり、ストレスを感じたりしています。そして間違いなく、一日の大半を知恵の光のなかで過ごしていません。どうして？　時間が足りない？　やることが多過ぎる？　やるべきことが3000個あるんです！　仕方のないことだと自分を納得させなければいけないのでしょうか？

一番の疑問は、「叡智とは何か、そしてそれを達成するにはどうすればいいのか？」ということです。私は完全で包括的な答えを求めているわけではありません。しかし、私自身の研究と個人的な経験から、次の5つの基本的な要素を見つけることができました。本書では深く分析することはできませんが、5つの叡智の柱は以下のとおりです。

■知識
賢明に行動するためには、事実を知る必要があります。英語で言うところの*Knowledge*＝知識が必要です。知識がなければ、知恵を得ることはありません。トレーニング、教育、学習が重要です。

■経験
経験がなければ、知恵は成熟しないし、深みをもつこともありません。

ただし、子どもでも賢いことがある、ということに注意しなければなりません。それは無意識のうちに別次元の経験――集合無意識、過去世など――につながっているからです。

■理解
知識は、事実のライブラリーに過ぎないようなもので終わってしまうのでは十分ではありません。必要なのは理解です。それは精神的なレベルだけではなく、全体的なレベルでの理解でなければなりません。精神的、感情的、エネルギー的、スピリチュアル的、その他人間性のあらゆる側面を含むものでなければなりません。

■識別力

識別力とは、状況のあらゆる側面を評価し、さまざまな起こり得る行動から必然的に生じるあらゆる結果を認識することです。

■センタリング

おそらくこれは最も重要な要素といえるでしょう。センタリングするということは、ヴィッキー・ウォールが「真のオーラ」と呼ぶエネルギーを、私たちの中心に完全に宿していることを意味します。

私たちが真のオーラに従って生きる時、私たちは個性的で充実したひとりの個人であり、さまざまな刺激に対して自動的に反応するのではなく、その刺激に対して冷静さとセンタリングをもって選択できるようになります。

これらの5つの性質を統合することで、叡智が生まれます。

そして、光でより多くの叡智を生み出すためにはどのように力を尽くすことができるでしょうか？

それは、ＢＬＰを使ってワークすることです。

まずエネルギーリバランシングのストラクチャーを使ってスリースター、特にインカーネーショナルスターを活性化させます。そして光の呼吸（ブレスオブライト）で太陽神経叢を解放していきます。そしてこれらの５つの叡智の柱に関連するセンターを活性化させるために、特定のストラクチャーにも取り組んでいきます。

◈第４チャクラ――
イクイリブリアム／バイアル３　ブルー／グリーン　ハートボトル／アトランティアンボトル

このＥ／Ｖは第４チャクラに関わっており、呼吸を深めるのに役立ちます。

このＥ／Ｖが伝えるメッセージはとても古いものでありながら、同時にとても現実的です。それはハートについて語っています。ハートは愛に到達するための架け橋であり、そしてハートの目的は愛を分かち合うことです。このＥ／Ｖは数字の「３」のエネルギーを表現しており、それは三位一体と創造の次元を表しています。２つの相反する力から、創造が顕現するために必要な第三の調和する要素が生まれます。

ガイア（母なる地球）とウラノス（父なる天）から、神々の父であるクロノスとゼウスが誕生しました。女性性と男性性から創造物が生まれます。これは創造的な三位一体をつくり上げるために必要不可欠な要素であり、そこで創造性が生まれるのです。しかもそれは完成された、いわば創造性を体現したような作品です。

古代の賢人たちは、宇宙の創造は「創造・維持・破壊」という3つの主要な力によって構成されていることに気づいていました。この3つの主要な力は、原子レベルでは中性子、陽子、電子であり、人間レベルでは、肉体、感情、精神が当てはまります。


このE/Vには2つの名前があります。1つは「アトランティアン」、もう1つは「ハートのコミュニケーション（ハートボトル）」です。

これらのボトルの名前から、私たちはあたかも魔法にかかったように、内側にある深遠な次元で自分を知ることができます。それは、私たちの本質的な真実が驚くほど奥深い空間のなかで呼び覚まされるようです。

そのアトランティスのテーマ（数千年前にはプラトンもアトランティスについて語っています）は、遥か遠い過去の時代を想起させます。そこでは、非常にテクノロジーの発展した大陸が、無差別かつ自然の搾取の結果、衰退しはじめました。もちろん、当時も、今日では環境保護主義者と呼ばれる人々や運動が存在し、このような状況を望まず、過剰な自然資源の搾取や自然の法則の破壊がもたらすであろう甚大な結果を懸念していました。

しかし、貪欲と無意識が蔓延し、その結果、大陸は破壊されました。

同様に、もし心の叡智が拡大され、すべての生きとし生けるものを含むようにならなければ、自然やすべての生命を冒涜し続けることによって、3という数字の宇宙的真理が破壊されるならば、私たちの地球はアトランティスと同じような結末を迎えることになるでしょう。

古代の記憶は消し去られてはいません。その代わりにクリスタル、石、水、樹木、そしてこの現実世界に生命を吹き込むデーヴァたちのなかで、ますます再活性されていくのです。多くの生きものの心は自然とともに苦しんでいます。迅速な癒しが必要です。循環的かつ母性的、女性的な意識が必要です。

ハートに鼓舞され、ハートに励まされるためには、呼吸する空気を大切にし、自分自身のなかで深く呼吸する必要があります。

私たちは愛ある眼差しで周りを見る必要があります。自然が自らを再生し、回復し、癒すためにおこなう、その取り組みを見てみましょう。新しい希望が必要です。ハートに新しい方向性が必要なのです。

ハートの救済も必要となります。愛とは、息を吸ったり吐いたりして生きるのに欠かせない活動と同じように、与えたり受け取ったりするものです。愛は最も自然な次元で、私たちが本質的にもっているものです。それはまさに創造性のあらわれといえるでしょう。

E／V3番のアトランティアンからのエネルギーの供給は、感情のバランスを整え、自分の本質を自然から学ぶのに役立ちます。

アトランティアンの2色を適切に使用し、一方をハートの辺りに塗ったり、もう一方の色を照射したりして第4チャクラにはたらきかけることができ、自分自身と人生において、新しい感情の力強さや、赦しと信頼のための新たなスペースを見出すことができます。

◈第4チャクラ――イクイリブリアム／バイアル10　グリーン／グリーン　行って木を抱きしめなさい

オーラソーマのシステムでは、上層と下層の色が同色のE／Vはつねに特別な重要性を示しています。

ここでは、グリーンと向き合います。

グリーンは、生命を維持するために一般的に最も重要な色でしょう。グリーンがなければ、私たち人間を含むほとんどの生命体はたちまち絶滅するでしょう。また、人間の目は他の色にはないグリーンの特性を認識し、識別する機能が備わっています。

グリーンがもたらす効果は計り知れません。太陽のエネルギーを生物が吸収できる形に変えるのはグリーンです。

どうしても何か食べたくなった時、代わりに日光を浴びようとしたことはありませんか？

もちろん太陽が優しく顔をあたためている間、お腹のなかは何も変わりません！

私たちは、太陽のエネルギーを直接吸収することはできません。太陽のエネルギーを変換する必要があります。そのため、この変換はグリーンを通しておこなわれます。他の色ではこの変換をおこなうことができません！

それは、グリーンが太陽の高過ぎるエネルギーをより低いエネルギーに変換して、私たちの体とより調和させているかのようです。

つまり、グリーンは触媒の役割を果たし、あらゆるものを変容させることができます。これこそがまさにグリーンの最大の力だといえるのではないでしょうか。

心理的なレベルでは、ネガティブな感情や態度をポジティブなものに変える力が非常に重要です。ネガティブな感情とはどんなものでしょうか？　それを経験する前に感じていた時よりも気分が悪くなってしまう感情です。

ネガティブな態度とはどんなものでしょうか？　私たちの人生にネガティブな結果をもたらす姿勢です。私たちはみな、イライラしたり、焦ったり、性急な判断をしたりします。まるでまったく役に立たない荷物をもち続けています。ですが、グリーンがあればネガティブな態度や感情を何か別のものに変えたり、自分自身や他の人の幸福のためにより建設的なものに変えるワークに取り組むことができるのです。

それはどのようにしておこなわれるのでしょう？　自分のインナースペースを深く探ることでおこなわれます。

スペースはグリーンに関連した第二の大きなコンセプトとなります。ここでのスペースとは、より広義の意味での空間を意味します。

スペースの不足のため、自分の内なる力の多くは圧縮された形で保存されています。拡大するのに必要なスペースがなければ、そこにアクセスすることも読み取ることもできません。それはまるでコンピューター上の圧縮されたファイルのようなものです。つまり、それらを開いて読めるようにする前に「解凍」しなければなりません。それと同じことが内側のレベルで起こります。

自分のコンディションと態度を再検討し再評価するために、まずインナースペースを拡大する必要があります。インナースペースの拡大とは何でしょうか？　それはいかなる刺激にも反応しないスペースです。そして刺激と反応との間に自動的に反応するのではなく、意識的かつ自覚して反応する小さな感覚があるスペースです。

このようなインナースペースは感情的な癒しには不可欠であり、したがって、それを創造するために絶対に必要となります。

インナースペースを広げることはＢＬＰによるトリートメントの主要なコンセプトのひとつであり、特に第４チャクラと第１チャクラに対してワークをおこないます。

さらに光の呼吸（ブレスオブライト）で胸郭に働きかけ、呼吸量を増やすことができます。呼吸はインナースペースと物理的に相関関係があり、呼吸量を増加させることはとても重要です。

グリーンの光で末梢神経を刺激することでブレスワークがより受け入れやすくなり、トリートメントの効果を高めることができます。

◈第5チャクラ――イクイリブリアム/バイアル2　ブルー/ブルー　ピースボトル

このE/Vは感情的・精神的なエネルギーが不足しているあらゆる状況に適しています。第5チャクラに関係しており、2つの大きな特徴があります。

- 呼吸
- 感情

まず感情について見ていきましょう。感情は、私たちのなかで勝手に生じる力ではありません。私たちの感情は、明確に定義され、ある程度までは識別可能な源《みなもと》から生まれます。

その源は主に3つあります。

- 思考
- 大脳辺縁系および扁桃体、脳梁などのその隣接構造
- 感覚

感情は、個々の生物だけでなく、人類全体が生存するために不可欠であり、非常に重要な役割を果たし

ています。その主要なはたらきは、「社会の調整役」としての役割を果たすことです。情緒的に健康な人は、建設的かつポジティブな方法で他の人と交流することができます。

とりわけ重要なのは、種の繁殖に欠かせない異性との交流をもつことです。

情緒面の問題を抱えている人は、人との社会的な交流が困難になります。そのため、創造的で幸せな満ち足りた人生に必要な社会的な人間関係を築くことができません。

非常に深刻な情緒障害の場合には、もはや不十分な人であるだけでなく、他の人には危険な存在になると判断される可能性があります。マスメディアを通してニュースになっている残虐行為、犯罪、破壊的な行為などは、多かれ少なかれ感情的に病んでいる人によっておこなわれています。

今日の大きな問題は、適切な感情教育がまったくおこなわれていないことです。私たちは感情的に「自己解決」をするしかないのです。

しかし、そのようなアプローチをしても残念な結果にしかなりません。このようにして、私たち一人ひとりが多少なりとも感情レベルで不十分だということに気づきます。

E／V2番を使うことでその不十分さが浮き彫りになり、それは通常、恐怖心や一般的な不安という形、もしくは栄養不足のような「心理的な焦燥感」や「活力の不足」としてあらわれるのです。

感情障害、自然な感情の流れがないことは、生化学的レベルの適応により二次的メカニズムをつくり出します。それは時間の経過とともに、身体的なレベルでも非常に深刻な結果をもたらす可能性があるのです。

生物学的レベルで最初に影響を及ぼすのは、このＥ／Ｖ２番の主要な領域である「呼吸」です。より浅い呼吸になり、深呼吸できなくなり、その結果として血液中の酸素濃度が低下し、利用できるエネルギーが全体的に減少することになります。

この点を踏まえて、あらゆる癒しのワークはさまざまなレベルで同時に継続されなければなりません。

①認知レベルでは、ポジティブな感情を生み出しやすくなります。このような認知的なワークは身体的なレベルにおいてＢＬＰを使うことでサポートし、補完することができます。

このＥ／Ｖ２番のブルーの光を喉の５つのポイントに照射し、さらに第２チャクラの胸、特に横隔膜の境界領域にも照射することでサポートできます。

②呼吸のレベルでは、ＢＬＰによる光の呼吸（ブレスオブライト）のワークが理想的です。これは呼吸法とバイオエナジェティックエクササイズを統合したものです。

③第５チャクラのストラクチャーとアントロポゾフィックエイト（８の字を用いたストラクチャー）を用いてオーラを再調整することができます。また、光の呼吸や過去世ヒーリングなど、呼吸を伴うすべてのストラクチャーを活用することもおすすめします。

また、マヤンゲートの風、魔法使いのゲート、神聖幾何学のストラクチャーを使ったワークも気づきや理解を深めるためには効果的です。

◈第6チャクラ――
イクイリブリアム／バイアル0　ロイヤルブルー／ディープマゼンタ　スピリチュアルレスキュー

E／V0番はスピリチュアルレスキューと呼ばれています。レスキューとは、緊急時の応急処置を意味します。

このE／Vを特徴づけている色の組み合わせには、サイキックや超常現象から真のスピリチュアリティを見分けるための貴重なエネルギーが含まれており、深く見つめることで自分の内なる闇に光をあてはじめるよう誘《いざな》います。

不思議なことに、日常のなかでスピリチュアルなテーマにあまり興味をもたない人が、このスピリチュアルレスキューを選ぶ傾向にあります。

ここで実際のセッションを例にしてこのE／Vを紹介しましょう。

クライアントは40代男性、生物学者です。

彼は2番目のボトルとしてこのE／V0番を選びました。

セッションのはじめに彼が選んだ4つのイクイリブリアムのボトルの名前を順番に説明した後、彼自身の人生について少し話すようお願いしました。

彼は幸せな結婚をしており、素晴らしい家族にも恵まれていると打ち明けはじめました。彼の生活は、仕事、家族、文化的関心、そして趣味の間でスムーズに動いていました。

そこで、私のカウンセリングを受けようと思った理由をたずねると、彼はこう答えました。

「私の人生はすべてうまくいっています。ただ以前から、とても不安になる夢を見るんです」

さらに続けるように励ますと彼は次のように付け加えました。

「特に何度も繰り返し見る夢があり、それはいつも私を警戒させ、身の危険を感じます。しかしながら、夢のなかでどのような状況にいるのかはよく覚えていません。ただ、ある時点で強風に襲われて断崖の端に向かって強く押されていくことだけは覚えています。戻りたいのですが、激しい風のため戻れません。そこで全力でどうにか崖から落ちないように耐えるのです。

このような状況で目を覚まし、その時は汗をびっしょりかいているのです」

私は、彼が選んだ2番目のイクイリブリアムについて考えるようにすすめました。

しばらくの間、静かにそれを観察した後、彼はこう言いました。

「私は人生のなかでスピリチュアルな次元について考えたことはなかったと思います。私は生命を単なる生物学的現象としか考えておらず、それ以上の存在についてまったく考えたことはありませんでした」

ここで、私がどのように彼の内面の問題を明らかにしていったかを簡単に説明しましょう。

彼が自分自身に対する理解を深められるように、次のような質問をしました。

「あなたはどこに向かっているのでしょうか？」

自分自身に対するこの問いによって、彼は、自分が隠れた葛藤の餌食になっていることに気づきました。

そして私は次の質問を続けました。

「自分が否定してきたことに向き合うことができたら、あなたはどうなりますか？」

彼はこの問いによって解決策を見出すことができたのです。

人生には他の次元があること、それを探求し、知り、最終的には受け入れることができるという可能性に心を開くよう提案することで、スピリチュアルな問題にバランスを取る道を提供することができました。

彼の2番目のイクイリブリアム「スピリチュアルレスキュー」は、このプロセスを容易にすることができます。私はまた、彼が安心し、リラックスして、人生の神秘は愛と信頼とともに体験できるということを受け入れることができるようにBLPのセッションを受けるようにアドバイスしました。

BLPのセッションでは、エネルギーのバランスを再調整し（主にバイアル0番を使用）、特にマヤンゲートの太陽のゲートを使用することで、明快さをもたらし、喜びの能力を刺激しました。

そして私は緊張を和らげ、受け入れることや受け取ることを容易にするために風のゲートでのワークを続けました。また、チャクラのバランスを整えるワークも続けておこないました。

ＢＬＰのメソッドがきわめて効果を発揮する、さまざまなストラクチャーを適用しました。ＢＬＰのセッションを10回おこなったのち、彼は自分自身の内なる声に耳を傾け、自分自身のより深い部分とコミュニケーションを取ることができるようになりました。

彼はスピリチュアルなプロセスに心を開き、物質的な次元を超えた存在という側面を自分の人生のビジョンに含めるようになり、次第にそれを自然なことであると感じるようになりました。

そうしているうちに、繰り返し見ていた夢を見ることはなくなり、以前よりも穏やかになり、より活力に満ちて自信にあふれ、特別な意識で豊かになったと感じるようになりました。

その後、彼は家族にセッションを受けさせるために、機会があるごとに私のもとを訪れました。

◈第6チャクラ——イクイリブリアム／バイアル1　ブルー／ディープマゼンタ　フィジカルレスキュー

これは第６チャクラに関連します。

そして多才であり、また同時に瞑想的で控えめな人を表しています。

このイクイリブリアムは、エネルギー的に他の人を癒す準備ができている時にあらわれることがあります。

ラウラは35歳。独身、子どもはいません。大企業のマーケティング部に所属しています。彼女は予定がつねに埋まっていて、セッションの約束をアレンジするのがとても大変でした。

当然ながら広告やマーケティングの世界では色彩をよく扱います。そのためラウラは仕事を通じてミラノのとあるお店でオーラソーマを知りました。ラウラは自分でオーラソーマのことを少し勉強し、さらに深く知りたいと思って私のところにやってきました。

その容姿端麗で凛としたルックスは、観察者としての典型的な冷静さを表しているようでした。

ラウラは自分自身を知るために来たのではなく、「オーラソーマが何であるか」について学びに来たのでした（少なくとも彼女はそう思っていたようです！）。

オーラソーマについて本を読んでいた様子だったので、色について少し説明をして、オーラソーマの話をしながらゆっくりと少しずつ、彼女が選んだイクイリブリアムの色の意味について触れていきました。

そして、ある時点で質問しました。

「お子さんはいらっしゃいますか？」

ラウラは一瞬ためらった様子でした。それはお金が人生のすべてを輝かせてくれるわけではないと気づかせてくれる瞬間です。

「いいえ」と彼女は答えます。

「子どもはほしくありませんか？」

「ええ、もちろんほしいです」

「それなら、どうして？」

「ふさわしい男性に出会っていないから」

「ああ、なるほど」

そしてさらに質問は続きます。

「ラウラ、いま、最も不安なことは何ですか？」

ラウラは少し唖然とした様子です。

そして彼女はこう言い放ちました。

「すみません、私はオーラソーマが何であるかを知るためにここに来たのです。こんな質問をされるために来たわけではありません！」


ほんの少しだけ間をおくと、彼女は次のように答えてくれました。

「疲労です」

「どうしてですか？」

「次から次へと予定が入って自分の体を引きずっているような感じなのです」


忍耐強く少しずつ時間をかけ、ラウラが現在抱えている問題解決の鍵を見つけました。

ラウラは非常に野心的な家族のなかで育ちました。それゆえ、彼女はつねに成功を求められていました。

クラスで一番を取り、首席で大学を卒業し、仕事へと邁進するというものでした。

成功の道に進むこと、それは同時に人生の土台となる関係、つまり、自分の体との関係を喪失させていました。若いころはバスケットボールが得意で、テニスも定期的にしていたというのに、もう何年も経ったいま、彼女の体は1つの目的にしか使われていません。つまり、仕事のためだけに、何の配慮もされずにただ奴隷のごとく酷使されてきたのです。

ラウラは「オーラソーマを見るだけ」のつもりで来たのでしたが、賢い女性なので、これは自分自身のことであり、表面的に見るために来たわけではないことを理解しました。

オーラソーマのリーディングやBLPのセッション、そして私の集中セミナーを何度も受け、1年半に及んだ癒しの道のりで、ラウラは大きく変わりました。

ラウラはこれまでのように同じ仕事をしていますが、いまでははるかに大きな仕事をしています。最初に出会った時から比べると、今の彼女はずっと若々しくなり、健康で幸せそうです。

そして彼女はいま、妊娠しており、私は彼女のはじめての赤ちゃんの誕生の知らせを待っています。

これはE／V1番のもつパワーです。人生の基盤となる自分の体に再びつながります。自分自身の体とのポジティブで思いやりと愛に満ちた関係は、保険会社がすすめてくれるようなものではなく、私たちにとって最高の健康保険なのです。

◈第7チャクラ――イクイリブリアム／バイアル16　バイオレット／バイオレット　菫色の衣

このE／Vは、上下どちらもバイオレットです。

いつものように、この手の色の組み合わせには特別なパワーがあります。そのパワフルな組み合わせから、このイクイリブリアムによって表されるダイナミクスと向き合わずにはいられません。この場合、どのようなダイナミクスについて話すことができるでしょうか？


バイオレットは奉仕に関係しています。誠実に調和して生きるためには、遅かれ早かれ自問自答しなければなりません。おそらく、ごく簡単な問いかけであれば、誰でも一度は自分にしたことがあると思います。


ティーンエイジャーになって、女の子や男の子の興味を引くことに忙しくなると、「学校は何のためにあるのか？」、「ここでいったい何をしているんだろう？」、「なぜ大人たちは自分を理解できないのか？」、「自分の将来はどうなるのだろう？」、「そうだ、全部捨ててインドに行こう！」などと考えを巡らせます。

多くの場合、時間が経つとこうした疑問を忘れ、ただ「生きる」ようになります。しかし、必然的にこのような疑問がもう一度浮かび上がる日々が戻ってきて、それはずっと深刻で切羽詰まったものになるでしょう。

人生で成し遂げたことの「実績」を外面的レベル・内面的レベル（内面的にどう感じているか）で省み

ることで、自分が正しい道を歩んできたかどうかを確認せざるを得なくなります。

このような確認をしなくても、適切な答えを見つける努力をしなければ、その結果、たどり着くところは避けられません。やがてうつ病を発症します。


うつ病はこの1000年にわたって私たち人間を悩ませる病です。まるで500年前のペストのように流行しています。


皆さんは重いうつ病の人と一日を過ごしたことはありますか？　現代人はうつ病にどう反応しますか？　向精神薬を服用します。もっと率直に言えば、麻薬のような薬を乱用しているのです。

実際、娯楽用のドラッグと精神科の薬の違いは何でしょうか？　前者は気分をハイにするため、後者は気分が悪くならないようにするために用います。どちらの場合も薬物であることには変わりがなく、神経生理学的反応はほとんど同じです。

今日、世界で最も売れている薬は、強力な向精神薬であるプロザック（フルオキセチン）です。この薬のメカニズムは何でしょう？

プロザックは単に脳の一部を「ＯＫ」の状態にするだけです。服用した人の顔が微笑んだ状態で固まります。いつもニコニコしていて、まるで誰にも迷惑をかけない微笑み人形のようになるのです。もはやその人は本来のその人ではなくなります。

つねに「ハイ」の状態のままになり、薬物中毒者のようになって「ゾンビ」のようになってしまいます。

薬のせいでその人の本質が深く抑圧されているのです。

しかし、その人の人生と本質を抑圧することはできません。薬の量がどんどん増えていき、「気分がよい」と思っている間に病気はどんどん悪化していくのです。

E／V16番は、その地獄から抜け出すのを助けます。

適切なトリートメントをして我慢強くケアを重ねることで、ただ正しい問いかけをするだけではなく、正しい答えを出せるように、自分自身を強化することができるのです。そしてその答えに基づいて行動し、自分の行動に伴う結果を受け入れることができるようになるでしょう。

E／V16番は、自分を人生の中心軸に戻し、再び自分の船に力強さを与え、正しい航路に戻る力を与えてくれるのです。

マインド（心）の地図、社会的、家族的、遺伝的条件の地図、価値観や欲望の地図を研究することによって、私たちはそれがどんなものであっても、自身で決めた自分の運命につながるコースを設定することができるのです。そして、信頼と希望とパワーをもって航海し、毎日、毎月、船長のように、航路を確認し、地図を確認することができるのです。そして、新しい地図を手に入れ、さらに意識を高め、よりよい航海ができるようになります。また、もし決断をするなら、航路を変更することもできるのです。

勇気や自信、さらに私たちの使命や「奉仕」についての明確なビジョンをもって生きることは、精神科医の治療よりもはるかに優れているのです。

ＢＬＰを用いてセッションをおこなうには、どうすればいいでしょうか？

バイオレットは第7チャクラに対応しますが、うつ状態の場合には直接的にはたらきかけるのは避けたほうがよいでしょう。うつ状態の時には心と体が弱っているので、第7チャクラの刺激にうまく反応できません。

そこで代わりに第1チャクラにはたらきかける必要があります。生体の基本的な強さを活性化させることが、状況を改善するための最初のステップとなるのです。

マヤンゲートの地球、手、風のゲートと併せて第1チャクラを刺激すると、生命エネルギーの再活性化を助けることができます。

◈第7チャクラ——

イクイリブリアム／バイアル20　ブルー／ピンク　スターチャイルド／チャイルドレスキュー

これは子どもの救済のためのボトルです。ボトルであれ光であれ、出産前から思春期までのすべての子どもたちが、このレスキューの恩恵を受けられるということです。

いつ、どのようにして使えばよいのでしょうか？

発熱から転倒、腹痛、子どもに起こりやすい一般的な病気まで、いつでも、どんな時でもすべてに対応できます。

トリートメントには、このＥ／Ｖを一日2～3回、5～10分間、エネルギーリバランシングのストラクチャーを使ってワークします。

とはいえ、大人になっても私たちの内側にはインナーチャイルドが存在します。すべての子どもたちと同じように、いつでも面倒を見てほしくて、話を聞いてほしいと思っている子どもです。

インナーチャイルドに耳を傾け、育むための美しい方法は、このボトルを使ったマッサージを受けたり、ＢＬＰのセッションで幼少期や夫婦関係・男女関係についてのワークを受けたりすることです！

深く永続的な恋愛関係を築くには、私たちのなかにいるインナーチャイルドとの関係性を築いていくことが必要不可欠です。そのためにＢＬＰでプレナタル・コンステレーションやメタモルフィック・コンステレーション、セクシャリティの地図（セクシャリティ・チャート）などにはたらきかけます。

有名な内なる子ども、つまり「インナーチャイルド」とは、大人のなかに内在する、人生にワクワクするようなエネルギーのことです。このエネルギーを通して、大人を好奇心旺盛で、遊び好きで、無邪気で、開放的にします。また喜んで学び、新しいことに興味をもち続けるようになります。さらに直感的に愛することができ、年齢に関係なく若々しさを保てるようになるのです。もっというと美容ケアよりも若さを保ちます！

チャイルドレスキューのボトルは私たちのなかにいるインナーチャイルドを癒し、救済し、統合することの重要性を提起しています。

もし私たちがこのインナーチャイルドの面倒を見なかったら、どうなるのでしょうか？

インナーチャイルドは、いつも気にかけていなければすぐに不満を抱える子どものように困った存在になります！　それは人生で最も重要な側面のひとつである人間関係において、つねに問題を引き起こすでしょう。

実際、インナーチャイルドに十分な注意が払われず、ネグレクトされると、私たちの内側に欠乏感が生まれ、霧が立ち込める沼のようなものを感じるようになり、それが私たちを弱気にさせ、自立を妨げます。私たちはもっとかまってほしいという気持ちに応じてもらうまで、不適切な行動で、相手に十分な関心を払ってきちんと向き合ってくれることを求めるようになります。

愛と承認に飢えていると、相手もおそらく愛や関心を必要としていることを忘れてしまいます（これらはすべてピンクに関連した問題です）。

そしてそれは、人間が経験しうる最も美しく重要な関係であるはずの恋愛関係が、一般的にそれほど長続きしない主な理由のひとつでもあるのです。

熱意はすぐに失われます。普通は長く続きません。相手のニーズに気づかないと、相手は利己的になり、私たちの話を聞かず、愛を与えず、互いに満足のいくように考えることができず、相手は「自分のことしか考えていない」のだということを発見します。

スターチャイルドボトルの素晴らしさは、まさにこれらのテーマを認識し、この「闇」に「光をもたらす」こと、そして「子どもっぽい」幼稚な関係から抜け出せることにあります。

子どもと大人の重要な違いは、責任を取る能力です。相手の心の内側にも傷ついたインナーチャイルドが存在することを理解し、もしかしたら私たちはお互いに自分の幼少期のテーマを照らし出し、一緒に癒すことができるように、神の計画に従って相手と出会ったのかもしれないということを理解します。

このイクイリブリアムの2色のうちの1つは、レッドに光をあてたピンク、もう1つはブルーという、プライマリーカラーの2色で構成されています。無条件の愛の可能性は、相互理解、自己責任、信頼（すべてブルーの資質）のコミュニケーションを通して明らかになり、愛の光のなかで私たちのインナーチャイルドを癒すことにつながります（ピンクの資質）。

この2色の結合が調和をもたらし、悟りを開いたインナーチャイルドから神聖な贈り物があらわれ、星のように光り輝くカップルを世界にもたらすことができます。

そして数字の「20」というのは「0」で増幅された「2」、つまり子どもと大人、男と女という、2つの輝いた本質という定められた2つのサークルを示しています。

このE／Vは天からの贈り物であり、また星からの贈り物でもあるのです。

◈第8チャクラ――イクイリブリアム／バイアル67　マゼンタ／マゼンタ　天からの愛

マゼンタはすべてのチャクラ、特にソウルスターの活性化を司る第8チャクラを高め、活性化します。

マゼンタは科学の光線と関連しています。

科学とは、生命の物質的、非物質的な側面を光とともに発見し、理解し、探求する学問です。科学では、小さなものを観察することで大きなものが明らかになるという科学的な意見があるため、些細なことにも細心の注意を払うことが重要だと考えられています。

この色は、つねに哲学者ジョルダーノ・ブルーノを思い起こさせる色です。実際にオーラソーマやBLPのプラクティショナー認定コース・レベル1では、マゼンタの解説をする際にジョルダーノ・ブルーノについてお話しししています。

ここで、この宇宙的偉大さをもつ人物がいかに小さなことに気を配っていたかということを説明しましょう。

何年にもわたりマゼンタのエネルギーを私の人生に統合していくなかで、ブルーノの哲学をより深く知り、理解していくようになりました。そのためこの2つは私にとって切っても切れない関係になりました。

何世紀にもわたり、「哲学」という名称は、人々が生きてきた時代の現実のさまざまな側面を説明するために使われてきました。だからこそ、哲学はさまざまな学問の分野と結びついてきました。
実際、16世紀には哲学は芸術と密接な関係にありましたが、17世紀になると哲学は科学との関係が密接になりました。そのため哲学はしばしば科学と呼ばれるようになり、その逆に科学が哲学と呼ばれるようにもなったのです。

16世紀後半に哲学者として登場したジョルダーノ・ブルーノですが、彼は芸術家出身だったため、彼自身は自分の発見や著作をしばしば「アルス（*ars*―ラテン語で「芸術」の意）」と呼んでいました。しかしある時期から彼は科学の方向へ向かい、存在するものはすべて「普遍的な生命物質」であると主張するようになりました。

ブルーノにとって物質的な肉体とは根本的なものです。なぜなら肉体を意識することで人間は真実を見ることができるからです。

また、すべての体はもちろん、純粋な動物の体でさえ、尊重されなければなりません。なぜなら、ブルーノにとって、生きているすべての身体には普遍的な魂が宿っており、その魂はさまざまな生命体のなかで何度も生まれ変わりを繰り返し、最終的には根源的な源《みなもと》（普遍的な魂）に戻ると考えられていたからです。

魂の巡礼に関するそのスピリチュアルな概念は、魂の生まれ変わりについての仏教の概念と非常に似ています。それは「輪廻転生」と呼ばれています。

ブルーノは崇高なヒューマニズムの先駆者でした。彼は、中世の暗黒時代の後にその光で歴史を照らした偉大な歴史的人物の一人なのです。

この偉大な思想家であり革新者は、世界を創造したのはキリスト教の神だとは信じていませんでした。現実とは万物がそこから生まれる普遍的な物質の連続的な展開であると彼は直観でわかっていたのです。ジョルダーノ・ブルーノは、あらゆる人間は世界の魂を映し出す大きな鏡の断片（小さなもの）に過ぎないと考えています。そこからすべての人間が生まれ、そして大きな普遍的な魂の断片としてそこに戻ってくるのだと考えました。当時は精神的、知的な面で暗黒の時代でした。そのなかでこのような天才的で洗練された思想の持ち主であるブルーノは、無慈悲に迫害されていました。

彼は西洋ではじめて無限の概念を導入し、近代の最も偉大な思想家の一人としての地位を確立しました。ブルーノは、人は自然のなかに神を見出すことができ、神性を知覚し、それを求めるためにはつねに上を見なければならないと説きます。現実は直線的ではなく、螺旋的なものなのです！

ブルーノは16世紀で最も革命的で勇敢な精神思想家であり、その発見を懸命に守り続けた代償として、残虐に処刑されました。


マゼンタは、肉体を超えて私たちをアイン・ソフ・オウル（*Ain Soph Aur*—無限の光）というさらなる高みへと導いてくれます。この世界から無限の世界へ、有限から無限へと導いてくれるのです。

人間は創造性のなかで絶対的な自由をもって動いており、宗教は人の数だけ存在しています。宗教が人間を生み出すのではなく、人間が宗教を生み出すのであり、すべての人間は自分の真の姿を通して神を求めなければなりません。

マゼンタは、小さきものを通して神聖な愛を求めるように私たちを促します。小さきものとは魔法の鏡であり、賢者の鏡でもあり、人生の尽きることのない創造性の鏡です。

オーラソーマのセッションのなかで、マゼンタが1番目か2番目に選ばれた場合には、体のなかで最も必要だと感じる部分にボトルを塗るといいでしょう（マゼンタはどこにでも塗ることができます）。

BLPでマゼンタを用いてワークをする場合には、光の呼吸（ブレスオブライト）と過去世ヒーリングのストラクチャーをグラウンディングのワークと組み合わせておこなうと、とても興味深いものになります。

このようなワークはブルーノのような精神の高みに到達することを助けてくれるでしょう。それによって私たちは、自分を傷つけた人たちを赦すことができるようになるかもしれません。

セカンドセット（マスターセット）

ＢＬＰのセカンドセットは、ビーマーライトペン（以降、ＢＬＰ）プラクティショナー認定コースのレベル２で扱われるセットです。オーラソーマのマスターセットのイクイリブリアム15本にそれをサポートする７本を加えた22本のセットになっています。

このセットは、人間の幸福を妨げ、深刻な影響を及ぼすような、何度も繰り返す問題すべてに必要なセットです。このセットに入っているＥ／Ｖはそのような問題のケアに非常に役立つことが判明しています。マスターセットのカラーは、ベーシックセットのカラーよりも明るくクリアーになっており、それはつまりより光が強いバージョンであるということであり、そのカラーの本質がより強く表現されていることを意味します。マスターセットによって、私たちはより複雑で深遠な意識の次元へと進んでいくのです。

◈イクイリブリアム／バイアル50　ペールブルー／ペールブルー　エルモリヤ

エルモリヤは、愛と意識の王座の背後にある力です。

エルモリヤは、第１光線であるブルーレイのマスターです。この光線は高次の意識と同調する手助けをします。「私を通して御心がなされますように」というアファメーションは瞬時に人生のスピリチュアルなビジョンへと導きます。それは宇宙と完全に調和の取れた次元であり、魂のもつ創造力の目覚めへと誘《いざな》います。

エルモリヤは、過去、現在、未来に存在する、すべての存在を育む、永遠に流れ続ける泉について語っています。この第1光線は私たちを光の法則へ、光の神秘へと開き、そこではすべてが浄化されていきます。

ここで、2本目にイクイリブリアム50番を選んだ38歳の女性のセッションから、ガーラのリーディングの記録を紹介します。

このイクイリブリアムを選んだということは、神聖なエネルギーにチャンネルを合わせられるようになるための可能性が強調されているということです。この可能性を実現するためには自分自身の内なる信頼や受容性、自己認識に取り組む必要があります。

実際、ここでは高次元のエネルギーについて話しており、このレベルにアクセスするには、自分の人生経験を深く理解し、自分が本当は何者なのかを理解し、自分がどこに行きたいのかを知る必要があります。そして幼少期の葛藤を解消する必要があるのです。

ブルーレイは、男性原理である「偉大なる父」のエネルギーを表しています。

もしかしたら、幼少期に父親が独裁者のような絶対的な存在で、自分の生存を脅かされた経験があるかもしれません。あなたはその柔軟性のなさや慣習、禁止事項、条件づけ、制限に従わなければなりませんでした。そうして、あなたは人生と自身への信頼を失い、感情を閉ざし、完全に条件づけられた思考が身についてしまいました。

おそらくあなたはしっかりとグラウンディングができていないため、時々心の空虚感を感じることがあったかもしれません。自分の進むべき道が見えないため、うつ病に陥りやすくなります。心の内側に安らぎを得ることができないため、コミュニケーションを取るのが苦手なのでしょう。たくさんの声のなかから本当の自分の声を聞き分けようとして、どこに向かうべきなのかと自分に問いかけても、自分の声が聞こえないため、非常に混乱し、まるで迷子になってしまったように感じるでしょう。

そしてあなたは自分自身を見失いたくないので、しばしば外側の声、他人の様子、特に最も権威を感じられるものに対して従う傾向があります。

おそらく沈黙の段階を経て、あなたが責任をもって自分の内なる声を見つける時が来たのです。この沈黙により、深い静寂に導かれて、内なる声を聞き分けやすくなり、自分の考えが以前よりも明確になり、権威との問題をより理解できるようになるでしょう。

E／V50番のボトルを塗り、BLPのセッションを10回以上おこなうことで、クライアントのオーラや精神、感情、身体をエルモリヤのブルーレイで満たすことができます。

そしてメタモルフィック・コンステレーションをおこなうことで、すべてがはじまった葛藤の原因がすんなりとわかるようになります。さらに「光の呼吸（ブレスオブライト）」のワークをおこなうことで、自分自身をつくり出してきた感情の牢獄から抜け出すことができるようになります。その檻から抜け出すことができれば、呼吸は川のように自由に流れるようになり、すべての緊張や硬直から解き放たれることができるでしょう。

神聖幾何学を通してエルモリヤの光線を照射することで、あなたの魂の声に耳を傾け、自身の神性をあらわす内なる声を成長させていくことができるのです。

エルモリヤの光でサトルボディのエネルギーバランスを整えるワークは、あなたの自信を再活性化するのに役立ちます。その結果、より前向きでオープンになり、自信をもって魂を高次の意思につなげることができ、宇宙の豊かさや愛の流れのなかに、完全に身をゆだねることができるようになるでしょう。

たくさんの星々が人生という名の無限の空で駆け巡るなか、「存在」が歌を歌い、「神」が音楽を奏でることで、「空葦《からあし》」のようになれたなら、あなたはそれをとても美しいものだと感じることでしょう。

◈イクイリブリアム／バイアル51　ペールイエロー／ペールイエロー　クツミ

イエローレイのマスターであるクツミは、自然界に宿る偉大な精霊たちとつながることを助けてくれます。宇宙の高次元のエネルギーにより、植物、石、水のデーヴァと交信するための扉を開いてくれます。動物、植物、花、石、水のデーヴァと話すことができたアッシジの聖フランチェスコとつながっています。

フランチェスコはすべての生きものを兄弟姉妹とみなしました。このことを理解するためには、フランチェスコの「被造物の賛歌（太陽の賛歌）」を読む必要があります。この賛歌は、狼、水、木、月、星といったあらゆる創造物を含む生きものすべてに愛と尊敬の念を抱き、さらに人間の精神を広げる素晴らしさを伝えています。

クツミも同じように、水、木、花、色、石、そして森に住む妖精や小人たちのデーヴァとのコンタクトを促します。自然のなかを散歩するだけで彼らの存在を感じ、彼らのエネルギーに心を開くことができます。

クツミを通して、あらゆるものの存在に耳を傾け、調和の取れたコミュニケーションが取れるようになります。

クツミは、誰もが大いなる創造者の作品の一部であることや、すべてがつながっていること、すべての創造は宇宙意識のフィールドで統一されていることを思い出させてくれます。だからこそ、間違った信念や古い条件づけから自分を解放することが必要なのです。

他人や異なる形の生命をジャッジしたり批判したりする精神的な罠に陥ることは、私たちを堕落させ、心を貧しくするものです。

私たちは、太陽の光に照らされています。自分の内側にこの光、この明晰さがあればと思っています。それが見つからないと、モヤモヤしたり、怖くなったりすることがあります。私たちは自分自身を批判し、不安を感じ、自分が間違っていると考えて、人生で直面する責任を負うことを避けます。

クツミはあなたの意思を強め、自信を取り戻すことで、本当の自分のあり方を探求する情熱や決意を促してくれます。実際に体験してこそ、自分の人生の真実を見つけることができるからです。

クツミはE／V51番で表現されていますが、数秘術のレベルで考えてみると、「51」の「5」と「1」を足すと「6」になり、これは共同創造者の愛と責任の数です。「51」を分けると「5」と「1」になり、「5」は五感、「1」は顕現する力によって活気づけられる人間を表現しています。

クツミは、聞く、見る、嗅ぐ、触れるなど、人生のあらゆる場面を味わうことができる人間の潜在能力を思い起こさせます。そしてまた、この五感を通して、私たちは原始的な本能を取り戻し、人生の現実をより感覚的に、より知的に経験することができるのです。

ペールイエローを通して世界はより透き通って見えるようになります。太陽の光によってその情報は第

3チャクラのゲートを通過し、私たちの生命の太陽パワーを養う火鉢に供給され、そこで知識を受け取ることができるようになります。

ここでいう知識とは、ただ自分やエゴのために独占することは不可能であり、他と共有しなければならない知識のことです。それを分かち合うことで、喜びとパワーを得て、自分が受け取ったものを明確に、また確固たる態度で世界にそれを示すことができるようになるのです。古代の掟が教えるように、与えれば与えるほど、受け取るものも増えていきます。

実際、私たちが受け取るのは、私たちの存在を満たすことのできる幸福であり、自分のエゴに気づいた瞬間に太陽神経叢を解きほぐし、分離感や恐怖を克服することができます。

このマスターのエネルギーにより、私たちはこの惑星での使命、高次元と低次元、天と地、天使と悪魔の世界をつなぐ仲介者としての使命を自覚するようになります。

第3チャクラに51番のボトルを使い、BLPでマヤンゲート、第3チャクラ、神聖幾何学、過去世ヒーリング、メタモルフィック・コンステレーションのストラクチャーを使ったワークを数回おこなうことで、リラックスすることができ、インカーネーショナルスターにもっと楽に呼吸を入れることができるようになります。このスピリチュアルなセッションは、あなたの神経系と身体的健康に強い影響を与える精神的・感情的ストレスを取り除くのに役立ちます。

このようなワークはあなたの人生に幸福と明晰さをもたらし、新しいものを発見するのを助け、魂への適切な栄養を与え、過去のタイムラインへの適切な癒しを与えるよう、あなたのハートを励ますものです。

◈イクイリブリアム／バイアル52　ペールピンク／ペールピンク　レディナダ

「ナダ」は聖なる音で耳に聞こえない音であり、内なる音楽の奏でる静寂な音です。「レディ」は洗練された女性らしさをたずさえた、どこか崇高な雰囲気を醸し出す優雅な女性像を想起させます。「レディ」になりたいと思わない人はいないでしょう。

「レディナダ」とは、そんな魅力をもち合わせた女性のことです。身体的にも心理的にも、どんな外見も超越した、繊細で、何ともいえない魅力あふれる女性らしさ、それが男性を夢中にさせる魅力なのです。レディナダがたずさえる魅力は、唯一の源《みなもと》からしか得られない神聖なものであるからこそ、女性の本質そのものの魅力であり、それが明確にまっすぐ心に語りかけてくるのです。

個人的な見解では、父親としての神という概念は、母親としての神という概念と同じくらい説得力がないと考えています。神とは、母と父、男性と女性、右と左、天と地など、２つの相反するものを唯一統合できる存在です。

カバラの世界では、神はケテル（数字の「1」）に相当し、男性性と女性性が一体化しています。そこではまだ分離はなく、緊張も動きもありません。すべての可能性が開かれるのは「2」であり、ダイナミックな緊張が生まれるのも「2」です。それは男性性と女性性の間に生まれる緊張関係であり、すべての進化が加速されるのです。

レディナダは女性的な極性を象徴していると同時に、物質の世界、レッドの世界、顕現の世界も表しています。

女性が男性よりも物的資源を管理することに長けているのは、間違いありません。実際、わが国（イタリア）ではそれほどでもありませんが、アジアの国々では女性が家計を管理していることが多いのです。

宝くじで2万ユーロが当たった時、男性はどうするでしょうか？　男性は新しい車を買います。その一方、女性はどうするでしょうか？　女性は2000ユーロを衣服に費やし、子どもの預金口座に1000ユーロを貯金し、次の家族旅行のために3000ユーロを貯め、ちょっとした無駄遣いに1000ユーロを使い、そして残りは銀行の住宅ローンの返済に使います。どちらが賢明でしょうか？

レディナダは女性性を十分に発揮させるだけでなく、物質的な資源をより意識的に管理することについても語りかけています。レッドに光をあてればピンクになるように、物質的次元に光をあてると、はっきりと理解が深まっていき、そのリソースを管理するための知恵に耳を傾けることができます。また、内なる声に耳を傾け、その結果として真のニーズと不必要な欲望を明らかにすることができます。

さらに、自分自身の進むべき方向性と最適な投資の方向性を決定する明晰さをもたらし、タイムラインを具体的に癒す方法をよりよく理解できるようになります。

レッドとピンクの相性がよいのは偶然ではありません。物質と愛情も相互関係にあることは偶然ではないのです。

人類進化の時代がはじまって以来、男女間であれ、友人や知人の間であれ、愛の儀式には、贈り物の交換という物質的な儀式が伴います。

「小さな贈り物は友情を保ちます」ということわざがあります。実は友情だけではなく、これは愛にもあてはまります。

そして「*Put your money where your heart is*（お金を心のある場所に置きなさい）」というのは、レディナダからの深遠なるメッセージなのです。

このイクイリブリアムは、特に第1チャクラと第4チャクラに使用します。BLPを使って、手のゲート、世界の橋渡しのゲート、蛇のゲート、太陽のゲートに取り組みながらこれらのチャクラにもはたらきかけて、根本的な問題を探ります。

また、「傾聴」のポータルにもはたらきかけます。「聞くこと」「聞いてもらうこと」のどちらにもはたらきかけ、見捨てられたり拒絶されたりした記憶を手放すことができるようになり、人間関係において無条件の愛が勝利できるようになります。

◈イクイリブリアム／バイアル53　ペールグリーン／ペールグリーン　ヒラリオン

ウッラはさめざめと泣いていました。

「選択する時が来たようです、ウッラ」

私が言ったのはそれだけです。

ウッラは私を一瞥すると、遠くを見つめた目は涙で一杯になり、こう言いました。

「わかっている、わかっているけど、決められないの！」

そう言うと、涙が堰を切ったようにあふれました。

この葛藤にどれだけの時間を費やしてきたのだろうかと考えました。いま、ウッラにできることは何もありません。

ウッラはむせび泣いていました。そして嗚咽はますます大きくなりました。美しい顔やサファイアブルーの瞳だけでなく、心のなかの葛藤で長い時間を経てたまってしまった泥も涙によって洗い流されます。

それから間もなく、ウッラは泣くのをやめました。しばしの沈黙の後、私は優しくたずねました。

「その涙の理由について話してもらえますか？」

ウッラは涙声で「ムリです！」と答えると、再び泣きじゃくりはじめました。

テーブルにはこの嵐を引き起こした、罪のないイクイリブリアム53番ペールグリーン／ペールグリーン、人生におけるハートの道と真実のボトルが置かれていました。

ペールグリーンとペールグリーンの上下層は人生におけるハートの道と真実を表しています。ペールカラーによって、私たちは人間の現実のより複雑な次元に入ります。

そしてペールグリーンでは、私たちは人間の心と魂の謎、太古の昔から人間を魅了してきた偉大なドラマや劇の複雑さに入り込んでいきます。しかしシェイクスピアのような、理解しようとしない人たちでさえも理解しなければならないような形でそのドラマを上演した人はいません。そして著者を含む私たちの大多数はそれを理解しようとしないのです。

私たちは自分の心の奥底にある真実をよく知っています。自分に嘘をついたり、被害者を演じたり、怒ったり、自分たちが正しいと主張するほうが心地よいのです。これが人間がおこなっている偉大なドラマです。心のなかでは私たちは誰もがみな偉大な役者であり、幼少期からそれを学んできました。大きな声を出せば出すほど、涙を流せば流すほど、それは効果を発揮するのです。


グリーンはブルーとイエローが混ざったカラーです。ペールバージョンは、私たちの内側からより多くの光がやってきて、心に翼を与え、内なる真実を明らかにし、さらなる高みを目指すように促すか、外側からより多くの光が差し込み、複雑化する葛藤を浮き彫りにするかのどちらかです。

私たちはハートの内側で、「私たちは皆、海からやってきた」という根源的な感情と出会います。長い年月をかけて、公式にも非公式にもさまざまな学びのなかで培われた心の強さによって、成功も失敗も含めたさまざまな経験を分析してきました。私たちの人生を決定するのは、私たちのハートなのです。

長い目で見れば、ハートの声を無視した決断をすると、苦しさや孤独に苛まれるという結果につながるだけです。心の奥底にある真実と調和して生きることで、喜びや満足感を実現し、内なる天国の空で魂が大きく羽ばたくことができるのです。その天国は死後の世界ではなく、毎日ハートのなかで私たちを待っているのです！

いわば、私たちがそれに気づくまで天国を待たせていることになるのです。

ウッラは徐々に落ち着いてきました。そして、ようやく彼女は話しはじめました。このページでは紹介しきれないほどの長い物語です。しかし、その中心となったのは、何年も続いてきた「不毛」な愛の物語であり、たくさんの苦しみを経て、ようやく終焉を迎えたのです。

私がすべてのコースで教えている人間のコミュニケーションで重要な秘訣のひとつは、話すことで感情を解放できる、ということです（ですから女性はよく話すのです！）。

激しい感情の渦中にいる人は、他人からの洗練された説明や、どうするべきかという提案などは聞きたくはなく、望んでいるのはただ1つ、抑えきれない感情を社会的に受け入れられる方法で解放することなのです。

その状況の詳細は重要ではありません。一番大事なことは、クライアントの内なる光をどう照らし、どのようにハートに翼を与えるかということです。

ＢＬＰを通して、この内なる光を生み出すエネルギー回路を刺激し、解放していくことができます。

ここでは特にマヤンゲートの種のゲートを使います。第3チャクラと第6チャクラ、次に第2チャクラと第5チャクラのバランスを整えた後、ナビゲーションスターのストラクチャーを使って53番をハートに照射し、クライアントが真実の愛の次元へと進んでいけるように促します。

◈イクイリブリアム／バイアル54　クリアー／クリアー　セラピスベイ

純粋な光のマスターであるセラピスベイ。すべての色の起源となる光です。私たちがどこから来たのかを教えてくれたり、過去を照らしてくれたり、新しい未来を見せてくれたり、現在に豊かさをもたらす光です。

セラピスベイの重要なキーポイントのひとつは、深い悲しみによって凍りついた感情です。同時に私たちの存在のあらゆるレベルに深い浄化をもたらす側面ももち合わせています。クリアーのなかでも特にセラピスベイのクリアーを選択するということは、もはや自分の信念や習慣、条件づけにしがみつきたくないということであり、自分の内側にある、深い内なる真実を見つめたいということです。自分を苦しめている無意識的の葛藤にとらわれたままではいられないのです。

いままで自分や他人に隠していた仮面を外してみる必要があるかもしれません。人生も世界も他人も、自分をよく反映する鏡に過ぎないことを意識できるようになるのは間違いないでしょう。それはあなたの現実を投影しているのです。

おそらく、あなたが進んできた道のある時点で、あなたは強力な光に目がくらみ、自分の進むべき道や使命が見えなくなってしまったのではないでしょうか。光が見えなくなった理由を知ることで、素晴らしい再生の準備ができるかもしれません。

セラピスベイを選んだということは、あなたは過去と向き合い、自分がこれまで歩んできた道を見つめ直す準備ができているのかもしれません。おそらく自分が頑なになったり、うぬぼれたりしてスピリチュアルな力を乱用し、全能感にひたっていたことや、自分の人間性を忘れ、周囲の人々の人間性も許容できずにいたことに気づくためなのでしょう。

これまでの人生で、もしかしたら子どものころに少なからずショッキングな体験をしているかもしれません。あなたは泣き続けたあげく、そのたまった涙で人生の色が褪せてしまい、その時、もう魂の痛みや細胞の記憶の痛みを見たくない、感じたくないと心底思いました。自分の感情を凍らせてしまったのです。あなたの内側に、無意識のうちに麻酔をかけたくなるような痛みが埋まっていて、その感情が目覚めたくないために抵抗を生み、自分の信念に固執しているのです。

しかしいま、このイクイリブリアムを選んだことで、あなたはその部分に明晰さをもたらす準備ができていることを示しています。

あなたのカルマに深い浄化をもたらすことができるその明晰さは、もはや何の役にも立たず、人生に肯定的な意味をもたない、あらゆる重荷や苦しみから自分を解放することができるでしょう。

あなたは苦しんで、火のなかをくぐり抜けて、無傷で戻ってきたのです。子どものような無邪気さを取り戻し、はじめて見た時のような驚きに満ちた目で世界を見ることができるようになります。

光はこの世の最大の謎のひとつです。今日、科学は光が暗闇と切り離せないものであることを発見しました。自分という存在の最も深いところにある暗闇のなかでこそ、人間性への思いやりや、精神や意識の光を見出すことができるでしょう。

それが、闇というものが魂の旅の始まりでは神性に、旅の終わりでは霊性に結びついている理由なのかもしれません。

セラピスベイの光は、私たちが魂の闇夜から抜け出すのを助けてくれます。

「魂の闇夜」とは、私たちがしばしば受け入れられず、自分のなかに統合できないほどの暗い苦しみを意味します。ですから、時には自分の感情を体験したくないと思うこともありますし、身動きが取れないほど感情を押し殺して凍らせてしまうことさえあります。

オーラソーマのクリアーカラーの最も重要なはたらきのひとつは浄化であり、浄化が必要なものはあまりにも痛みを伴う場合があるので、このプロセスを促すために、自分自身をグラウンディングして癒すのに役立つピンクのエッセンスを一緒に使うことをおすすめします。

ＢＬＰでは、私たちのカルマに明晰さをもたらすことを意図して、マヤンゲートの種のゲートにこのクリアー／クリアーの54番のバイアルを使います。明日が生まれるのは今日の種からであり、過去の種から今日が生まれるからです。このバイアルを使うことで、古い傷が解消されるところまで、理解と受容を促進することができます。

実際、種のゲートは過去に蒔いた種が収穫されることと関係があります。もちろん、このようなセッションを受ける場合には、事前にＢＬＰの特定のセッション（光の呼吸〈ブレスオブライト〉やメタフィジカル・サージェリーなど）のワークを受けることで、最適な状態に準備しておく必要があります。

最も創造的な種を蒔くための地ならしです。よく耕された肥沃な土壌で新しい種を蒔き、それに栄養を与えるのが理想的です。そのためには拒絶や葛藤ではなく、受容できるリラックスした状態が必要なのです。

この場合、浄化がおこなわれた後には、批判しない、ゆだねる、受容するという意識状態が育まれ、種が十分に養われて花開くことができるようになります。

ＢＬＰでは、セラピスベイのバイアルを使って、未知のものに直面する恐怖や不合理な怖れを伴う過去世についてもワークすることができます。このバイアルはまた、無意識によって曇らされた感情や記憶を呼び覚まして癒すのにとても役に立ちます。

マスター・セラピスベイの光は、痛みを受け入れることで、スピリチュアリティに深みをもたらすことを教えてくれます。痛みは避けることができませんが、だからこそ、その経験は自己認識、成長、浄化、復活の最大の源《みなもと》となります。それによって私たちは、人生を彩る虹のようにカラフルな色彩のすべてを楽しみ、喜べるようになります。

◈イクイリブリアム／バイアル55　クリアー／レッド　キリスト

これはキリストのボトルです。どのキリストでしょうか？　学校の教室にある木製の十字架の上にあるもの？　それともマグダラのマリアと恋に落ちた人？　異端審問官が口にする人物？　それとも当時の女性や男性の心を熱くさせたキリストでしょうか？　司祭たちが説教壇の上で話す人物のことでしょうか？　それとも人生最後の晩餐を仲間たちと一緒に祝った人のことでしょうか？

「キリスト」という名前は、私たちの内側にあるさまざまなイメージや概念、相反する感情を呼び起こします。

西洋文化のなかで、間違いなくキリストは非常に重要な人物です。ですから、オーラソーマのイクイリブリアムセットに欠かすことができなかったのです。

キリストの重要性はキリスト教の世界だけにとどまらず、ユダヤ教の世界にも及んでいます。私たちはキリスト教とユダヤ教の文化についてはよく知っている部分が多いので、簡単に語ることができます。

キリストの最大の悲劇は、プライバシー、肖像、知的財産の保護に関する適切な法律がまったくなかったことです。そして2000年もの間、キリストは歴史上最も虐げられ、利用され、操られてきた人物となってしまったのです。キリストの名のもとに、信じられないような残虐行為がおこなわれ、この地上を歩いた最も高貴な存在が冒涜されてきたのです。

キリストのエネルギーを理解するためには、宗教から切り離して、それがいかに歪められて伝えられたとしても、彼のメッセージに集中しなければなりません。

オーラソーマでは、キリストのボトルは「犠牲的な愛」という概念について私たちに語りかけています。他人の利益のために自分を犠牲にするのではなく、愛によって人生を神聖なものにするという考え方です。私たちの頭のなかでは、「犠牲」という言葉は、動物であれ人間であれ、神の名のもとに祭壇で生贄にされることをイメージさせます。しかし、実際にはそんなことはありません。そのような犠牲は、何かを神聖化するものではなく、非人間的な世界観に由来する行為に過ぎません。

修正が必要な言葉もあり、「犠牲」という言葉がそのひとつです。「*sacrificare*（犠牲を意味する言葉）」とは、「神聖なものにする（*rendere sacro*）」という言葉からきています。犠牲になることは、逃げることではありません。

ですから、このE／Vでは、私たちは物質的な現実、性的なエネルギー、生き延びるための力を与えてくれる自分のなかに内在する動物的本能から逃れることはできません。ボトルの上層部のクリアーに象徴される崇高な明晰さに逃げ込むことはできないのです。

その代わりに、この光を使って、第1チャクラのすべてのテーマと取り組まなければなりません。どうやって？

いかなるものにも存在する、生命の根底にある神聖さに気づくことによってです。愛を交わすことは神聖な行為ではないでしょうか。そのような時のあなたは神のレベルにいるのではありませんか？　生命を生み出す力を体験しているのではないでしょうか？

リンゴを食べることは神聖な行為ではありませんか？　太陽のエネルギーが、雨や大地に秘められた力とともに、まず木を成長させ、次に果実を実らせ、そして今、皆さんがそれを摘み取って食べることを許しています。これは驚くべきことではありませんか？

これこそが、神聖なるものではないでしょうか。これが神聖なるものでなければ、いったい何が神聖なるものなのでしょうか。

たしかにすべての寺院、すべての教会、すべてのモスク、すべてのシナゴーグは、神聖さを高める役割を果たしていますが、神聖さがそこに限定されているということではありません。

私たちは、自分の人生における神聖さに目覚めなければなりません。

私たちの内にあるキリストの驚くべき可能性に目覚めなければなりません。

このE／Vに象徴される目覚めとは、より広く、より高く、より悟った次元で、レッドの現実を経験するための目覚めです。

BLPのワークにおいては、私たちが第1チャクラのバランシングに取り組まなければならないことは明らかであり、私たちの存在の根源的な力に啓発されたこの新しいバランスに到達するために、神聖幾何学とセクシュアル・ヒーリングのストラクチャーを使っていきます。

◈イクイリブリアム／バイアル56　ペールバイオレット／ペールバイオレット　サンジェルマン

錬金術のマスターであるサンジェルマンは、変容、識別、気づき、スピリチュアルな奉仕、癒しの光である第7光線の光をもたらします。

サンジェルマンのE／Vを自発的に選び、その鍵を読み解く時、私たちの内なるハートが切望するものを感じますが、それは自分を変えたい、もっとよくなりたいという深い願望であると解釈します。そのため、私たちは恐れを克服し、どんなリスクもいとわず、より高い真理を求めようと思いはじめます。また、「高次の道を歩む」という理想を実現したいと考えます。そして、革新的で変革的な精神に従って生きることができるようになりたいと願います。

サンジェルマンが、子どものころに抑圧されていた自分のなかに内在するものをはっきり目覚めさせます。物質的な世界だけでなく精神的な世界も脅威です。そのため、私たちはつねに大衆に同調し「まっすぐ歩かなければならない」と教えられてきました。サンジェルマンの教えとはまったく異なる法則やルールに従わなければならなかったのです。

家族や宗教といった社会に深く根ざす条件づけによって、私たちが無意識のうちに強いられてしまったものが、後に私たちの織りなすものの一部となりました。そのため、私たちには古い権威主義体制がしっかりと貼りついています。それこそなかなか剥がれない接着剤のようなものです。そして、それから自分を切り離すことはもう不可能だと感じているので、自分を殉教者のようにとらえてしまうのです。

つまり、大人になったいまでも、自分の人生をすべて変えたいと思っているにもかかわらず、親に叱られたり、期待されたりして、親と同じような考え方をしてしまうことがあるのです。それこそが、いまの自分に物足りなさや不可解な罪悪感を与えているのではないでしょうか。

気がつくと、自分の望まないことをしてしまうことがあり、ストレスを感じてイライラしたり、落ち込んだり、自暴自棄になったりします。そして時々、心のない世界で、まるで心をもたないまま迷子になっているような気持ちになります。

孤立や不安を感じ、帰り道を見失ったような感覚に陥りますが、それは両親の住む家ではなく、むしろもっと親密なもの、自分の内なる故郷に深く関わるものです。でもあなたは、考えることしかできないようです。どうやって逃げようか、どうやって自分を解放しようかと考えますが、精神的にも肉体的にも麻痺しているのでなかなかうまくいきません。

ですからいま、癒しのマスターであるサンジェルマンの光を受けて、あなたの超意識が「準備が整いました」と合図しているのです。そして、あなたのなかである種の変容が起こるのです。

意識的・無意識的なもの、もしくは魂の傷があったとしても、その変化が起こります。時々自分の内側で感じる葛藤や喪失感があったとしても、その変化は訪れるのです。

サンジェルマンの光は、あなたを孤独で破壊的な気分にさせていたネガティブなものを手放せるように導いてくれます。そうして、自分に対するネガティブな批判や、自分を責める傾向を手放すことができるようになります。

サンジェルマンに関連するマヤンゲートの鷲のゲートを用いると、過去の自身の経験が、まるで自分が被害者の役を演じたドラマの舞台かのように思えるほど、それを遠くから鑑賞するように空高く飛べるようになります。そして、さらに高く飛び、過去世を探求してみると、たとえ舞台や衣装が違っていたとしても、結局のところ、いつも自分が被害者であり続けることを発見する場面がやってきます。

そしてあなたがそのことに気づき、過去を手放して現在を変える責任を負うまでは、つねに自分が犠牲者であり続けることを理解するようになります。

サンジェルマンとともにマヤンゲートのあらゆるワークに取り組むことで、自分の人生において自分がしていることを観察することが容易になるでしょう。

あなたが心惹かれるどんな役割も担うことができることを観察するのは、楽しいものです。そして観察することができれば、もはやあなたに指示するものは何もなく、むしろあなたが指示するものになります。そうすると、あなたは役になりきるあまり、本当の自分を忘れてしまうといった集団的な不条理さに唖然として笑いたくなるでしょう。

光の呼吸（ブレスオブライト）をしながら自分の内側にあるものを深く掘り下げていくと、あなたには使命があることがわかります。その気づきによって、自分のなかに内在するエネルギーを強め、すべての真実、自分が望むような秩序を探求することができるようになります。

あなたの魂は、癒し、自由、平等、友愛のためにエネルギーを変えるにはどうしたらいいのかを知っています。サンジェルマンは、すべての人の「最高の秩序」のためにそのことを思い出させてくれるのです。

◈イクイリブリアム／バイアル57　ペールピンク／ペールブルー　パラスアテナとアイオロス

神々の父であるゼウスの頭から生まれて育ったパラスアテナ。彼女はゼウスのお気に入りの娘です。

パラスアテナは、とてつもない神性というパワーを帯びたような叫び声で誕生しました。生まれて間もなく、あの有名な槍、そう真実の槍を身につけます。パラスアテナはすでに盾と兜を身にまとって、ゼウスの頭から生まれました。

パラスアテナはすぐに父の側に立ち、タイタンとの戦いに加勢しました。そして娘の助けによってゼウスはタイタンに勝利します。

なんと比類なき素晴らしい誕生でしょう！

パラスアテナは、はじめてあらわれた時から類まれな才能や明晰さに恵まれていたといいます。なんと誇り高き女神でしょう！

この女神については多く語られ、その神話が書かれています。

パラスアテナは古代世界の偉大な英雄の傍らで、励ましたり、鼓舞したりする姿がよく見られます。今日でも彼女に捧げられた都市、アテネのパルテノン神殿の柱の間を歩けば、オリーブの木から囁きかけるように吹き抜ける風がその美しく力強いエネルギーを感じさせてくれます。古代世界の素晴らしい映像のなかで、その美しさを堪能することができます。

パラスアテナは今日でも崇拝されており、実際に彼女の名を冠した大学や文化施設は数知れません。ギリシャ人やローマ人にとって、パラスアテナは戦略家であり、知性や知恵の女神であり、農業、オリーブの木、手工芸の守護女神でもありました。

パラスアテナを祀る神殿の近くには、いつも緑豊かなオリーブの木が生えていました。

私自身、パラスアテナに捧げられたエリアのデルフィでは、神殿の前の、幹を囲んで14人以上が背を向けて座れるほどの大きなオリーブの木の下で瞑想をしました。このオリーブの木は、女神が祀られていたことを見守る証人であり、２０００年後の今日もそこにあるのです。

また、パラスアテナはオリーブの実の苦みを取り除いて、オリーブオイルを抽出する方法も教えました。

現代では、オリーブオイルには脳のはたらきを促す物質が含まれているという科学的発見がなされました。


20年ほど前、パルテノン神殿でイクイリブリアム57番とともに瞑想していた時、私はこのオーラソーマのカラーについて理解しました。スターチャイルドボトル（E／V20番）が反転してさらに光を増した強いカラーである57番を見て、パラスアテナは決して子どもではなかったことがわかったのです。

ペールブルーにペールピンク。実際、女神には幼少期がなく、生まれた時からすでに大人で、戦士でもあり、戦略家だったのです。でも、彼女のなかの子どもの部分（インナーチャイルド）はどこにいるのでしょう？


たしかに、女神であるパラスアテナにとってはこの状況は問題ないのですが、人間にとっては、理想的とはいえない状況です。実際、人生においてこの次元を経験することができないと、後に実存的な問題、特に人間関係やパートナーシップの問題を引き起こすことになります。

いずれにしても、女神はその限りない叡智で、本質的なことに集中するようにと誘《いざな》ってくれます。

インナーチャイルドの世話をして、内なる存在に注意を向け、耳を傾けることで、愛を求めている部分を癒すことができます。また、ひと昔前に女神がオリーブの木のもとで教えてくれたように、自分に欠けているものを受け入れ、その欠けた場所に美しさと知恵という新しい植物を植えることで、癒しの可能性が生まれます。

その間、人生の光に焦点をあて、恨みや怒りを抱くことなく、闇の部分を観察してみることです。むしろ、自分の強力な天賦の才能に声を与え、力を与えることで、たとえ地味で小さなものであっても、ありとあらゆるもののなかにある美しさと愛に気づかせてくれるのです。

女神は、些細なもののなかにも神性が宿っていること、小さな世界にも生命の豊かさがあることを思い出させてくれます。だからこそ、小さなものを愛し、情熱を注ぐことで、知覚は磨かれ、さらに大きな事物を受け入れるようになります。

もし私たちがスピリチュアル的に眠ってしまっても、パラスアテナはつねにその無謬《むびゅう》の槍を投げつける準備ができており、地球とそこに棲むすべての生きものの進化を導き助けるためにやって来ます。よい夢を見たり、夢を解釈することを助けてくれるようです。

「未来は夢の美しさを信じている人のものです」（エレノア・ルーズベルト）

女性性、インナーチャイルド、第1チャクラ、第3チャクラ、第5チャクラのテーマに関して、ＢＬＰ

を使ってワークする必要があります。8〜10回のセッションによって、自分の内なる女神が表にあらわれ、その並外れた美しさ、明晰な知性、独創的な創造性を顕在化するよう促してくれるでしょう。

◈イクイリブリアム／バイアル58　ペールブルー／ペールピンク　オリオンとアンジェリカ

このE／Vは明らかに男女関係のパートナーシップについて語っています。オリオンとアンジェリカだけでなく、例えばパオロとフランチェスカ、ブラッド・ピットとアンジェリーナ・ジョリーなどがわかりやすいでしょう。

つまり、愛、情熱、悲劇、喜び、狂喜、弁護士、精神科医、セラピスト、友人たちがテーマとなり、時代は違っても同じ劇が上演されています。これは地球上で最大のショーであり、重要な脚本が毎日大々的に上演されながら、最後には何もかも消え去ってしまうのです。

あなたの葬儀で奥さまはあなたをどのように思い出すでしょうか？　あなたは彼女の葬儀で彼女のどんなことを思い出すでしょうか？　喧嘩ですか？　最も美しい瞬間でしょうか？

たしかに、オリオンとアンジェリカは2つの星ですね！　それはどういうことでしょうか？　この2つの星はカップルにはなれないのでしょうか？　私たちは2人の物語の何を知っているのでしょう？

真実の愛の関係が最高の結末を迎えることは、天空の2つの星が永遠に寄り添うことではないでしょうか。

私たちは男の子にはライトブルー、女の子にはピンクの服を着せています。イクイリブリアム58番は、スターチャイルドの明るく強いバージョンとして見ることもできます。イクイリブリアム58番の光は、子どものころに身につけた条件づけやプログラム、思考のパターンを照らし出します。

人間関係のなかで、最も潜在的な可能性があり、ダイナミックで満足度が高く、社会的にリラックスできるのは、パートナーシップの関係です。また、最も強力な性ホルモンが関与する唯一の関係でもあります。

このような要因を総合すると、パートナーシップの関係を維持するのが最も難しい関係性であることがわかります。パートナーシップのダイナミクスでは、幼年期に受けた傷が再び記憶に蘇り、最終的には永遠に癒される可能性があります。私たちはたったひとりでこの惑星にたどり着いたのですが、いつかひとりで去る日まで、パートナーシップの関係こそが最も難しい実験なのです。

そのような関係の複雑さのため、その関係の難しさと素晴らしさを意識して、互いに癒しをサポートしながらともに生きるのではなく、自分の親から学んだ夫婦関係を維持する方法に陥ってしまうことが、とても簡単に起こり得るのです。そして自分の両親をモデルにして学んだ管理のやり方に後戻りしていくようです。

一般的にこのような両親から受け継いだものは、控えめに言っても悲惨な結果をもたらします。2人の関係は徐々に悪化していき、最終的には現代のシャーマンである弁護士の署名が入った書類上で繰り広げる闘いになるか、スーパーの冷蔵室が蒸し暑く感じられるほど関係が冷え切ってしまうか、どちらかになります。

イクイリブリアム58番は、パートナーシップを悟りの境地で体験する可能性を表します。女性性を表す下層部のピンク、男性性を表す上層部のブルーは、いったい何を意味しているのでしょうか？　女性は服従し、男性は命令するものだと？　もちろんそんなことはありません！　冗談です！　当然ながら、違います。

むしろ、うまくいく人間関係のベースには、女性らしさ、優しさ、受容性、包容力、忍耐力、包括性、創造性がなければならない、ということです。

カップルが一緒に達成できること、つまり外側の特徴とは、明晰さ、躍動感、理解力、ビジョン、洞察力、責任感といった男性的な側面に対応するものであるはずです。

このE／Vは、カップルがうまく生活していくなかで必要なすべての癒しを保つのに非常に重要ですが、特にその人の内側にある女性的な側面と男性的な側面のバランスを取ることが重要となります。

BLPのトレーニングのなかには、男性性・女性性の側面に焦点をあてた特別なワークがありますが、本書ではそれを詳しく解説するスペースがないため、詳細はぜひトレーニングコースで学んでいただきたいと思います。

BLPのワークにおいては、女性性のバランスを取り強化するために、リレーションシップに関するストラクチャーを用いて第2チャクラと第5チャクラにはたらきかけます。男性性のバランスを取るためには、同じストラクチャーを使用して、第1チャクラ、第4チャクラにワークをおこないます。

さらに、パートナーシップのエネルギーを高めるには、ツインフレームのストラクチャーを用いてワークすることが大きな助けとなります。

◈イクイリブリアム／バイアル59　ペールイエロー／ペールピンク　レディポルシャ

ペールピンクの上にペールイエローを配したレディポルシャは、私たちの心に強さと明晰さをもたらし、私たちの人生における愛のあり方を見つめるよう促してくれます。

ここでは、コンサルテーションで何度も最初にレディポルシャを選んだ美しい中年女性の事例を紹介します。はじめて彼女をリーディングした際に、1本目にレディポルシャ、2本目にオリオンとアンジェリカを選んだことから、インナーチャイルドのテーマを癒すワークに取り組むことになりました。

実際、彼女は家庭のなかで夫との関係がうまくいっておらず、些細なことで喧嘩をし、夫婦ともに不満を抱え、不安やストレスを感じていたのです。

あるセッションで、「この状況をつくったのはご自身にも責任がありますか」とたずねたところ、彼女は「はい」と答えました。

こうした状況はよくあることです。というのも、彼女が夫に話しかける時は、いつも批判的な口調で、何かにつけて怒りや相手をジャッジしようとする気持ちを表していたからです。彼女は夫を否定したり、矯正したりするつもりはなく、ただ自分の立場の正当性を主張したかっただけなのに、この雰囲気のために2人の結婚生活がひどく息苦しいものになっていました。

彼女自身の問題は、第3チャクラの葛藤と心のなかの女性性の苦しみを表したものであることを理解することがテーマであることは明らかでした。

レディポルシャを選んだことで、彼女はライオンの力強さを取り入れ、自分の内側に明晰さをもたらす時が来たのです（レディポルシャのカラーには、タロットカードの「強さ（Strength）」に関連する「イクイリブリアム11番」が隠されています。「強さ（Strength）」のタロットカードには、無条件の愛の強さでライオンを手なずける女性の絵が描かれており、ライオンは「エゴ」、特にスピリチュアルなエゴを表しています）。そしてライオンは、自分の内側に明晰さをもたらします。

彼女は、自分と他者との境界線を保つことができず、夫だけでなく他の人からもパーソナルスペースを侵されてしまう状況だったと話してくれました。そして、そうした人たちに認められたいがために、つねに彼らの要求を満たすために、しばしば愛の名のもとに自分を奴隷のように扱うことがよくありました。

私と彼女は、彼女が自分を犠牲にしてまで愛そうとするこの姿勢は、彼女なりの愛の受け取り方なのかもしれないと考えました。彼女のインナーチャイルドが愛に飢えて叫んでおり、愛を受け取れないため、自ら愛を与えることでこの空虚感を埋めようとし、おそらくは相手を自分に縛りつけることを望んでいるのではないでしょうか。

そこで私は、彼女に目を閉じて（太陽神経叢に向かって）呼吸をするよう促し、それが愛や思いやりを受け取る方法なのかどうかを考えてみるように促しました。

しばらくして、涙目になりながら彼女はこう言いました。

「愛される価値がないと思うこともあります。不幸の犠牲者のように感じて泣くこともあるし、だからこそ怒りを感じることもよくあるんです」

さらに涙をあふれさせながら、静かにこう語りました。

「自分が与えるものと受け取るものを比較してエネルギーを失い、十分に受け取っていないのではないかと不安になり、自分に対する怒りを感じています。自分が望むものを受け取る代わりに、まったく違うものを受け取ったり、本当に必要なものを受け取れないことがよくあるんです。私は混乱して何をしていいのかわかりません」

もちろん、私は彼女を安心させることからはじめました。いずれにせよ、レディポルシャを選んだことは、彼女にとって新たな再生の可能性を示すものだったからです。彼女の人生と人間関係に明晰さと温かさを取り戻すために、この段階でもう少し光をあてることが重要だったのです。

そして自分の人生と人間関係に明晰さと温かさを取り戻すために、もう少し光を使ってケアすることを考えるようになりました。

私は彼女に、第1チャクラと第3チャクラ、そしてハートチャクラにレディポルシャを一日2回使用するようにアドバイスしました。彼女はさらに4か月間、私のもとに通い、BLPのすべてのストラクチャー、特に胎児期（プレナタル期）、インナーチャイルド、光の呼吸（ブレスオブライト）、第1チャクラ、第3チャクラ、第4チャクラなどのほとんどのワークに取り組んでくれました。

こうしたワークを通して、彼女は自分が愛と呼ぶものは生存システムに過ぎない、ということを深く理解したと思います。人生では自分の不完全さを他人のせいにしてはいけないということを十分に理解しました。たしかに、知らず知らずのうちに自分も他人を知ることなくあやふやのままごまかしていたのです。彼女は、いつも要求に応じることが相手を愛するという行為であると錯覚を抱いていますが、実際には他人のために自分を犠牲にし、感情的に勘違いすることで、精神的な生存を確保するための手段を講じていたに過ぎなかったのです。

自分を見つけることや、自身を認めることは非常に難しいことです。しかしそれは人生をモノクロフィルムからカラーフィルムに変えるような解放であり、自分のパワーを取り戻すことにもつながります。

現在、この女性はBLPとオーラソーマのプラクティショナーになっており、夫との関係も以前とはすっかり変わりました。夫への依存を克服し、もっと自由に、より愛情深く思いやりの心が芽生えたと感じています。

◈イクイリブリアム／バイアル60　ブルー／クリアー　老子と観音

道教の神話的な創始者である老子は、人生の知恵の真髄についてまとめた数節の詩を関所の役人に口述した後、ヒマラヤの山中に姿を消しました。その詩には、天地を動かす永遠の法則、物事の隠された真実を解き明かし、理解し、その真理を悟ることに捧げられた人生の真髄が詰まっています。

観音はアジアの世界で数千年にわたり崇拝されてきた、女性性を最大限に具現化した存在であり、女性の仏陀です。

この2人はそれぞれ、男性性と女性性の究極の形で体現している存在です。

この組み合わせの女性的な側面、観音が含む豊かさの側面（観音はエジプトの世界ではイシスと関係がありますが）は、このボトルのクイントエッセンスである、オレンジのクイントエッセンスにより明確に表れています。E／V60番のボトルでは、男性的な側面をより昇華させています。

男性的なエネルギーにとって「理解する」ことは、女性的なエネルギーにとって「感じる」ことと同じくらい重要な鍵となります。

何を理解すべきか？　一番大事なことは、まず自分の内側を理解することです。何が自分を動かしているのか、自分の動機は何なのか、自分の内なる原動力は何なのか、それらはいったいどこから来るのか、そしてそれらが自分にどのような影響を与えるのかを知らなければ、宇宙の偉大な事柄について考えても意味がありません。

私たちは、社会や両親といった何者かが与えてくれた不適切で完全にクリーンではない眼鏡を通してあらゆるものを見ることになります。自分に合った眼鏡を選ぶか、眼鏡をきれいに磨くまでは、世界を見ても意味がありません。自分に合わない眼鏡を通して、つねに歪んだ不明瞭な世界を見ているからです。

自分の内側に明晰さと光をもたらすことができれば、残りを理解しようとする必要はありません。理解することはおのずと起こるものだからです。それは洞察や突然の気づきという形であらわれ、自分の道を前に進み続けられるようにしてくれます。

これが老子のメッセージの本質であり、道教全体の本質でもある「道」なのです。「道（タオ）」（住所のことではない）を知ることとは、道を歩き、その道がどこにつながっているかを知ることなのです。そして道教にはもう1つ、重要な概念である「無為（*Wu Wei*）」があります。しかし、これについては次回の拙著でお話ししましょう！

通常、クライアントは、私たちのもとにやって来る時に、自分の本質をわずかな言葉で語ってくれるわけではありません。彼らの意識状態はまったく異なる状態にあります。

このE／Vは少し重く、自然に表現される機会のなかった心の傷や痛み、苦しみが内側にたまり、ネガティブな感情にとらわれた態度につながっています。また、抑制的な人生観が支配的で、シニシズムや深い落胆につながることがあります。

このイクイリブリアムのブレンドを体に塗布することは大切です。BLPを使って、E／Vの下層部のクリアーに象徴されるすべての問題を自然に表現できるように解放していく必要があります。そのためには特にマヤンゲートにはたらきかけることが望ましく、光の呼吸（ブレスオブライト）が特に重要です。

その状況が改善されると、第2チャクラと第5チャクラにもっと集中できるようになり、それを統合し理解することを促します。それに伴ってより明晰に生きるために必要な理解が深まっていきます。

◈イクイリブリアム／バイアル61
ペールピンク／ペールイエロー　サナトクマラとレディヴィーナスクマラ

サナトクマラとその妻であるヴィーナスクマラ。

神智学の書物によると、サナトクマラとその妻は、数百万年前に金星（ヴィーナスはレディヴィーナスクマラの名前に由来します）からやって来て、地球上の意識の発展を見守っているといいます。ホワイトブラザーフッドを創設し、そのトップとして人類の意識の発展を監督しています。

不遜な言い方ですが、数百万年経ったいまの状況を1つの企業として考えたならば、彼はとっくに会社をクビになって追い出されているはずです。人類は鈍感すぎる種族なのかもしれません！

神智学では、金星には地球人よりもはるかに進化した存在たちが住んでいると考えられていました。このコンセプトは非常に興味深いものです。マヤの人々でさえ、特に初期のマヤ人は後世のマヤ人よりもはるかに文化的に優れていたにもかかわらず、金星に夢中になっていました。

哲学、数秘術、宇宙論、マヤの叡智は、ビーマーライトペン・カラーエンライトメント・メソッドの中心的な柱のひとつです。

太陽の周りを公転する金星は、明け方のわずかな時間に明けの明星としてあらわれ、その後夕方の宵の明星としてあらわれることには、深遠な秘教的かつスピリチュアルな意味があり、BLPのコースではその意味を深く掘り下げていきます。

また、神智学を語る金星に住む存在たちは、マクドナルドに行ったり、コカコーラを飲んだりするような人たちではないことも知っていなければなりません。金星人はアストラル界の存在であり、アリス・ベイリーが言うところの「アストラルビジョン」をもっている人にしか見ることができない存在です。

このE／Vの色の組み合わせは、チャクラの観点から見ると、「逆さま」になっています。第1チャクラに対応するピンクは上層に、第3チャクラに対応するイエローは下層に配置されています。それは地球上にいる私たち人類の状況、つまり私たちが高次元の存在からの助けを必要としているという、完全な「反転」の状況を象徴しているのかもしれません。

イクイリブリアムをシェイクすると、ショックを表す明るく鮮やかなオレンジになります。おそらくピンクに表現されている物質的・性的なテーマへの執着につながる根深いショックがオレンジへとつながっているのでしょう。

私たちの社会は、物質的、性的な側面に固執しがちですが（どの商品を売り切るためにも美少女が必要なのです）、こうした側面に対する理解がまったくないことは疑いの余地がありません。

私は最初、サナトクマラに対して厳し過ぎたのかもしれません。金星からはじめてサナトクマラがこの物質的世界にやって来てから１８５０万年の間に、彼は並外れた素晴らしい仕事をしてきたからです。

下層部のイエローは、神経系の混乱や機能不全を示唆しています。このようなケースでは、クライアントが告白する症状に身体的な相関関係がないため、「心身症」という病名がつけられることがよくあります。しかし、実際には、心身症ではなく、自律神経レベルでの機能的な症状です。


このイクイリブリアム61番は第2チャクラに使用しますが、ＢＬＰでは61番のバイアルはすべてのチャクラに対してバランスを整えることができ、特に第1チャクラと第2チャクラに使うことができます。

もう１つ重要なことは、サナトクマラとヴィーナスクマラの娘であるメタクマラは、医師やヒーラーの守護者であるということです！

◈イクイリブリアム／バイアル62　ペールターコイズ／ペールターコイズ　マハコハン

「偉大なるマスター」であるマハコハンは、アセンデッドマスターのヒエラルキーのなかで人類の進化に責任を担う存在です（「マハ」は「素晴らしい」、「コハン」は「マスター」を意味します）。

マハコハンはアセンデッドマスターのヒエラルキーにおいて、第7レベルのイニシエーションに到達しており、第6レベルまでの他のすべての「コハン」たちの上に存在しています。

第1光線のマスター「エルモリヤ」、第2光線のマスター「クツミ」、第3光線のマスター「ヴェネチア（ヴェネチアのポール）」（オーラソーマには存在しません）、第4光線のマスター「セラピスベイ」、第5光線のマスター「ヒラリオン」、第6光線のマスター「キリスト」、第7光線のマスター「サンジェルマン」、そして7つの光線のマスターたちのコーディネーターである、コミュニケーション・ディレクターのジュワルクール。彼らは全員第6レベルのイニシエーションに到達しており、マハコハンはこれらすべてのマスターたちの上にいます。

マハコハンの存在意義、責任、力は計り知れないものがあります。

その人間の化身としては、偉大なマハトマ・ガンジーがすぐに思い浮かびます。ガンジーはまた、偉大な力で人類の進化における新しい革命的な概念、すなわち非暴力という概念を導きました。

非暴力の概念は、現代世界には広く普及しています。典型的な例は労働組合（による話し合い）です。

また、オーラソーマでマハコハンはどのような色の組み合わせに対応しているのでしょうか？　ターコイズの宿す純粋なエネルギーが顕在化したターコイズ／ターコイズです（このE／Vはターコイズ／ターコイズのより光の増した強烈なバージョンです）。

このつながりは必然的に深く考えることを促します。ターコイズは第4ハーフチャクラ（第4・5チャクラ）の延長線上に位置するアナンダカンダセンターに対応しています。人類の進化は必然的に、ターコイズのエネルギーの表現、つまりハートの創造的な表現を経なければならないでしょう。

ハートの創造的な表現は、ハートが正常にはたらいていることを前提としています。ハートが正常にはたらくためには、ハートのエネルギーを具体的に表している自身の感情体が健康であり、無傷でなければなりません。これだけでも素晴らしいタスクになります。

しかし、ハートの成長とアナンダカンダセンターの成長は、連続して起こる必要はありません。どちらも適切な注意を払えば、並行して開発することができます。このようにして、人生における創造的な表現は、ハートのポジティブな表現を促し、その逆もまた然りです。

創造性といえば、『聖書』には「神が世界を創造した」と書かれています。それが神の最初の行動でした。神様は創造主です。そして神の概念がどのようなものであっても、創造することによって、私たちは神に近づくのです。

残念ながら、私たちの創造性の概念は非常に限られています。実際、適切な注意と集中力があれば、自分のどのような行為も創造的になります。創造性を決定するのは、創造の結果ではなく、創造されたものに対する意識です。

その意味では、頭のなかで考えて描いた絵画よりも、その場で愛を込めて語る言葉のほうが、はるかに創造性に富んでいるといえるでしょう。

偉大な創造物とは、「創造的作品」の技術的な手法をはるかに超えたものです。「創造性」とは、創造的な仕事を意味するのではなく、創造的なプロセスに集中し、意識することで、あらゆる瞬間において共同創造者になるということです。

創造性とは、参加と表現であり、創造する者と創造されるものが一体となる空間なのです。

◈イクイリブリアム／バイアル63　エメラルドグリーン／ペールグリーン　ジュワルクールとヒラリオン

このE／Vは、ハートのエメラルドと、ハートにつながる光の道について教えてくれます。

このボトルで語られるのは、自己探求の最中に2つの相反する力に支配されてしまった人の話です。オーラソーマでは、2つの相反する力を語る時、「アーリマンの力」、「ルシファーの力」という秘教的な知識を語ります。最初の力は、古代ペルシャ神話において光と対立していた闇の神、アーリマンに由来します。もう1つは、光の神ルシファーの名前に由来しています。ルシファーは地上に降りることを望まず、神に反抗したことが『聖書』で知られています。

つまり、一方は光で目が見えなくなるから昇りたくない、もう一方は地上には闇があるから降りたくないという、根源的なジレンマが存在するのです。

その後、人類の友であるプロメテウスがその寛大な心で人類に光をもたらすことになります。

おそらくあなたは人生のごく初期の段階から、自分の体、実存的現実、周囲の世界に対して探求する準備ができて喜んでいた時に、それを思いとどまらせようとする家族の障壁に直面しなければならなかったでしょう。幼少期の探求において、あなたは助けてもらえることも励ましてもらえることもなかったのです。

この時点で、ローマの貴族の子孫であるアルフォンシーナのことを思い出しました。

アルフォンシーナは、コンサルテーションの際に2本目にイクイリブリアム63番を選んだのですが、子どものころ、周りにあるものを触ることを許されなかったと悲しげに語っていました。家のなかにあるものがすべて貴重過ぎたからです。いまでもアルフォンシーナの心に残っているのは、母親が悲鳴をあげてメイドを呼び、「家宝に傷がつくから」と好奇心旺盛だった彼女を別の部屋に連れていかせたことです。このことから、その女の子が家族の宝ではなかったことが容易に想像できます。

両親が他のことを気にしていたため、あなたは真実を求め、心の勇気を表現することができませんでした。この世には、大切にすべき物質的なものや遂行しなければならない仕事があるだけで、心を軽やかにしたり、あなたを夢中にさせたり、その情熱が深い喜びを与えるものはほとんどなく、表面的な満足感とそれを達成するためのストレスがあるだけだと教えられてきました。両親は人生で義務を果たさなければ認めてもらえないということを伝えたのです。

彼らにとって心の真実とは存在しないものであり、ハートで感じることのできる愛は、本のなかでしか存在しないロマンチックなものでした。現実の世界では、結果を出したければ「努力すべき」であり、感謝され愛されていると感じたければ、戦わなければならないというわけです。

あなたはもう大人になりました。子どものころに植えつけられた思考パターンや集合的な空言にもかかわらず、つねに自分の内側に何か違うものを求めたいという衝動があります。スピリチュアル的に無知のなかで育ったにもかかわらず、探求者の情熱が再び湧き上がってきます。未知への憧れにより、つねに自分のハートを開くように導かれていました。

しかし、厚い錠前に閉じ込められていたハートは、あなたを解放する力をもっていませんでした。あなたは地平線や方向性のない広大な空虚さを感じることがよくあります。魂の闇の痛みを感じたことがあるのではないでしょうか。

しかし、求める者は見つけるでしょう。その存在は求める者に対して決して出し惜しみをするわけではありません。つねに道を照らす星を送ってくれます。

そこで2つの偉大な聖霊の星が、あなたを助けに来ました。ジュワルクールとヒラリオンです。2人の友好的なマスターが、あなたはひとりではなく、兄弟愛が存在することを教えてくれます。彼らは変化の風を導いてくれます。あなたに拡大のための大きな力を授けてくれます。そしてBLPでそのパワーを伝え、障壁を打ち破る原動力をもたらします。

過去のパターンを明らかにすることで、そのパターンから自由になりたいという大きな願望がすぐに湧いてくるでしょう。光の呼吸（ブレスオブライト）のストラクチャーを用いると、たくさんあふれ出す涙で、すべてを洗い流すことができるでしょう。なぜなら、涙はしばしば滝となり、魂を浄化する力があるからです。涙を流すと、心のなかに清らかな輝く流れを生み出し、人は喜びをもって泣くことができるのです。

◈イクイリブリアム／バイアル64　エメラルドグリーン／クリアー　ジュワルクール

ここでは、ガーラがあるクライアントに宛てた手紙の内容の一部をご紹介します。クライアントは協力の精神のもと、本書での掲載を許可してくださいました。オーラソーマのセッションにおいてこのボトルが1本目に選ばれました。

ジュワルクールの鍵となるのは、「私が道だ―耳を傾け従え」という言葉です。

真のマスターはこのような忠告はしません。なぜなら真のマスターは、あなたが彼の生き方に従うことなどできないことを知っているからです。もしそのようなことになればあなたは追随者になってしまうことになり、自由ではなくなってしまいます。あなたは唯一無二の存在であり、あなた自身の真実への道があるからです。あなたが歩きはじめれば、自分で道を切り開いていくことができるのです。

人生には自由な流れがあります。あなたには時間がありません。あなたはすでに多くの人生で他の人の道をたどることをしてきました。誰もがそれぞれの人生を歩まなければなりません。なぜなら、誰もが自分の才能をもち、さまざまな条件のもとでそれぞれの歴史を歩んできたからです。それこそが、あなたの道に他人とは異なる、1つの形を与えることになるのです。

エメラルドグリーンとクリアーの光は、あなたのハートのなかにはまだ傷が残っていて、それが自分を苦しめていることがわかります。自分のエゴが見たいものだけを見て、自分のハートが求めるものを見ていないため、自分の道を進み、自分の本当の真実を見ることが難しいと感じています。

しかしその一方で、あなたのハートは、長い間抑圧されてきた涙によって濁った水のなかで溺れているようです。あなたの光は触れたくない、向き合いたくないと思っているたくさんの痛みで曇ってしまっています。

あなたの人生には傷ついた影があります。そのため、自分のなかに怒りが生まれ、それを人にぶつけてしまい、残酷になってしまうこともあります。

ジュワルクールはマスターであり、いかなる宗教やエゴも追求せず、あなたの役に立つ鏡です。

ジュワルクールの登場により、あなたは鏡の前に立つことになります。あなたの真実を映し出す鏡です。「私が道だ―耳を傾け従え」という言葉は、自分のなかにある本当の姿をきれいな鏡に映し出すための招待状に他なりません。つまり、ジュワルクールの道とは、あなたの道であり、あなたの真実に耳を傾け、あなた自身に従うことであり、パウロ・コエーリョが言うところの「個人的な伝説」に他なりません。

だからこそ、あなたは鏡をきれいに保ち、自分の痛みと向き合い、自分の条件や個々の天職を明確にする責任があるのです。彼はそこにいるのではなく、純粋なエメラルドグリーンの光であり、純粋な道標なのです。

あなたはシンクロニシティによって彼の光のもとに身を置くことになり、そしてその光に照らされて、物事がよりよく見えるようになるのです。

あなたは自分の神性、知性、真実を探し求めて、燃えるような情熱をもっていまの人生を歩んできました。以前からずっとそれを明らかにしたかったのですが、あなたは自分にスペースも愛も関心も与えない状況や人々と最初から一緒にいることに気がつきました。

ＢＬＰの光とストラクチャーを通してジュワルクールのメッセージを受け取っていけば、自分自身への道、もはや表面的な存在概念の条件づけではない、真の人生の次元への道を歩むことができるようサポートしてもらえるでしょう。

ジュワルクールは、愛と承認への渇望のなかで、あなたが多くの妥協を受け入れ、孤独を避けるために自分の光を捨て、自分を裏切ったという気持ちのまま、自分を型にはめてしまったことなど、あなたの失望を深く掘り下げることを助けてくれます。ハートの涙を流しながら、過去の苦痛を洗い流し、それを穏やかに手放し、愛のための新しいグリーンの空間をつくり出し、ハートの経験を通じて自分を人生に開放します。そして、ジュワルクールのエメラルドグリーンの光が、あなたのハートに内在するエメラルドに気づかせてくれ、星の叡智や自然の美しさを自由に体験する助けとなるのです。

あなたが選んだ1本目のイクイリブリアムは、ハートのエメラルドと、真実を求めるハートの燃えるような情熱を語っています。ですから、第4チャクラに焦点をあてたチャクラワークをおすすめします。もちろんイクイリブリアム64番のオイルを第4チャクラの辺りに直接塗布することが望ましいです。星の知性は、ハートの知性を通してのみ理解されるからです。

◈イクイリブリアム／バイアル6　レッド／レッド　エナジーボトル

わお！　エネルギッシュなE／V6番です！

どの時代のタロットでも、「6」という数字は「恋人」に関するものです。また、神聖幾何学のレベルでも「6」という数字は2つの交差する三角形で表され、一方の頂点は下を向き（地球―女性性）、もう一方は上を向いています（火―男性性）。

この2つの本質（男性性と女性性）を大切にする必要があります。この2つの創造的な可能性（3の2倍）は非常にパワフルです。女性性と男性性の融合は、その2つがすでに個人的なバランスを整えるプロセスを経た時（三角形が実現した時）におこなわれるべきです。一人ひとりがすでに自己形成されている場合に、その統合がなされるのです。さもなければ、相手に過剰な関与や執着、そして期待を抱かせてしまい、かえって相手の創造的な可能性を歪めてしまうことになります。

この2つの本質は生命を宿しています。この2つの創造的な3が融合することで、大きなエネルギーを生み出し、そこから目覚めが生じるのです。クンダリーニを活性化して上昇させる覚醒、愛を表現できるようになる目覚め、自分と愛する人を大切にする目覚めです。

そのことによって、より多くのエネルギーが生み出され、そこから自分がつくり出したものに対する責任へのさらなる目覚めが生まれるのです。私たちが宿す光の星、六芒星で悟りを開き、光を照らすことができるのです。

ゲーテによれば、レッドは原色の3番目の色になります。第1チャクラの色です。肉体の密度、物質的次元とその力を引き寄せる色です。

物事が創造されるのは密度からであり、肉体とは物質的密度の表現であり、密度の高い身体から新たな肉体が生まれます。そしてあらゆる果実が生まれるのは物質的密度の表現である地球の大地からです。

地球を大切にするように、自分の体を慈しむことは大切です。地球は人類の成長の庭であり、進化の庭であり、繁栄の庭でもあります。地球は人が蒔いた種を育ててくれる存在であり、人は種を蒔いてその刈り取りをすることになります。

また、レッドには胎児が成長するのに必要な温かさ、子どもが成長するために必要な温かさがあります。レッドの次元という物質的な次元を生きることは、グラウンディングをもたらし、私たちが転生することを選んだ地球との一体感を根づかせるようにします。

テイヤール・ド・シャルダンはこう述べています。

「私たちはスピリチュアルな体験をしている人間ではありません。人間の経験をしているスピリチュアルな存在です」

これを実現するためには大きなエネルギーが必要ですが、それはレッドからしか得られません。木と同じように私たちはグラウンディングによって大地からエネルギーを与えられ、成長する力を与えられます。

物質的な次元での取り組みを避けることは、この惑星に転生した時に自らに課した使命を裏切ることになります。

レッドの次元を通して、人間は自分がひとりではないことを知るのです。

レッドの力は、他の人間との連帯感を示すことを促します。その力で人は寛大になります。豊かであってこそ、人は他者への愛や支援の可能性を表現できるのです。

レッドは人生への愛をもたらし、自分の経験に情熱を注ぎ、恋に落ち、生きる喜びを与えてくれます。もし満たされない生き方、つまりレッドの次元で酷い生き方をしていれば、怒るのも悔しい思いをするのも当然のことです。

この意識に気づいてレッドの強さを取り戻すためには、BLPで第1チャクラにはたらきかける必要があります。そしてチャクラの調整、プレナタル・コンステレーション、セクシャルバランシング、神聖幾何学、光の呼吸（ブレスオブライト）のストラクチャーを用いて、セッションを繰り返しおこないます。

◈イクイリブリアム／バイアル17　グリーン／バイオレット　吟遊詩人Ｉ

ダリオ・フォは、吟遊詩人、道化師であり、イタリアを代表する劇作家として多くの人に愛されました。

どの星からインスピレーションを受けて人の心に響くことを語り、笑顔で希望を蘇らせるよう歌っていたなんて、誰がわかるでしょうか。

中世は暗黒の時代でした。無知という重く真っ黒なものに覆われ、人々は良心を見失っていました。

当時貧困とは、搾取、虐待の対象となり、人としての権利などなく、貧しさのなか、ただ生き残るのに精一杯ということでした。まして自分自身や世界について考えを巡らせることなどほとんどありません。誰もそういった事柄について何ひとつ話しませんでした。教会の祭壇からの説教を聞いた人は、その話を恐れて一層混乱しました。

このような背景から、吟遊詩人たちの芸術運動が起こりました。吟遊詩人とは、言葉の愛好家であり、主に書き言葉、話し言葉、散文、詩、歌などの新しい形を表現することに専念していました。

また吟遊詩人の多くは、しばしば風刺的な茶番劇の手法を使って、そうした言葉の表現による知恵が人々の間で広まるようこの好機を利用しました。この世に生まれる時にあらゆる人間のもつ霊性の輝きや、なぜ神の前ですべての人間が平等であり、あらゆる尊敬と思いやりに値するのか、その理由について叡智をもたらしたのです。

村でも通りでも街中でも、人々はこうした風刺や冗談を面白がりました。やがて、そのような叡智のかすかな光によって人々の意識が目覚めはじめました。

そして間違いなく、神聖ローマ教会はそうしたことを快く思っていませんでした。そのために吟遊詩人たちはひどい迫害を受け、その多くは火刑に処せられました。

火刑という拷問で死ぬのは、この世を去る最良の葬られ方であるはずがありません。

ある種の記憶は、魂にもアストラル体にも集合体にも残ります。私たちは内側でも外側でも記憶に囲まれているのです。

Ｅ／Ｖ17番を選ぶ時、真実を語ることで迫害を受けた吟遊詩人の記憶が残っていることを示唆しています。

このテーマは色とその配置によってとてもうまく表現されています。バイオレットの上にグリーンがあるこのボトルは、チャクラの順番の色とは一致していません。そのためバイオレットの精神的、奉仕的なエネルギーにはスペースの広がる余地がなく、グリーンのなかには迫害の記憶やハートを閉じてしまう恐怖が隠されています。

そのため吟遊詩人はハートを癒す必要があります。どのような方法があるのでしょうか？

イエローの知恵とブルーの受容力を再び活性化させると、回復の道へと導かれることでしょう。この2色から生まれるグリーンは、吟遊詩人のもつあらゆる痛みを伴う経験すべてを包み込むスペースをもたらします。

このスペースが一層広がると、新たな霊性のはじまりを受け入れる自信も深めることができるでしょう。今日では幸運なことに（少なくとも地球の大部分では）、現代は中世の時代とは異なり、人間の神聖さや美しさ、そして権利について真実を周りに伝えたとしても、誰もその人を火刑に処することはできません。その一方で、拷問によりつねに迫害され苦しめられている人々もいます。

今日いまだにそのような吟遊詩人という強いテーマをもっている人は、羨望、嫉妬、中傷、何の根拠もない誹謗中傷など、ひどく不当な扱いを受ける対象になることがあります。

今日でもその対象になる人にとって拷問のような体験となり、その一方で、ネガティブな感情を生み出す人にとっては処刑人のような体験になることもあります。しかし、色が与えてくれるものを理解すれば、自己のテーマに気づくことができるのです。

例えば迫害を受けていると感じる時、それは過去の人生のためであり、自分の課題として、赦しによって自分のハートを癒せることを思い出させてくれます。赦しによって、私たちはもう一度、自分自身のスピリチュアルな本質の表現として、ハートの真実のメロディーを歌うことができるようになります。

イクイリブリアム17番を使う時には、少なくとも10回のＢＬＰのセッションを併用し、特に第4チャクラの構造に焦点を当て、過去世ワークと光の呼吸（ブレスオブライト）を繰り返すことをおすすめします。

◈イクイリブリアム／バイアル29　レッド／ブルー　立ち上がって、進め

クラウディア。彼女にはもう10年近く会っていませんでした。

18年ほど前、当時彼女が11、12歳のころに気管支喘息のホメオパシーのカウンセリングを受けるため、母親に連れられて私のもとにやって来ました。ホメオパシーのレメディーによって、気管支喘息の症状は

治まりました。その10年ほど後に月経異常で何度か彼女を診ましたが、これもホメオパシーで対処しました。それ以来、彼女からなんの音沙汰もありませんでした。

いま、ブルージーンズに赤いセーターを着たクラウディアが私の前に座っています。彼女はどう変わったのでしょうか。相変わらずとても可愛らしいのですが、ひどく疲れた表情で目にはどことなく苦しみが宿っています。そのような瞳をかつて見たことがありません。

「今日はどうしました、クラウディア？」

「疲れました、ロバート先生。ひどく疲れているんです。こんな状態がずっと続いています。また喘息にかかっています。薬をいくつか試してみたけれども、ほとんど効果がありません。ニューヨークにいたのでロバート先生に診てもらいに来ることができませんでした。喘息の症状は重くありません。でも子どものころのようにまた喘息がはじまったので、今日ここに戻ってきました」

いつもどおり、まずエネルギーの状態を確認します。

3つの下位のチャクラは完全にエネルギーが不足しています。第4チャクラ（ハートチャクラ）はエネルギーが過剰になっています。第5チャクラ（喉のチャクラ）はエネルギーが不足しており、第6チャクラ（第三の目、アジナ）はエネルギーが過剰になっています。第7チャクラ（クラウンチャクラ）はエネルギーが不足してバランスが崩れた状態でした。

エネルギーの状態が全体的に低下しています。まるで足元のカーペットを突然引き抜かれても、何が起こったのかがわからないようなエネルギー状態のイメージです。

とにかくクラウディアに検査を受けて（医師はつねに検査などのデータが必要です）、２週間後に戻ってくるよう伝えました。


２週間が経ち、クラウディアが再びやって来ました。ブルージーンズに赤いブラウスを着た姿を見て「あぁ、まだ『立ち上がって、進め（イクイリブリアム29番）』だな」と思いました。

読者の皆さんは私が作り話をしていると思うでしょう。いいえ、もちろん作り話ではありません。プライバシー保護のために名前だけ変えています。

検査結果は貧血を除いてすべて良好でした。

「貧血が疲労の原因ですよ、クラウディア」と伝えました。

クラウディアは「ええ、ずっと前から貧血気味なので鉄分を摂るように心がけているんですが、何も変わりがありません」と言いました。

「ああ、なるほど」と言い、さらに診察を続けました。

私は最適なホメオパシーのレメディを見つけたいと考え、質問を続けました。

最終的に、クラウディアは何があったのかを話してくれました。

大学卒業後、金融会社で働くためにニューヨークへ渡りました。そこでの新しい生活は、高い給料、優しい恋人、とてもよい友だち、素敵なアパートなど、何もかもが素晴らしいものでした。ニューヨークでの生活を満喫し、まるで自分の家にいるように居心地がよかったのです。

ところが、２００８年の金融危機ですべてが変わりました。はじめに仕事を失い、次いで1年半の間にその他のすべてを失いました。これまで築き上げた生活は徐々に崩れ落ち、最終的には両親が住むローマへ戻る以外に選択肢がなかったのです。帰国後、完全に気力をなくし自信を失いました。何をすべきかわからず、いたずらに時が過ぎていきました。


この時点で、より包括的なアプローチ、クラシカルホメオパシーが必要となりました。クラウディアの複雑な状況にうまく対処するには、従来の医療では十分ではありません。

また、クラウディアにはガーラのオーラソーマリーディングを受け、ＢＬＰのコーチングプログラムとエネルギーサポートを受けることをすすめました。

ガーラのもとで彼女は1本目にどのイクイリブリアムを選んだのでしょう？

イクイリブリアム29番、「立ち上がって、進め」だったのです！


ホメオパシー、ＢＬＰを使った毎週のワーク、そして本格的なコーチングプログラムの後、半年もたたないうちにクラウディアは回復しました。喘息は治まり、貧血もなくなり、エネルギーが戻りました。経済危機にもかかわらず自分の専門に合った業界での再就職に成功し、いまでは香港で働いています。

彼女にイクイリブリアムのメッセージが伝わったのです！

◈イクイリブリアム／バイアル33　ロイヤルブルー／ターコイズ　ドルフィンボトル　目的をもった平和

ブルーのなかにほんの少しのレッドが加わることで、「ロイヤルブルー」という特別な色になります。この色の名前は偶然ではありません。

最も裕福な人、まさしく貴族は、この色を好んで身につけました。色の深さ、視覚的な印象、この色をつくる難易度、高いコストなどを踏まえて、まさに人生で最も望ましく、崇高なものであるように思われました。

今日、ロイヤルブルーのそういった特性のうち失われたものもあれば、その他に加わったものもありますが、この色がきわめて稀なものであることに変わりはありません。夏の空が明るく澄みわたった日の日没直後、黄昏時にその純粋な色を見ることができます。

ロイヤルブルーの空ではじめに輝く一番星は、繊細な心に深く触れるビジョンです。ロイヤルブルーはあの世にある何か、素晴らしいものを伝えてくれます。深いビジョン、優れたアイディア、特別な理解力、パノラマのようなビジョンはロイヤルブルーの領域です。

このドルフィンボトル（E／V33番）では、このロイヤルブルーは深いターコイズにサポートされています。

ターコイズは創造性とコミュニケーションの色であり、ロイヤルブルーと組み合わせると革新的で新しい何かを生み出すはずです。それはいわゆるドルフィン（イルカ）の意識です。

イルカは魚類ではありません。水棲哺乳類であり、水生環境にだけとどまることを選んだ高度に進化した種です。

この選択は偶然ではありませんでした。ある時期に進化の過程でそうした意識の一環として、水から陸に上がらないことを決めたのです。その結果、海のなかにとどまり、漫々たる大海原で、より深い海洋環境で棲み続けることを選択しました。

ロイヤルブルーとターコイズを組み合わせると、喜び、遊び、気づきとともに、深遠なる表現力を発揮して生きるように促してくれます。そしてまた、何を選択するかだけが重要なのではなく、意識的にせよ、無意識的にせよ、何を選択しないかということも同じく重要なことであると気づかせてくれます。

イルカは類まれな進化を遂げたハイテクな存在です。イルカの脳は人間のように2つの半球に分かれていますが、その大きさを体格で比較すると私たちよりも30％大きくなっています。

イルカは「意識的な呼吸」をおこないます。つまり自ら意識して呼吸をしており、呼吸を忘れるはずはありません。そうしなければ、真っ先に天国に行ってしまいます。

イルカの世界には社会組織があり、とりわけ家族を最優先します。彼らはたいてい大家族で暮らしており、互いに助け合っています。実際にイルカのグループは、非常に特殊なコミュニケーション方法を使って行動する「グループ脳（集団脳）」によってコントロールされているようです。

イルカのコミュニケーションは超音波などの非常に高い周波数スペクトルを有する音を通しておこなわれ、人間のコミュニケーション方法とはまったく異なります。

イルカのコミュニケーションはホリスティックです。断片的な情報ではなく、全体的なイメージがワンショットで伝達されます。

BLPを使ってこのE／Vのエネルギーにはたらきかけると、自分自身との新しいコミュニケーションの方法に心を開き、創造性を統合するのに役立ちます。

また、この特別な色の組み合わせの光は、自分のビジョンや優先順位と調和した選択をするうえで大きな助けとなります。

◈イクイリブリアム／バイアル34　ピンク／ターコイズ　ヴィーナスの誕生

ヴィーナスは、原始時代から存在していた原初の神々のグループに属しています。ウラノスの受精に由来する海の果実のように、ヴィーナスは海から生まれました。

「ウラノスは息子のサトゥルヌスに海で去勢されました。切り落とされた男性器が海に落ちた際、海とウラノスの賜物が交わり、ヴィーナスが誕生しました」

ヴィーナスは愛と美の女神です。

表面的な部分だけを見てその特性を解釈するのは、神聖ローマ・カトリック教会によってつくられた巧妙な偏見であり、いまだにその影響を受けている人たちがたくさんいます。

神聖ローマ・カトリック教会がこれをおこなった理由はよく知られていますが、ここではあまり詳しく語りません。ただし、カトリック教会がそうした人々に影響を及ぼした教義について理解しやすくするため、ここで少し触れておきたいと思います。

ヴィーナスは異教の世界で崇拝されていました。そのため神聖ローマ・カトリック教会は可能な限りヴィーナスやあらゆる異教神崇拝を禁止し、キリスト教への改宗を推進せざるを得なかったのです。キリスト教徒を増やし、一段と社会に根ざすことを実現するために、異教徒の神々を歪め、神話を捏造し、悪魔として扱う必要がありました。

ヴィーナスは最古の女神のひとりであり、人々の心に深く根ざしていたので、すぐに排除することはできません。そのため、その美しさや官能性といった特徴は、罪や悪魔の象徴として扱われました。無条件の愛は神の否定となり、ヴィーナスのエクスタシーは、神聖ローマ・カトリック教会で権威のある聖職者たちの説教により罪深い肉体ととらえられるようになったのです。

神聖ローマ・カトリック教会によってカトリック信者の間に広がった暗いベールを取り払うと、サンドロ・ボッティチェッリの描いたような美しいヴィーナスの誕生を見ることができます。この時点でヴィーナスの特徴に対して新たな解釈が必要となります。

ターコイズの存在がインスピレーションをもたらすように、私たちは偏見を生む色眼鏡をすぐ外し、より清らかで、より自由に、より純粋に真実の眼差しで物事を見る必要があります。

このE／V34番が「生と愛の隠れた神秘につながる」とはどういうことでしょう？

ヴィーナスの神殿で執りおこなう人生と愛の儀式のように、このE／V34番からどんな儀式をイメージするでしょうか。イクイリブリアムのベースになるピンクを考慮すると、神の授精の果実という海から生まれる生物の生命を表すのは、まさにこのような美しいイメージかもしれません。

ターコイズに映し出された神聖な人生とは、あらゆる可能性を秘めて生きることです。ピンクが宿すグラウンディングにより、地に足をつけて根を下ろし、第1チャクラの特性を実感できるようになります。このチャクラについては、他の章でも詳しく述べています。

ピンクで表される女性性の側面は、女性にとってもたいへん興味深いものです。この世の光として内面から女性的な資質を高めていくには女性であるだけでは不十分だということを、私たちは経験上わかっています。

女性らしさや大きな成果を出すためには努力しなければなりません。特に現代の競争が激しくストレスの多い世界では、女性は成功を収めるために男性をロールモデルとして解釈するか、権力者に自分を売り込む必要があるのです。

逆説的ですが、大人になって女性性を成長させて表現するには、男性性を自分のなかに統合しなければなりません。そうはいっても、女性性と男性性を統合するのは簡単なことではありませんが、それを実現させれば高い自律性がもてるようになるでしょう。

同時に自分の心と体の美しさを育み、人の心にも美しさが育まれるように励まなければなりません。

これはヴィーナスのような女神にとっても大きな課題であり、そう容易《たやす》いことではありません。

これは私たちの物語であり、女性の物語です。すなわち創造、赦し、癒し、変容をもたらす愛の美しさに養われるよう自分自身を導いてくれる物語なのです。

ピンクが統合されたので、次はターコイズについてです！

ターコイズはハートを元気づける素晴らしい色であり、しばしば私たちを襲う不安を克服することができます。それはいつでも安全や安心を感じられるわけではないことや、自分は十分であると感じられない、ベストを尽くしたり最大限の力を発揮できていると感じられないことからくる不安です。

そうして自分の弱さに打ち負かされると、それに伴う無力感や不安感に襲われます。

ターコイズは特に女性の場合、やすやすと挑発されがちな感情を、勇気と信頼に満ちあふれるように導いてくれます。

ターコイズは心や感情を強くするだけでなく、創造性を活性化するのにも役立ちます。ヴィーナスとの創造性は、私たちの美的感覚にもあらわれます。この生命の美的感覚を表現することで、ハートで深く感じていることを分かち合うことができるのです。

ターコイズはまた、私たちを重苦しさ、特に恋愛における失望につきまとう心の重苦しさから解放してくれます。

ヴィーナスの神殿に入っていくには、イクイリブリアム34番と一緒に熱意と勇気をもって、少なくとも8~10回のBLPのセッションが必要となります。神聖幾何学、セクシャル・ヒーリング、過去世ヒーリング、メタフィジカル・サージェリー（形而上学的手術）、マヤンゲート（特に魔法使い、月、風、夜、鏡、星のゲート）のワークをおこないます。そうして内なる女神を取り戻すようサポートされると、女神のように再生し、若返り、微笑み、超魅力的になって神殿から出てくることができ、私たちの深遠な力強さとつながるのを助けてくれるのです。

私たちは世界の原初の女神のように女性性の光に満ちあふれ、暗くなった世界を覆う影を消し去ることができるようになるのです。

◈イクイリブリアム／バイアル85　ターコイズ／クリアー　タイタニア、妖精の女王

ロバートに捧げます。

昔々、この惑星には、とても澄んで精妙な香り高い空気がありました。たくさんの種類の樹木、たくましい大樹が生い茂り、至るところに美しく多彩な花が咲き誇っていました。さわやかな滝や泉のせせらぎに耳を澄ますと、まるで小さいながらも大きな力を宿す妖精たちの陽気な笑い声のように聞こえることもありました。

妖精たちは古代からの存在です。というのも、古代ギリシャ人は妖精たちについて語り、シルフ（風の精）やニンフと呼んでいました。

また13世紀の英雄を中心とした文学作品のなかには、妖精が人間の手助けをして、気高さや寛大さの象徴として描かれている作品もあります。シェイクスピアの最高傑作『夏の夜の夢』のなかでは、妖精たちは遊び心あふれる輝きを放ち、ほぼ不死身の存在として登場します。

では『夏の夜の夢』の話をしましょう。タイタニアはこの物語のなかで「妖精の女王」として登場します。

妖精たちのおこないを伝えたり描写したりするのは、シェイクスピアだけではありません。過去から現在まで、人間の精神が織りなす魔法のような美しい世界を表現する芸術の流れがあります。イギリスでは

何世紀にもわたって、妖精と芸術との関係はとても強く深いものでした。ヨーロッパの他の地域でも、妖精たちがあらわれるのは、山奥の谷や小高い丘、深い森といったごく限られた場所だけでしたが、彼らはずっと愛され表現されてきました。

世界の他の地域、とりわけ日本では、呼び方が違っていてもこのおとぎ話のような隠された次元には同じものが存在しています。


このE／Vにおいて、私たちは伝説の妖精の女王であるタイタニアについて語っています。1847年には、天王星の衛星のうちのひとつがタイタニアにちなんで名づけられました。

タイタニアは、とても強くて誇り高い妖精です。そのことを彼女の夫であるオベロンもよく知っています。

彼女はとても美しく聡明です。妖精の世界では、聡明であるということは、とても寛容であり、創造性に富み、軽やかで遊び心ある最善の解決策を見つけることができるということです。また誇り高いだけでなく、寛容で快活な性格です。彼女の身の回りのものはすべて陽気でさわやかなよい香りに包まれていなければならず、そうでなければ彼女はとても悲しみます。というのも人間が不幸で攻撃的になり、さらに邪悪になると、あらゆる自然の精霊たちも影響を受けることを知っているからです。

その影響を受けると、自然界の不調和な現象がたびたび見られます。例えば豪雨になれば洪水になり、日照りが続けば飢饉になります。

そこで妖精たちが人間に伝えたいことは、自分を厳しく責めるのではなく、自分に誇りをもち、さらにもっと自分や他人に遊び心をもつということです。つまり、妖精たちは寛容さ、優しさ、明るさ、陽気さといった心のありようを伝えているのです。

もしそうでなければ、あらゆる自然の精霊たちが混乱し、自然界の調和が崩れてしまいます。

幼いころ、駄々をこねたり、紙くずを床に捨てたりすると、母や祖母に「やめなさい、妖精たちが泣いちゃうでしょ！」と叱られました。イギリスでは、妖精はつねに大きな意味をもっていたのです。

しかしながら、妖精界の神話や伝説に対する信仰が弱まると、人間の無意識による投機的な環境破壊のため自然が犠牲になりはじめ、妖精たちは悲しみこの世を去ってしまいました。妖精たちは国に防御シールドを張り巡らせる魔法をかけないまま消え去ったので、イギリスで瞬く間に第二次世界大戦が勃発しました。

このイクイリブリアムを選ぶ人には、人生に素晴らしい浄化のフェーズが訪れていることは間違いありません。過去の心の苦しみの聖杯を空にして、創造性を妨げている恐れから自分自身を解放することができるのです。

この真新しいクリアなスペースでは、ハートを閉ざす原因となった痛みを伴う経験のあらゆる記憶から解放され、無限の創造的な可能性がもたらされます。

この創造的な精霊の魔法からインスピレーションを得ると、新たなアイディアやコンセプト、表現力を開花させるようになります。

日常の暮らしのなかで楽しみながら、軽やかな遊び心あふれるスピリットを表現することで、あなたの外側と内側に存在する妖精たちとつながると、愛と調和の感覚がもたらされるでしょう。


このE／VをハートＭ使うことをためらわず、ＢＬＰでワークをしてください。すべてのチャクラ、プレナタル・コンステレーション、メタモルフィック・コンステレーション、過去世ヒーリング、そしてマヤンゲートの魔法使い、世界の橋渡し、風、鏡、夜、犬のゲートに対して少なくとも8～10回のセッションをおこないます。

そうすると、妖精の魔法の薬を飲んだような気分になるでしょう！

◈イクイリブリアム／バイアル88　グリーン／ブルー　翡翠の皇帝

翡翠の皇帝（*Jade Emperor*）は中国神話のなかで最も重要な人物です。天の皇帝であり、1か国だけでなく30か国以上からなる中国世界のあらゆる高次世界の王座を司ります。

翡翠の皇帝は、生まれながらの皇帝ではなく、懸命な努力を重ねてその地位を手に入れました。彼の伝記によれば、30億年の３０００倍の年月に及ぶ道教の真理を研究するための隠居期間があります（このような時間のスケールは神智学者にとっては衝撃的です）。何よりもまず悪との戦いで輝かしい勝利を収めました。魔物を倒した後、ついに皇帝に任命されたのです。

皇帝はその生涯を通して、つねに貧者、病人、弱者を助けることに尽くし、数え切れないほどの慈悲深いおこないをしました。そのため、現代でも中国人は翡翠の皇帝を熱心に信仰しており、新年の儀式の際にも翡翠の皇帝を崇拝しています。

ちなみに、翡翠の皇帝は道教の神々のなかで最も重要な神とされます。

多様な世界をもつ中国の天上界は、中国王朝のごとくきわめて巨大なものです。中国王朝のように天上界を統治するには厳格な階層制や官僚制を必要とします。

中国の天上界には、あらゆるものが存在しています！

中国の神話は、人間が神を創造したのであり、神が人間を創造したのではないということをおそらく最も明確に示しています。

翡翠の皇帝の最も重要な特質のひとつは、思いやりです。

このE／Vの色の組み合わせを見ると、E／V3番のハートボトルの色と同じ色でありながら、チャクラの色の順序とは逆になっていることがわかります。実際にE／V88番はハートのエネルギーの逆転を示唆しています。そして肉体的な心臓の機能が感情的な機能をどのように反映しているかを観察することは、非常に興味深いことです。

心臓には、受け取る機能（右心）と与える機能（左心）といった2つの基本的な機能があります。健康な心臓では、受け取ることより与えることに多くのエネルギーが与えられます。

とはいえ、過剰な受容は心臓の肥大化につながり、そのため天国へと近づき、地上の天国からも遠ざかることになるでしょう。

ハートの最も重要な機能は与えることです。翡翠の皇帝のイクイリブリアムは上層のグリーンが表すように、人は与えるためにたくさんのことをしたいと思っています。とはいえ、健全な感情的コミュニケーションのメカニズムを理解していないために、他の人にうまく与えることができません。

けれども、絶望しないでください。学ぶことで与えることができるようになります。それこそ皇帝になるには学ぶ必要があります。翡翠の皇帝も内なる成長のため、気の遠くなるような年月を費やさなければなりませんでした。粘り強さと忍耐が必要でした。粘り強さと忍耐のいずれも古代中国文化の礎でありますが、この考えは現代中国ではもはや風化した考えになってしまったのではないでしょうか。

チャクラの順番を逆にした色は、ハートのエネルギーが反転していることを表し、人を内向的にする傾向があります。そのため、ハートのなかにあらゆる種類のエネルギーが過剰にたまり、感情レベルの洞察力が欠如していることを示しています。

これらは深遠なテーマであり、肉体的、感情的、エネルギー的な次元を理解することができる複雑なアプローチが必要です。

翡翠の皇帝レベルでワークすると、クライアントに大きな恩恵を与えるだけでなく、自分自身にも恩恵をもたらします。というのも、体や心だけでなく、言葉も含めた感情レベルの癒しがいかに重要であるかがわかるようになるからです。感情を表現し（プラクティショナー認定コース・レベル2でトレーニングをします）、内なる空間を広げることは、内なる皇帝を癒すためのとても重要な鍵なのです。

✻アドバンスセット（大天使セット）

ここからはアドバンスセットについて説明します。アドバンスセットはオーラソーマの大天使（アークエンジェル）セットを基本にしているセットです。ビーマーライトペン（以降、ＢＬＰ）プラクティショナー認定コースではレベル３およびレベル５でアドバンスセットを扱っています。

この章では３番目のセット、アークエンジェル（大天使）についてお伝えしたいと思います。オーラソーマの大天使は、私たちの体験を通じて集合的な魂につながっている個々の魂のはたらきを明らかにします。ここでは、あらゆる制限からの解放へと駆り立て、人間を巻き込むものすごい嵐のような変容のエネルギーについてお話しします。

過去の惑星的次元では、人類が多次元的な存在へと進化することは、自分を制限された思考のなかに押し込めて障壁を築くことによって妨げられてきました。これらの障壁から自分自身を解放する緊急の必要性を理解すると、アークエンジェルは人類の進化をスピードアップさせ、私たちの変容を最大限に高める素晴らしい贈り物だということに気づくでしょう。

◈アドバンスセット（大天使セット）について

私たちは大天使（アークエンジェル）の一連のイクイリブリアムたちから人間のもつダイナミクスの啓示を得て、オーラソーマ・システムの新たなフェーズに入ります。人間の原動力からインスピレーションを得てオーラソーマの解釈を広げる新たなフェーズがはじまります。

アークエンジェルのシリーズでは、あらゆる集合的意識と集合的無意識に関係している人間のテーマが明らかになっています。ディープマゼンタがあらわれる時（大天使セットのE／Vではディープマゼンタがよくあらわれます）、それにどんな意味があるのか解き明かすのがとても難しく思われるでしょう。その一方で、驚くような深遠さのなかに大天使たちの力強い神聖なエネルギー（大天使たちの神聖な愛）が再活性化され、思いがけない復活を遂げたり、独創的な解決策などが明らかになる可能性があります。

「ああ、ついに天からの助けだ！」と思うかもしれません。

ただし、ここでは小さな天使について話していません。守護天使たちのようにもっと重要な役割を果たしている存在について話しています。これは別次元の話です。この深遠なテーマを考察していきましょう。

上位階層について話していますが、それは教皇や司教、枢機卿のことではありません。これから話すことは大天使の話です！　本当に大切な存在です！

天使は存在しないのでしょうか？　とんでもない、天使たちは存在します！

天使によってあらゆる悩みから救われたらどんなにいいでしょう！　しかし残念ながら、現実の世界では誰も助けに来てはくれません！　天使も大天使も、宇宙船も政府も、叔父も、誰もあらわれません！　それに、最終的に彼らが私たちを救うとしても、私たち自身から、私たち自身の間違った決断から救うだけなのです！　それならば私たち自身でそれをやったほうがよいかもしれません！

しかし、問題はさほど単純なものではありません。なぜでしょう？　私たちに起こることも、考えることも、耳にすることもすべて、自分だけに依存しているわけではないからです。というのも、自分に影響を与える事柄の多くは、個人的なものではなく、集合的なものだからです。

集合的なものとはどういう意味でしょうか？　それは、個人だけでなく人類全体、この場合は人間に関係する現実を意味します。

ジークムント・フロイトの偉大な一歩が無意識を発見したことだとすれば、集合的無意識の次元を特定し、説明したのはカール・グスタフ・ユングです。集合的無意識とは、人類という種全体が共有する一連の精神構造です。そして、こうした現実や構造は、昨日や今日に形成されたのではなく、人類の歴史のはじめから形成されているのです。

なぜそれが形成されたのでしょうか？　それは種の生存のために必要だったからです。先史時代のティラノサウルス・レックスが朝食のため家族全員を襲って殺すようなきわめて危険な世界で、家族や部族がともに移動する種族だけが唯一生き延びることができたのです。

それだけではありません。私たちは、個人を超えて人類の全体を1つの有機体とみなすことができるのです。このように考えると、集合的無意識はこの有機体の自律神経のようなものだといえるでしょう。自律神経系の制御と同じく、集合的無意識の制御も限られています。集合的無意識から自分自身を切り離すことはほぼ不可能です。

しかし、この集合的無意識の構造に気づくという重要なチャンスがあります。

この集合的無意識が自分の成長や充足感、幸福感を決定し、最も相応しい人生を生きていくための一助になります。

アークエンジェルのあらゆるE／Vは、この集合的次元を表しています。

実際のところ、大天使たちは私たちがイメージするような高次元に導いてくれることはありません。けれども、大天使たちはより深い内面へ、意思決定を下す、もしくは影響を受けるような心理的な構造の内側へと導いてくれるでしょう。

そして、人類の夜明け以来、まさに人類に寄り添ってきた色とりどりの光が驚くべき結果をもたらしてくれるのは、そのような集合的な現実世界とともに大天使が存在しているからだといえるでしょう。

どうやってそれが成されているかは誰にもわかりませんが、私たちの生体内には、神経系やホルモン系のレベルではなく、もっと基本的なレベル、つまり細胞そのもののレベルで維持されている情報の流れがあることは間違いありません。

そして、ＢＬＰはまさにそこに作用するのです。

私たち生物の個体としての歴史をたどっていくと、すべてがたった１つの細胞から発展していることがわかります。この最初の細胞で一番強い条件づけ（遺伝的な条件づけ）がおこなわれるのです。それ以降、こうした条件づけは徐々に減少してきます。


集合的意識の次元においても同じことがいえるでしょう。

細胞レベルでの条件づけが最も強く深いものなのです。ＢＬＰは共鳴現象を通じてそこにはたらきかけることができます。


なお、ＢＬＰでは、大天使の名前を女性名で呼んでいます。一般的には天使は男性名で呼ばれており、オーラソーマのイクイリブリアムボトルでも男性名で表記されています。しかし本来天使には性別がありません。そのバランスを取るため、そして大天使セットの役割は女性をエンパワーメントする意味合いが大きいことから、ＢＬＰでは大天使を女性名で呼んでいます。

◈イクイリブリアム／バイアル94　ペールブルー／ペールイエロー　大天使ミカエラ（ミカエル）

それでは、Ｅ／Ｖ94番、ペールブルー／ペールイエローを見ていきましょう。

Ｅ／Ｖ94番ははじめての大天使ボトルであり、最初にあらわれた大天使がミカエラです。

このE／Vは、どのような集合的体系を示しているのでしょうか。また、BLPを使って具体的にどのようにはたらきかけるのでしょうか？

教え子のひとりであるエヴァの話をしましょう。

医師であるエヴァは、ホメオパシーを学びながら、色と光のワークに徐々に興味をもちはじめ、すっかり魅了されました。今日ではBLPのワークを医療の仕事に取り入れています。

ただし、彼女はちょっと変わった人でした。とんちんかんな質問をしたり、時々誰の目にも明らかな問題について意見が合わず、ある意味「あまのじゃく」のような行動を取ったりすることもあります。

BLPのレベル1では、エヴァは第3チャクラと第5チャクラのエネルギーバランスがひどく崩れていることに気づきました。実際に声がかれたり、胃が痛んだりすることがよくあったそうです。

イエローとブルーは、この2つのチャクラに対応する色です。私たちはE／V8番アヌビスでこのことを知っています。アヌビスではイエローが上、ブルーが下になっています。エヴァはE／V8番にはほとんど反応を示しませんでしたが、94番には強く反応しはじめました。

ご想像のとおり、バイアルの光を通して体に照射するだけでは効果がありません。色と光のワークは適切な構造と状況で使用されなければなりません。そして、BLPで幅広く学んだストラクチャーのなかで、エヴァにとって一番よい結果が得られたのはE／V94番を使ったワークでした。

ＢＬＰのアドバンスコース（レベル３及びレベル５）では、とても強力なエネルギーストラクチャーが伝授されます。彼女はコースのなかで人生を大きく変え、長い間抱えていた苦しみから解放される気づきのきっかけを得ることができました。

コースの終わるころに、エヴァは勇気を出して自分の話をしてくれました。家族のなかでも学校でも大学でも、どこにも自分の居場所がないように感じていたことを思い出したのです。エヴァに言わせると、まるで自分だけが周りの世界に属していないように感じていました。

また、すぐに他人と意見が合わなくなり、言い争ったり、口論になったりしていました。何事も思いどおりにいかないことばかりでした。何でもないことで誤解が生まれて、すぐに批判されたように感じていました。恋愛でさえ自分が感じていることを表現するのは難しく、自分を理解してもらうのはさらに難しい、と感じていました。

「いつも川の流れに逆らってボートを漕いでいるような感じだったのです……」と彼女は言いました。

ＢＬＰの最初のセッションの後、エヴァは何年も眠っていなかったかのようにとても疲れを感じました……。しかし、時間が経つにつれて体調は徐々に回復し、ゆっくりとリラックスして元気になっていきました。

ある夜、特別な夢を見ました。夢のなかでエヴァはネイティブアメリカンの少女でした。ある時、川で服を洗っていました。少し目を離した瞬間、洗っていた服の1枚が手から滑り落ち、川の向こうへとゆっくり流れていきました。彼女は服を濡らしたくなかったのですぐに服を脱ぎ捨て裸になり、流れた服を取り戻すために川へ飛び込んだのです。

しばらくして、服に手を伸ばしそれを掴み取ると、川の流れに逆らって泳ぎながら戻りはじめました。しかし、泳いでも泳いでもなかなか前に進みません。エヴァはずっと同じ場所にとどまっていたので、だんだん疲れてきました。やがて、疲れや絶望のあまり泳ぐのを断念して、川の流れに沿ってただ流されることに身をゆだねました。

そして、エヴァは川の流れるままに流れていきました。しばらくすると美しい色とりどりの花のなかを流れていき、川のほとりには、過去に出会った人たちが遠くから愛にあふれた表情で微笑みながら彼女を眺めているのが見えました。

その夢のなかで、これまで感じたことのない愛の感覚を感じたと語りました。そうして彼女は突然目が覚めました。

それからというもの、奇跡が起きたかのように、彼女の人生のすべてが変わりはじめました。エヴァはこう続けます。

「私は与えられた愛にただ抵抗していたのだ、と気づきました。理由はどうか聞かないでください。私はいつも周囲の人たち、あらゆる人から距離を置かなければならないと思っていました。でもいまは違います。私は安心してオープンに人々を受け入れ、物事や感情の流れにゆだねることができ、全体の一部になる準備ができています。光と色、皆さんのおかげです」

エヴァはこう語ると、その場にいた人すべてに対する感謝の言葉で話を締めくくりました。

私たちの個性をすべてに統合するという大きなテーマ、自分ではコントロールできない人生の流れのなかに身をゆだねるために個人のエゴやアイデンティティーを手放す勇気は、このE／V94番の大きなテーマのひとつであり、人間の意識の進化に不可欠なステップです。

これらの問題に対して、実際にBLPを使ってどのように取り組むことができるでしょうか？

集合的なテーマに関しては、このテーマは広範囲に及ぶため、個々のケースごとに異なったアプローチができます。そのため、最も明確に表れている問題からはじめるべきです。

チャクラのアンバランスでしょうか？　マヤンゲートの痛みでしょうか？　クライアントが訴えている特定の症状や状況などでしょうか？　まず明らかとなっているものからはじめましょう。

◈イクイリブリアム／バイアル95　マゼンタ／ゴールド　大天使ガブリエラ（ガブリエル）

私たちはこの大天使ガブリエラを「BLPの大天使」と呼んでいます。

この世を照らす光の生誕を告げるために人智を超えた神秘からやって来る光の使者、大天使ガブリエラは、善き知らせを伝えるためにあらわれます。人類は進化を遂げて目覚める準備ができると、内なる光の存在による啓示を喜んで受け入れます。神聖な愛はあらゆる人に与えられているのです。呼吸する空気のように神聖な愛は至るところに遍在しているのです。

いつどこで愛を見つけられるのでしょうか？　神聖な愛は日常のささやかなことのなかにあります。それを心にとどめておいて、自分の光の神殿、黄金の領域で神の愛を喜んで受け入れることが必要なのです。そうすることではじめて、私たちの人生は自分の潜在能力を実現できる錬金術の研究室となります。

私たちは、目標、計画、アイディア、信念、倫理観などに従って人生を生きています。そして誰もが一日の終わりには、多少なり自分で設定したことを達成することの難しさを感じるものです。

「そもそも思いどおりにいかないのは、なぜだろう？」という疑問が頭をもたげます。なぜ誰もが潜在的な可能性を存分に発揮し、生きることができないのでしょう？　他人のせい？　お金や時間が足りない？それともこれらすべてが足りないのでしょうか？

私たちは、自らの意思であろうとなかろうと、つねに自分の運命のつくり手なのです。さまざまな形で外側の世界から影響を受けたとしても、変化は内側からしか生まれません。

「仕事とプライベートのバランスを取りながら自分を愛してくれる人や親しい人と一緒に、有意義な時間を過ごしたい」

新年を迎えるのにふさわしい決意です！

その後、どうなりますか？　「すぐ応じなければならない」電話や「とても大事な」約束、納品しなければならない仕事、読み終えなければならない本、というふうにやるべきことが際限なく続くでしょう。そうして大天使ガブリエラがあらわれます（また別の中断が入ります！）。

大天使ガブリエラは、聖母マリアに受胎告知をし、マホメッドにイスラム教の経典であるコーランを啓示しました。

大天使ガブリエラによってどのようなメッセージが伝えられるのでしょうか。私たち人間にとってそれはとても重要なことです。

大天使ガブリエラはとても遠くから、私たちのところに直接やってきます。直接私たちのなかにあらわれて、理想や概念、運命のような、とても遠くにあるものを私たちの身近なものと統合する手助けをしてくれます。

それはマゼンタが象徴する、私たちの上にある「高次の意識」と、私たちの内側にあるゴールドが提示する「自分の人生をコントロールする（コントロールするべき）意識」を統合する手助けをしてくれるのです。

人生をコントロールする力を取り戻したいのなら、自分の内側にある神聖な黄金の領域を培っていかなければなりません。

この黄金の領域は、私たちの心に話しかけています。けれども、私たちはそのささやきに耳を澄ますことができません。

ですから、その領域にもっと耳を傾けるためには、今までとは異なった、より深く意識的な呼吸を実践しなければなりません。

より適切な呼吸を心がけることで、マゼンタが「高次の意識」だけでなく、「小さきもの」の細部をも照らしていることを思い出すことができ、マゼンタをより明るく輝かせることができます。

全体を構成する小さきものの細部にまで注意を向けることができるようになればなるほど、内なる叡智が高まり、魂の目的を実現し、あらゆる面で調和するようになります。そして、もっと謙虚になり、優しく思いやり、愛情深くなります。自分の価値観により注意を払い、他人の意見や人生に目を向け過ぎることがなくなり、無意識の欲望に駆られることが少なくなっていきます。

そうして人間による素晴らしい錬金術が光り輝くでしょう。

オーラソーマでは、この数字は「9」と「5」で構成されます。

数字について考察すると、「9」は全体性と鏡を表し、「5」は人間を意味します。すなわち、人間は大いなる鏡にその全体像を映し出される、という意味をもちます。

大天使ガブリエラは、私たちが自分自身を鏡に映すことができるように光をもたらしてくれるのです。

◈イクイリブリアム／バイアル96　ロイヤルブルー／ロイヤルブルー　大天使ラファエラ（ラファエル）

ラファエラは癒しの天使であり、ロイヤルブルーに身を包んだコズミックドクターです。ロイヤルブルーは、自然界ではなかなか目にすることのできない特別な色です。ロイヤルブルーは明るく晴れた日の黄昏時や、夜明け前の瞬間の色です。

その色は、移り変わる瞬間であり、昼から夜に向かって深い眠りに落ちる時、夜から昼に向かって朝方に目覚める時、いずれの時間帯でも眺めることができます。

このボトルでは上下が同じカラーになっていることから、テーマがより強化されています。ボトルの上下層が同じカラーの場合、一般的な傾向として混乱が生じやすく、葛藤の調和的解決が難しくなります。

それでは、まるで「負け犬」のようなかわいらしい少年、ラファエルくんのお話をしましょう。

彼はマリファナを常習的に吸っていましたが、それは彼を「負け犬」から脱却させて幸せになる助けにはなりませんでした。

子どものころ、ラファエルは美声の持ち主だったため、聖歌隊で歌っていました。歌のレッスンも受けましたが、しばらくするとレッスンについていくことができなくなってしまいました。その後しばらくギター、ピアノ、ドラムといった楽器を少し演奏してみましたが、特に夢中になることもなく、どれも長続きしませんでした。学校では数学以外の授業は退屈だったため、やがて勉強に関心がなくなっていきました。

両親は、そうした息子の様子に満足していなかったのです。

母親は数年前から私（ロバート）のクライアントであったため、私が彼女の信頼を得るのに十分な時間がありました。母親はためらいながらも私のもとに息子を連れてきました。

ラファエルの顔にある退屈でやや嘲笑的な表情を目にした時、私はすぐにこれはホメオパシーのケースではなく、何か別のものであるとわかりました。彼がはまり込んでいる井戸の底から引き揚げ、再び日の光を見せてあげるようにしなければならないと感じました。


そこで、オーラソーマセットのボトルの前に彼を連れていき、イクイリブリアムを、1本のボトルを選ぶように言いました。さて、どのボトルを選んだのでしょうか？

それは96番の大天使ラファエラでした。もちろん彼はこのイクイリブリアムの名前が自分と同じ「ラファエル」であることを知りませんでした。

このイクイリブリアムが自分の名前で呼ばれていることを知って、ラファエルはとても感動しました。私がその意味や可能性、困難について話しはじめると、彼が表情を変えるのにさほど時間はかかりませんでした。ラファエルは私の一言一句に耳を傾けているかのようでした。

その後、ＢＬＰを使って20分のワークを施しました。その後も継続して週に1回のセッションをおこないました。毎回イクイリブリアムを選んでもらったのですが、決して同じものではなく、その意味や困難な点などを話し合ってから、そのボトルと同じバイアルでＢＬＰのワークをおこないました。

半年後には、彼は別人のように変わりました。

非常に重要な点は、彼がマリファナを吸うのをやめたことです。

最初のセッションで私は、イクイリブリアム96番の明晰さを彼がまったく表現できていないのは、彼の心の明晰さの欠如を反映しており、その多くがマリファナの喫煙習慣からきていると説明しました。当初ラファエルは信じられない様子で話に耳を傾けましたが、3か月後には完全にマリファナをやめていました。

この数か月間ラファエルの変容を見るのは、素晴らしいことでした。BLPを使ってワークすることでラファエルは明るく輝き、髪型やファッション、全体的なルックス、そして何よりも習慣が徐々に変わっていきました。

古い友だちはがっかりしてラファエルから離れていきました。けれども、ラファエルは寂しくありません。新しい友だちを見つけました。それだけではありません。そのころには高校で一番可愛い女の子と付き合うことになりました。

学問のレベルにおいてもそれはまったく別の話になりました。そしてそうです、さらに音楽です！　新しいガールフレンドの父親がミュージシャンだったことから、彼は歌をはじめるようすすめられたのです。ラファエルにとってそれは容易なことではありませんでした。そして周囲の人々は彼に何が起こったのかまったく理解できませんでした。

私は月に1回くらいのペースでラファエルに会っていました。そしていつもどおり同じワークをおこないました。主に子育てのようなことをしていたのです。

ラファエルのイクイリブリアムは「迷い」についてのテーマがある時や、理解されない思春期の若者によく選ばれます。

親も先生も、彼らが納得のいく答えはもっていません。彼らは賢く繊細ですが、いともたやすくドラッグなどに手を染めてしまい、それは何の助けにもならないのです。

光と色のエネルギーは、頭のなかの霧を取り除き、自分の潜在能力や意識に対して「目覚める」手助けをしてくれます。彼らは自分の道が見えないことがよくあり、自ら道を切り拓くため勇気を得る必要があります。

私たちは10代の若者を助けることができるのです。

◈イクイリブリアム／バイアル97　ゴールド／ロイヤルブルー　大天使ウリエラ（ウリエル）

大天使ウリエラ。このボトルは1996年に生まれました。けれども正直に言うと、最初に名前を聞いた時はその存在さえ知りませんでした！

今日では事情が変わり、誰もがウリエラのことを知っています。「まあ、あなたは大天使ウリエルを知らないのですか？　それは残念ですね」と言われるような、まったく別の時代に私たちは生きているのです。

1996年当時には、ウィキペディアはありませんでしたが、大天使ウリエラについて一般的に述べられていることに興味があるなら、ウィキペディアのページをご覧ください。私たちの考えに興味があるなら、このまま読み続けてください！

冗談はさておき、ウリエラのメッセージは、さほど笑えるものではありません。私の見解では、大天使のなかでも、私たちの人生に及ぼすその影響力は計り知れないものがあるかもしれません。

一般的に大天使のエネルギーは、ポジティブな破壊力としてあらわれるといえます。それにはつねに慈悲深い目的があります。私たちが偽るものではなく、自分たちは何者なのかということに日覚めさせるのです。

大天使ウリエラのエネルギーを自分の内側にうまく統合しているなら、あなたの人生が目覚める方向に進んでいるということです。それは言い換えると、あなたは何者にでもなれるということなのです。イクイリブリアムの下層部のロイヤルブルーがそれを象徴しています。ロイヤルブルーはあなたの深いところにあるモチベーションに対応しているのです。

その一方、ゴールドはさまざまな古代からの深い叡智によってしっかりと導かれている人生を示しており、それはあなたの意識を司っています。このコンビネーションは、そのような潜在的な可能性を発揮することを表しています。

ウリエラの名前を調べると、語源レベルでとても興味深く、意義深いことに気づきました。

ウリエラという名前には2つの重要な要素があります。ドイツ語で1つは「古代、先史時代、起源」という意味の音節「*ur*」、もう1つは日本語で「いいえ（*No*）」を意味する音節「*ie*」です。

ウリエラは私たちのDNAの奥深くに刻み込まれている「根源的な*No*（否定）」に目覚めさせてくれます。それは宇宙の法則と調和に従うことへの「ノー」、目覚めることへの「ノー」、深い眠りから目覚めまいという頑な信念、そして「常識」という最も基本的な形の知恵にさえも従わないということです。

大天使ウリエラとこの2つのカラーの組み合わせは、私たちに向かって大きな声で叫んでいます。「目を覚ましなさい！　何度同じ失敗を繰り返すのですか。いつになったら最低限の自尊心をもち、誰かの許可を求めることなく、教養に従うのでもなく、たとえ大きな恐れがあったとしてもただ自分自身に従うという意識的な方法で、ほんのわずかな一歩でも自分の人生を意識的に前進させることができるようになるのですか？」

では、やってみましょう。

私たちにとって小さな一歩は、人類にとっての大きな一歩です。すると、やがて周りが必然的に騒がしくなります。親戚はもちろんのこと、友だち皆（ほとんどの人）が、私たちに対して「気が狂っている」、「頭がおかしい」と言い、他の人も賛同します。「何がやりたいんだ？　仕事を辞めて学校に戻るって？　本当に君は……？」、「どこに行きたいんだ？　井戸を掘るためにアフリカへ行くって？　でも君は……？」、「ギターを買ってドアーズの曲が弾けるよう練習しているって？　鏡を見たことある？　年齢を考えたことがある？　でもあなたは……？」といった質問を投げかけられます。

一方、ウリエラのメッセージは明快です。

「自己に内在する深遠な次元に目覚めて、あなたの叡智の光に従いなさい」

そこは、誰もあなたに助言したり、評価したり、判断したりすることができないような、深遠で親密な次元なのです。

必要な勇気を見つけるのはあなたの責任です。その勇気を見つけると、やがてあなたをサポートする大天使のパワフルな恩恵がわかります。そして、時にはゴールが遠くて手が届かないように見えたり、乗り越えられない障害があったりしても、一瞬目を閉じれば、唯一無二の永遠不滅の神殿、すなわちあなたの心のなかに内在する神殿のなかに、目覚める力や古代の叡智を見つけることができるでしょう。

◈イクイリブリアム／バイアル98　ライラック／ペールコーラル　大天使サンダルフォナ（サンダルフォン）

マ・プレム・カヴィーシャ[註1]に捧げます。

この色の組み合わせは、子どもに関係する2つ目のイクイリブリアムです。スターチャイルドのもっと深いレベル、つまり子どものためのイクイリブリアムと考えられます。

子どもの性格と人生を決定づけるものは何でしょう？

子どもには満たされなければならないニーズがたくさんあります。それは何よりも子どもたちが必要とするものです。こうしたニーズがずっと満たされなければ、その人は残りの人生で足りないものを抱えたまま、子どものころに満たされなかったニーズを何らかの形で満たそうとするでしょう。ところが、実際にはすべてが無意識の奥深いところで起こるのです。

大天使サンダルフォナは、2つの主要なテーマについて考えさせてくれます。1つは、生まれながらにしてもっている「愛したい」、「愛されたい」という欲求です。もう1つは、その必要性を理解することで

註1　マ・プレム・カヴィーシャは1992年にガーラとロバートにオーラソーマを紹介した、アメリカの偉大なタントラの教師です。マ・プレム・カヴィーシャが肉体を離れて光に還った日とこのボトルの誕生日が重なったことから、このイクイリブリアムを彼女に捧げました。忘れられない愛すべきカヴィーシャに感謝します！

あり、安心感を与えてくれる世界で自分が全体に溶け込んでいると感じることが必要です。それは言い換えると、私たちの「神」の必要性です。
しかし残念ながら、私は神を創造したのは人間であって、その逆ではなかったと確信しています。世界はあまりにも広大で不可解なため、ひとりの人間がリラックスして安心感を得ることが難しいと思われます。

子どものころに自分のニーズがすべて満たされるような経験は、誰ももっていません。これはほぼ不可能なことです。特に子どもの成長は、相反するニーズが生じる自然な葛藤のなかで促進されるからです。私たちは変化や刺激と同じくらい、安心や安らぎが必要です。自分よりも大きなものの一部であると感じる必要があり、同時に個人としての自分自身を感じる必要があるのです。このバランスを完璧に取るのはほぼ不可能であり、必然的にギャップはあったはずです。

特にサンダルフォナのE／Vには、きわめて大きな可能性があると考えられます。この2つのカラーは私たちの体のなかで最も広い領域に対応しています。第2チャクラの領域であるお腹全体の領域、そして私たちに意識の拡張のためのより多くのスペースを与えてくれる第7チャクラの領域、つまり脳の領域、心の領域、無限の空間の領域です。
この色の組み合わせに共鳴するクライアントは、何よりも明確さを必要とします。

この98番のE／Vを使用することで、長年にわたって顕在化してきた不要なエネルギーを解放し、クライアントに明快さや洞察力を取り戻すことができます。

なぜ人は自分のニーズを満たせないのでしょうか？　お金が足りない？　実現する可能性が低いから？

いいえ、足りないものは明確さです。

普通の人（私も含めて）は、自分のニーズに対する認識は非常に限られています。一人ひとりにはさまざまなニーズがあり、ニーズの強さも異なるため、そうした心の混乱が自然な状態でもあるのです。

だからといって、自分の望みがわからなければ、どうやってそれを実現できるのでしょう？

次のとおり3段階のプロセスでおこなわれる解決策について説明します。

ステップ①　自分のニーズを明確にする

ステップ②　明確にしたニーズに優先順位をつける

ステップ③　行動と意思決定を優先順位に合わせる（あらゆるレベルで成長するためには、行動とニーズを調和させることが重要な鍵となります）

◈イクイリブリアム／バイアル99　ペールオリーブ／ピンク　大天使ザドキエラ（ザドキエル）

古典的なユダヤ教の世界では、ザドキエラは赦しの大天使です。また、自分の息子を生け贄に捧げることからアブラハムを救った大天使です。

『旧約聖書』を読むと、中東には当時も現代のように狂信者がいたことがわかります。中東ではなく、「狂信者の国」と呼ぶべきです。まったく、信じられません！

狂信に走るのではなく、これらの人々は本当に癒しを求めています！　いますぐに！

パレスチナにはオリーブの木がたくさんありますが、平和とはほど遠い状況です。

残念ながら、私たちはそのことを忘れてしまっています。しかし外側も内側も本来は同じです。

世界のすべての紛争は人類の内なる葛藤の鏡に過ぎません。私たちの進化の欠如、愛とやさしさと寛容の精神の欠如が、あらゆる紛争の根源に存在しています。そして、私たちはその一部なのです。

誰もが実際的な仕事で世界平和に貢献できるわけではありませんが、それでも一人ひとりが自分なりに貢献することはできます。

世のなかに足りないのは、女性性のエネルギーです。このE／Vから、そうしたメッセージがはっきりと伝わってきます。

オリーブグリーンは淡い色味のトーンで表現されており、この女性性のエネルギーを世界の然るべきところに与えることの難しさや葛藤を表しています。

ザドキエラは、ピンクで表現される適切なグラウンディングや思いやりに支えられているため、「啓発された」女性性のエネルギーを宿しています。というのも、女性性のエネルギーはその他のあらゆる特性と同様に、量だけでなく、何よりも質が大切なのです。

車のなかで、ある2人の友人が街の地図を読むことができず、ショッピングセンターを探し求めて無駄な時間を過ごしています。ちなみに彼女たちはＩＭＦの専務理事を務め、世界で最も重要なポジションに就任し、素晴らしい形で女性らしい資質をうまく表現しているクリスティーヌ・ラガルドと同じく、女性の特徴を表しています。

昔ながらの女性の役割を超えて女性性を新たな高みに引き上げるのは、女性の責任です。

私たちがＢＬＰの光のワークでサポートするよう求められているのは、まさにこうした一人ひとりの進化のプロセスです。特に女性が、女性に対して敵対的になりがちな世界のなかで探求を続けていくためには、それを周りの人たちにサポートしてもらう必要があります。というのも、そうした世界では、消費者や召使いのように服従する人だけを温情的に受け入れるだけで、それ以外の女性を可能な限り差別するからです。

神聖幾何学のストラクチャーを用いてピンクとペールオリーブの2色をハートに対してはたらきかける

と、新たな悟りを開いてハートで表現することや、その表現を支えるために必要なエネルギーをサポートすることができるのです。

ハートはひとりで力を発揮することができません。そのため、第1チャクラは不可欠なものとなります。全身の臓器のなかで最もエネルギーを必要とするのが心臓なのです。

また、この色の組み合わせは、特に心臓のあらゆる健康状態に適しています。

さらに詳しく知りたい方には、BLPのプラクティショナー認定コース・レベル4（色と光の身体）の受講をおすすめします。

それでは、ピンクをどう使えばいいのでしょうか？

ピンクを使用すれば、まず第1チャクラにはたらきかけることができますが、それだけではありません。これは古代のアーユルヴェーダでも説明されている、背骨に沿って流れるさまざまなエネルギー（スシュムナー、イダー、ピンガラ）を統合する「ツインフレーム」構造に対して使うことができます。

このテクニックを応用し、ピンクを使って背骨にはたらきかけることは、燃え尽き症候群を避けるための貴重な助けとなります。つまり、女性は男性と同じくらい敏感であるためです。

また、このE／V99番は「愛の新しい始まり」というE／V21番を想起させます。ある意味でこの99番は21番の強烈なバージョンであり、特に女性性に関係するバージョンです。

◈イクイリブリアム／バイアル100　クリアー／ディープマゼンタ　大天使メタトロナ（メタトロン）

このイクイリブリアムの一部分（クリアー）は「新時代チャイルドセット」の一部でもあります。この2色は古代から人間のさまざまな側面に深く結びついている色の組み合わせです。善と悪、光と闇、昼と夜、意識と無意識、天の高さと地の深さなど、挙げればきりがありません。

このE／Vの下層部のマゼンタは、不可解で神秘的であり、ほとんど黒に近い色です。そして、この神秘的な暗闇は、上層部とのコントラストや、上層部のクリアーの透明さによって色の暗さがより一層引き立ちます。

無意識の次元を発見したことは、心理学史上最も重要な発見であったといえるでしょう。生体内の生理学的プロセスの大半は、自分の知らないところでおこなわれています。そして、これは私たちの脳の心理的プロセスにもあてはまります。

胎児は母親の胎内で成長する間に、人類のあらゆる進化的な状態を体験します。そして、このような経過を通して、人間の神経系統は絶えず進化しており、すべての人間の脳のなかで、進化の歴史と記憶が書き換えられています。さらに人が生きている間、ほとんどの場合、1分1秒ごとに脳は膨大な情報を記録し、知らず知らずのうちに永遠に保存しています。ただ、保存しているからといっても、あらゆる情報にアクセスできるわけではありません！

グーグルやフェイスブックは何か新しいものを発見したわけではありません。私たちの体と同じシステムを使っているだけなのです。私たちの脳はより高いレベルで生存や状況への適応、自分自身と他者の進化の可能性を保護し、向上させています。

一般的に、無意識とはネガティブなものであり、私たちの知らないところで私たちの精神を乗っ取り妨害する隠れたモンスターであると考えられています。これも事実です。しかし、それだけではありません。無意識のなかには、膨大な情報や可能性が含まれており、適切な手法を用いれば、それを活用することができるのです。

無意識のなかにこそ、私たちの驚くべき資源が眠っており、私たちがそれを発見するのを待っているのです。無意識のなかでは、経験、知識、実績、そして大きなエネルギーが私たちをゴールに導くために待ち構えています。

しかし、ほとんどの人は意識のなかにあるこの巨大な富のほんの一部しか使わずに、そのゴールに到達することだけにこだわっています。そのため、たとえ膨大な努力がなされていたとしても、ほとんどの人が自分の望む結果にたどり着けません。

人間は大宇宙のなかの小宇宙に他なりません。

外側の世界では、意識の次元に相当する空の光と空気がなければ、私たちは生きていけません。

同じことが、無意識の次元に対応する地球の内側の世界にもあてはまります。石油、金、銅、カドミウムなどの内部資源があるからこそ、人類の黎明期に洞窟から外に出ることができたのです。

実際に、無意識の資源につながることができなければ、健康で幸せでバランスの取れた人生を実現することはできず、不安や恐れを抱え、優柔不断さに永遠に悩まされることになります。

BLPを使用してこの資源につながりやすくするには、どうすればいいでしょうか。

プレナタル・コンステレーションと神聖幾何学の神秘的なストラクチャーを特別な方法で組み合わせて使います。神聖幾何学は私たちの内なる神殿のシンボルであり、今日まで安定した堅固なものとして存在している大聖堂にも組み込まれています。

忍耐強く繊細なワークをおこなうことで、私たちも自分自身のなかに巨大な大聖堂を立てることができます。それは瞑想、悟り、内省の場であり、私たちの無意識の資源をますます活用し、理解することができます。それは私たちの人生のあらゆる側面において相対的な利益をもたらします。

無意識を意識の光で照らし、無意識の豊かさをポジティブに拡大させることが、この色の組み合わせのメッセージでもあり、約束でもあります。

◈イクイリブリアム／バイアル101　ペールブルー／ペールオリーブ　大天使ヨフィエラ（ヨフィエル）

これは強烈なダイナミクスのE／Vです。すべての色の組み合わせにいえることですが、イクイリブリアムに含まれる光が多ければ多いほど、明るい色になればなるほど、ソフトなパステルカラーになるにもかかわらず、そのダイナミクスはより強く、強烈になります。

では、大天使ヨフィエラのE／Vの活力にあふれたパワーとは何でしょうか？　私たちの集合的無意識のどの側面に関連しているのでしょうか？　そしてこの2色のパワーをどのように活用すればよいのでしょうか？　大天使ヨフィエラは人類に何を語りかけているのでしょうか？

色彩を徹底的に理解することで、簡略化したコードを使うことができるのもメリットのひとつです。色というキーを扱うことで、複雑な問題を理解し、その結果として正しい行動を取ることができるのです。それは、個人の人生だけでなく、宇宙、太陽系、地球、国、都市、家族といったレベルで、自分の世界を動かしている原動力にも影響を与えています。

21世紀の大きなテーマは何でしょうか？　中国の台頭やインターネットの出現でしょうか？　新興国の工業化でしょうか？　それともグローバリゼーションでしょうか？　いいえ、違います。

21世紀の大きなテーマは、社会における女性の役割の変化です。

第三のミレニアムは、中国でもコンピューター化でも新興国でもありません。もちろん、これらはすべて起こるでしょう。ただし、そうしたことは女性の力を発揮して社会を変革するという、その他の基本的なことに比べれば、はるかに小さいものです。

このE／Vは、女性の力そのものではなく、まさしくそのような力の表現について語っています。そして、この力は女性を通じてのみならず、男性の世界における女性の資質を再評価することによって表現されるでしょう。

ではここで、心理テストをしてみましょう。

将軍や士官が全員女性である国の軍隊を想像することができますか？　それは難しいでしょう。でも具体的に想像してみてください。

例えば軍隊の制御室で女性が「あそこを攻撃し、ここを爆撃し、あの船を沈没させ、あそこの旅団をヘリコプターから機関銃で排除して……」と命じるとします。

しかし、このようなことを想像するのは不可能でしょう。なぜでしょうか？　女性の本質に反するからです。

これは男性が引き起こすような紛争で、女性が優れた戦力になれないということを意味するものではありません。

戦争は、女性ではなく、男性がきっかけではじまるのです。

女性的な性質は団結し、合意を形成し、豊かさと成長をもたらす傾向があります。

もし男性だけがこの惑星に住んでいたら、地球はどうなっていたでしょうか。荒涼とした砂漠で戦う少数の男性しか残らないでしょう。

それでは、女性だけで暮らす地球はどんなふうになるでしょうか。豊かさに満ちあふれ、もちろん緑豊かな楽園でおしゃべりに花が咲きます。

女性が抑圧され続け、一日中キッチンにばかり立ち続けるだけでなく、社会のあらゆるレベルで適切な貢献ができない状況が続く限り、現在の世界の紛争は収まらないでしょう。そうした紛争に貢献しているのはどの国でしょうか？　女性を最も抑圧している国です。

そして、これは作り話ではありません。世界で最も権威ある研究機関のすべてが、その国の日常生活で活躍する女性の割合が高いほど、1人の所得、生活の質、そして国の安定と繁栄が高まるという紛れもない傾向を確認しています。これらは重要な要素をすべて組み合わせたものです。

女性のエネルギーを表現するのはなかなか難しいと思います。

何千年にもわたって抑圧され、搾取されてきた女性は、生来の劣等感に悩まされているといっても過言ではなく、それは世代が変わるたびに強化され続けています。男性優位の社会のなかで、表現や参入の障壁を乗り越えて自分を表現することは女性にとって大きな課題です。

しかし、それは男性のようになることや、女性の体で男性的な資質を表現することではありません。ハートに光を与えることからはじめて、あらゆるレベルで女性的な資質を大きな力と決意をもって表現することです。

何千年もの歴史や古くから深く根ざす社会的な構造や条件づけを取り除くために、色と光を使ったBLPというツールほど、適したものはありません。

◈イクイリブリアム／バイアル102　ディープオリーブ／ディープマゼンタ　大天使サミエラ（サミエル）

大天使サミエラのE／Vは、2001年9月11日、歴史を刻む大事件が起こった日に誕生しました。この日のことは何冊もの書物に記されていますが、その詳細についてはここではあえて触れないことにします。

ただし、その日はこのE／Vと本質的につながっているので、それに関して言及すべき理由があります。さらに、大天使たちは私たちを含めてすべての人に影響を与える集合的無意識という深い構造に関係していることがわかっています。

このことを理解するためには、まず過去を振り返ることからはじめます。

具体的には、中世初期の暗黒時代です。中世初期、西洋人はキリスト教徒として、熱意と信念をもって何に取り組んでいたのでしょうか？　それは十字軍です。

宗教の狂信者たち（現代の視点ではそうとしか言いようがありません）は、「われわれ」の聖地を占領した「異教徒」のイスラム教徒、ドゥルーズ派、コプト教徒、ユダヤ教徒などの「くずのような者たち」と戦うために中東、特にエルサレムへ向かいました。

もちろん、そこに住んでいた「異教徒」たちは、自分たちの所有物を奪い、家族を殺す侵略者を忌み嫌いました。そしてその地では、血で血を洗う戦いが繰り広げられていたのです。

もしあなたなら納得できますか？　想像してみてください。

ある日、オリーブの木立のなかを穏やかに歩いていると、遠くから武装兵の一団がやってきて家を襲撃し、娘たちを強姦し、息子たちを殺しているのを目の当たりにします。そして自分だけが奇跡的に救われます。

あなたはどんな気持ちになりますか？　後になってこの侵略がすべて「神」の名のもとに起こったことだと知ったら、あなたはそのことについてどう思いますか？

実は、このような状況は数十年どころか何世紀にもわたって続いています。

実際にこの十字軍はなぜ起こったのでしょうか？　信仰のあらわれだったのでしょうか？　宗教への熱狂的信仰だったのでしょうか？　当然ながら、そうではありません。

十字軍は精神的に病んだ少数の宗教的狂信者たちと、当時の権力者たちによる非常に邪悪な陰謀によって仕組まれたものでした。いわば宗教的な力と世俗的な力です。

ですから「神」とは何の関係もありません。これは史上最大の「なりすまし」事件です。神の名のもとにおこなわれる果てしなく続く犯罪なのです。

それでは、9月11日にはいったい何が起こったのでしょうか？

時を超えて亡霊が戻ってきたのです。クローゼットのなかの骸骨が目を覚ましました。実はしばらく前から起こっていたのですが、私たち西洋人はそれに気づかなかったのです。いわゆる「反十字軍」です。宗教的な狂信者たちは西洋人と戦い、占領している土地を解放し、この社会を破壊するために再び「神」の名のもとに遥か彼方からやって来たのです。

そして、この宗教的狂信の亡霊は誰によってもたらされたのでしょうか？

それはいつの時代でも変わらず、宗教や世俗の権力者たちです。ただし、今回は世界の別の場所からやって来ました。

1930年代初頭、他の部族と戦うサウード家を支援したのはイギリスでした。イギリスが彼らを勝利へと導きました。そうして誕生した「サウジアラビア」という国名は、一族の名前に由来するというわけです。イタリアが「ヨーロッパのアニェッリ」と呼ばれるようなものです（アニェッリ家はイタリアの名門財閥一族であり、フィアットの創業者一族）。

暴力以外に権力を維持する正当性がなかったサウード家は、承認を必要としていました。そして彼らはそれを宗教のなかに見出し、イスラム教のスポンサーになったのです。

イスラム教の問題は、それが実際には非常に柔軟な宗教であり、スーフィーと呼ばれる神秘主義者から厳格派のサラフィー主義の狂信者まで、さまざまなレベルの解釈がある点です。そのため、サウード一族はすべてのイスラム教を支持することはできず、多くの宗派のなかから1つを選択しなければなりませんでした。彼らはそのなかでも最も純血主義的であり、厳格で時代に逆行する狂信的なものを好んだのです。

そしてサウード一族は、この宗教をオイルマネーでイスラム世界全体に広めはじめました。

その子孫のひとりがビン・ラディンでした。ビン・ラディンは実際に宗教、政治を支配する一族、サウード家の息子だったのです。


十字軍はどのくらい続いたのでしょうか？　何世紀にもわたります。イスラムの狂信とテロリズムにも同じことがいえるかもしれません。

世界中のイスラム教徒の意識がこの不条理な陰謀から抜け出すまでには、かなりの時間がかかるでしょう。

しかしながら、ろくに食べられず読み書きもできない人が爆弾ベストで自爆したところで、天国に行けないどころか、とてつもない苦しみしか生まないことを、どうしたら理解できるのでしょうか？

そのような人々に食事を与え、教化ではなく教育を施すことで、何かが変わるかもしれません。

サウード一族は、「暴力によって手に入れたものを同じ方法で維持する」とつねに言っているのです。

かつてヴェネツィアの港で、彼ら一族の誰かが所有するヨットを見たことがあります。クルーズ船が停泊している場所に係留されており、とても大きなヨットでした。このような財力は、そう簡単には手放せないでしょう。

イスラム狂信者の後進性について議論することは役に立ちません。私たちヨーロッパ人でさえ、何百年もかけて宗教的な影響から少しずつ解放されてきました。

大天使サミエラのイクイリブリアムは、宗教的な影響という人間の魂のなかにある深淵を照らし出しています。そして、この影響で最も犠牲になっているのは誰でしょうか？

それは女性です。女性原理です。イスラム世界では女性たちがどのような立場にあるのか、カトリック教会が何百万人の女性を火あぶりにしたのか、私たちはそのようなことがおこなわれていたことを知っています。

上層部はディープオリーブグリーンです。オリーブグリーンは卓越した女性原理の表れです。下層部のマゼンタでは、高次からの愛、霊性の次元、母性原理、あらゆる小さなもののなかに神聖な存在が宿ることを表しています。

この色の組み合わせが最高の形で表現されると、創造物を尊重するという原則にしっかりと根ざした人生となり、女性原理の最高の表現である豊かさ、平和、繁栄というものが体現されるようになります。

大天使サミエラの最高の表現においては、私たちはもはや宗教について語ることはなく、宗教性、信仰心についてのみ語るようになるでしょう。私たちに与えられたこの素晴らしい人生への大きな感謝と尊敬の念だけを語るようになるでしょう。

やれやれ！　最終的に私たちにふさわしい地上の楽園を創造することのできる高次の意識状態から、どれだけ遠く離れているのでしょうか！　それどころか、いまだに宗教的な陰謀が多く繰り広げられ、あらゆるレベルの暴力が、はばかられることなくおこなわれています。

このようなダイナミクスは、どのように個人と関係しているのでしょうか？

個人レベルでは、この組み合わせの闇は、その人の無意識のなかにある集合的な構造によって条件づけられているため、本人すらその原因がわからずに、気分で表現されることもしばしばです。

自分のことを「醜い」と思っていて（客観的にはそうではなく、むしろその逆かもしれません）、女性的なエネルギーを表現できず、異性との付き合い方に大きな問題を抱えていて、もしかしたら、30歳になっても恋愛経験が少ないかもしれません。また、厳格な宗教上の規則や慣習があったり、つねに不安や自信のなさを感じていたりする場合もあり、そのような問題を抱えています。

このように病理的な構造が非常に根深い状況の場合、ＢＬＰほどの効果を発揮する有効なヒーリングテクニックは他にありません。

まず、女性性の側面を強化するすべてのストラクチャーに取り組まなければなりません。特に第2チャクラには注意を払う必要があります。その人の抱える問題が改善するためには肉体的な側面のケアも必要だからです。

こうした状況では、ホルモンの問題がよくみられますが、第2チャクラにはたらきかけることでそれらが緩和され、その人が今はまだ気づいていないレベルの意識の深みに到達することができるようになります。

スリースターの活性や神聖幾何学のワークをおこなうと、その人のなかにあるマゼンタのエネルギーに別の意味合いをもたせることができるのでおすすめです。状況が改善すると、マヤンゲートに向かって進むことができます。

辛抱強く続けなければならない長いワークになることを覚悟してください。といっても、最初の数回のセッションですでに、その人の変化を実感することができます。

「醜い」アヒルの子が美しい白鳥に生まれ変わるのは、もう時間の問題です!

◈イクイリブリアム/バイアル103

オパーレセントペールブルー/ディープマゼンタ　大天使ハニエラ(ハニエル)

オーラソーマのセットではじめて、オパーレセントペールブルーが登場しました。

セットの啓示のなかで新しい色があらわれる時、それはつねに新しい空間が開かれるということを表しています。新しい空間とは、新しいビジョン、意識にあらわれるものの拡大を意味します。おそらくずっと前から存在していたにもかかわらず、まったく気づかなかったか、これまで十分に注意を払っていなかったものです。

大天使や集合的無意識の次元に進み、このE／Vの意味を理解するためには、人類に与える影響について考察する必要があります。

下層のディープマゼンタの意味はもうおわかりでしょう。無意識、高次からの愛、霊性の物語、時間のはじまりから終わりまでの旅、そして超意識にも関係しています。

意識の状態は、心理学的には「無意識—意識—超意識」の順となり、それぞれ特定の空間が割りあてられます。

しかし実際には、脳の構造を知ると、神経系には静止電位と活動電位という2つの状態しかないことがわかります。つまり「イエス」か「ノー」か、意識的か無意識的かということです。

したがって超意識は必然的に無意識の一部であり、脳の意識的な部分（顕在意識）のように自由にアクセスすることはできません。

このように、第8チャクラに対応するマゼンタは、いずれにしても第1チャクラを高次元で表現したものに過ぎません。マゼンタは無意識だけでなく、意識や超意識の象徴となるのです。

このボトルの下層部のマゼンタは、私たちの意識、無意識、超意識を表現しています。

ボトルの上層部のオパーレセントペールブルーは、世界で最も高価な宝石のひとつであるオパールに由来しており、虹色の色彩が織りなす独特の美しさをもっています。

では、ブルーにはどのような意味があるのでしょう？　ブルーは表現の色でもあり、第5チャクラに対応する色です。さらに、ディープマゼンタにオパーレセントブルーという色の組み合わせの深い意味がここにあります。この組み合わせは、私たちが何者であるかを表現すること、私たちの存在の全体性を表現することを意味します。私たちの存在そのものが宝石のオパールのようなものであり、私たちの内側から虹色の輝きを放つことができるのです。


中国では「どんなに長い旅でも玄関の前からはじまる」といわれています。それと同じように、オパーレセントペールブルーの万華鏡を通して自分自身を表現したいという私たちの多くの部分は、小さな小さなはじまりです。正しく育てられればやがて偉大になることができるでしょう。

しかし私たちは、よいことも悪いことも含めて自分について知っていることにとらわれてしまい、自分の内側に日々生まれてくる新しいものに十分な注意を払っていません。

それは、自分という存在の表現を豊かにするために生まれてくる新しいものです。

そして私たちは自分自身がいとも簡単に自分の進化に対する最大の障害となってしまいがちです。自分が何者であるかに固執するあまり、自分が何になれるのかが見えなくなってしまうのです。

このイクイリブリアムは、恐れや過去、小さな世界観を手放すことで、自分がなり得るものについて気づかせてくれます。

大天使ハニエラは、美しさと壮麗さの象徴でもあり、自分という存在を万華鏡のように輝かせる勇気がもてるように導いてくれます。そして、大天使ハニエラは自分自身を驚かせるように誘《いざな》っているのです。また、機が熟したことも教えてくれるのです。


何からはじめればいいのでしょう?

第5チャクラ、つまり声に関するワークからはじめます。何を話して何を話さないかだけではなく、どのように語るのかを観察することからはじめます。自分の言葉遣いだけではなく、声のトーン、コミュニケーションを通して達成したいことにも注意を向けましょう。

クライアントにとって、私たちは気づきのプロセスを促進する存在です。BLPのワークによって、私たちはクライアントの現在の表現とコミュニケーションを評価し、新しい能力とリソースの表現に移行させるよう促すことができ、クライアントに対して大きな貢献をすることができます。

BLPを使って、クライアント自身が認識している自分と、自分がなり得るものについて明らかにすることができます。


本書で示されているE/V103番のプロセスをはじめることは、自分が思っている以上に素晴らしいものであり、あなたは立ち上がる勇気をもてるようになります。

これを書いている時、南国で木漏れ日を眺めながら、ホテルのスイートルーム103号室の部屋のなかで座っています。遠くには太陽に照らされて光り輝くオパーレセントペールブルーの海が見えます。

それは、これから起こる素晴らしいことやよいものを受け取るための招待状なのです！

◈イクイリブリアム／バイアル104　イリデセントローズピンク／マゼンタ　大天使カマエラ（カマエル）

大天使カマエラは「地球」のエレメントを司ります。カマエラは［Cham-A-ELLA］となります。「Cham」は光、「A」は女性性や物質、「ELLA」は神という意味があります。地上の光、女性性の光、女神の光輝く側面、を意味します。もちろんこうした解釈はすべて、ほかの解釈も可能です。物質の領域における生命の現象は、すべてのエレメントの大天使の働きによるものですが、大天使カマエラはそのなかでも特別な役割を担っています。

生命はどこからやってきたのでしょうか？　女性からです。ギリシャの神々は別として（ゼウスの頭部から生まれたパラスアテナや、海に落ちたウラノスの精液から生まれたヴィーナスなど）、男性から生まれた者はいません。私たちは、女性から生まれました。

また、植物はどこからやってくるのでしょうか？

種子を受け取り、その種をしっかりと守り運命づけられたものになるように環境を整えるという大地のはたらきは、女性原理のあらわれなのです。
あらゆるものの繁栄は大地からもたらされるため、物質的な繁栄も女性原理に対応しています。
大天使カマエラのイクイリブリアムで興味深いのは、この大天使が火星とも関連しており、すべての男性性の資質と関連していることです。

このイクイリブリアムは、火星が地球に一番接近した時期に誕生しました。

では、女性性についてはどうでしょうか？

シンプルなことです。すらっとした長い足や豊かな胸をもつ美しい少女と女性原理を結びつけるのを、やめなければなりません。これは生物学的な特徴という女性原理の数ある表現のひとつに過ぎません。
女性原理はそれだけではありません。私たちは女性原理が本質的に生命そのものに組み込まれていることに気づきました。
したがって女性の仕事は、女性だけではなくあらゆる人間に関わるものであり、経済、正義、金融、社会組織などに関わるものです。だからこそ、男性原理の代表格である火星が、女性原理の代表格と結びついているのは偶然ではないのです。

大天使カマエラのイクイリブリアムは、私たち一人ひとりの内側と外側の男性性と女性性のバランスについて語ってくれます。

それは個人としての人間と集団としての人類の成長においてとても重要なテーマです。

もう何年も前から、このテーマだけを扱った「パワーと叡智─女性性と男性性の統合」というセミナーを開催しています（2017年現在）。このプロセスは、女性協会や瞑想センター、企業や行政など、世界各地のさまざまな環境で私たちが主導してきたものです。このテーマはさまざまな面で非常に重要です。

生産的なプロセスに女性を参加させることは、今後数十年の経済成長において最も重要な要素と考えられています。

自然界では、男性が夫婦の生活のために一生懸命働いている間、女性は家で料理や掃除をしたり、テレビを見たりしているということはありません。生物学的に最も成功している種（ジャングルの王者であるライオンや、どこにでもいるハトなど）は、雌が雄と同等か、雄よりも優れています。

同一労働同一賃金は、オバマ元大統領が2期目の就任演説で言及したポイントのひとつであり、信じられないようなことですがまだまだ遠い道のりです。

イリデセントローズピンクは新しいカラーであり、世界の女性原理の表現に関する視野を広げることにほかなりません。

BLPを使って、この組み合わせにおける最大の影を光に変えることができます。性的同一性のレベルでの混乱に対処することができます。

あるセッションではすべての女性性の中枢にはたらきかけますが、別のセッションではすべての男性性の中枢にはたらきかけることで男性性を女性性より優位に扱います（これはセクシャルヒーリングストラクチャー、あるいは「セクシャリティのワーク」と呼んでいます）。こうして私たちは、何が女性的で何が男性的なのかをよりよく理解するために、光を用いるのです。

もしあなたが本当にこのテーマをもっと深く掘り下げ、自分の男性性と女性性の可能性を最大限に伸ばしたいのであれば、これらのワークによってあなたの人生のあらゆる側面にポジティブな影響を与えます。

◈イクイリブリアム／バイアル105　イリデセントコーラル／コーラル　大天使アズラエラ（アズラエル）

Ｅ／Ｖ87番（愛の叡智）を抜きにして、このイクイリブリアムを語ることはできません。87番はペールコーラル／ペールコーラルであり、この105番のボトルとほぼ同じカラーだからです。

Ｅ／Ｖ87番ではコーラルのダイナミクス、個人的なレベルでの報われない愛の問題、満たされないという想いについて見てきました。この105番では別のダイナミズムに直面しています。同じ問題ではありますが大天使のボトルなのでそれはより集合的であり、より強烈なものです。

新しいカラーであるイリデセントコーラルは、コーラルのテーマに新たな光、新たな次元をもたらします。まるで灯台のように女性の船乗りを励まし、警告を発してくれます。

それは間違いなく、Ｅ／Ｖ１０４番の次元のエネルギーとつながっています。

104番では女性原理が男性原理とのバランスを保ちながら表現されることについて多く語られましたが、この105番では女性の魂の、より難しく、より痛みを伴う、より強烈な側面を扱っています。非常に深い側面でコーラルと結びついており、それは女性の愛への欲求、「愛し、愛されたい、他者から必要とされたい」という欲求です。

子どもが母親に言う最悪の言葉のひとつは「お母さんはもういらない」です。

母親にとって、誰かが自分を必要としていることは必要不可欠です。そしてこの深い欲求が無意識のなかに残っているために、自ら傷つくような悪循環がはじまるのです。

このような悪循環のなかで女性は人間関係、特に家族関係において共依存関係をつくり出します。例えば、母親は娘に対して明らかにまったく無意識のうちに、娘ひとりでは人生を成功させることはできず、つねに母親を必要としているという考えを植えつけようとします。

このように、母親は娘がアドバイスなどを求めることで、絶え間なくエネルギーが循環する状態を築きます。母親は娘が自分を必要としていることに満足感を覚えるのです。

しかし残念なことに、今度は母親もまた娘を必要とするようになります。もし娘が仕事や恋愛で離れてしまったら、母親の苦しみは計り知れないものになるでしょう。

そしてこれは、女性の人生の他の多くの側面でも起こります。

自分が必要とされなければならないという気持ちが、女性が憧れる自由や自立の妨げになっているのです。残念ながら、私たちは自分では気づかないものから自分自身を解放することはできません。

ＢＬＰを使って、人間の魂の内にある古い傷を変容させることで、もっとよい世界のために、ささやかな貢献をすることができます。これは、悪循環を好循環へと変えていくということです。

どうすればいいでしょう？　大天使アズラエラがヒントを与えてくれます。アズラエラは名前があまり知られていない天使であり、ほとんど目に見えない形で活動している大天使です。私たちのカルマや遺伝的素因に隠されている種子に隠れる大天使です。

私たちは、自分のカルマ、遺伝、性質から逃れることはできません。むしろ、それを自分という存在の全体を通して受け入れなければならないのです。

女性が他の人から必要とされたいという欲求は、育てたいという欲求に根ざしています。生まれたばかりの赤ちゃんに母乳を与えるように、与えること、育てることで、女性は自分に新鮮で新しいエネルギーを蓄えることができるからです。

乳房から母乳を与えられない女性は、すぐに深刻な問題に直面することになります。

エネルギーレベルでも同じことがいえます。たしかにそうです！　何もしてあげられません！

では、どのような解決策があるのでしょうか？

シンプルなことですが、この生まれながらの女性性の欲求は、人に対して注ぐべきではなく、対象となる存在そのものだけに注がれるべきなのです。栄養をもらっても、それに応えてくれない人たちにばかり目を向けるのではなく、意識を変えて、与えること、育てること、満たされることのダイナミズムだけに集中すればいいのです。

意識を変えて物事のとらえ方を変えると、女性は何らかの見返りを期待することはなくなります。なぜなら、そうしたことは起こり得ないからです。その恩恵はエネルギーを受け取った人からではなく、別の場所からやってきます！　というのも、すでに両親から前もってエネルギーを受け取っているので、子どもに与えたエネルギーを二度と取り戻せないのと同じことなのです！

ＢＬＰのプラクティショナーとして、ライトワーカーとして、私たちには、より完全で思いやり深く、誠実で愛に満ちた新しい人間の誕生を手助けするという、大いなる使命と責任があります。

無意識の束縛から解き放たれ、自由へと飛び立つことは、何物にも代えがたいことなのです。

◈イクイリブリアム／バイアル１０６　ペールオリーブ／ライラック　大天使ラツィエラ（ラツィエル）

このボトルによって、新しい色彩が表現されました。このイクイリブリアムは当初、サンドブラスト加工がされた擦りガラス状のボトルでつくられていたため、まるで霧に包まれているかのような、まったく異なるカラーが表現されていたのです（現在は透明なガラスボトルになっています）。

この霧のなかには、イクイリブリアム17番、吟遊詩人Iのより光の強い強烈な姿が隠されています。今世でも前世や多次元の人生でも、過去のネガティブな体験や苦痛に満ちた体験はすべて、どのような経験であっても、私たちの内側に悲しみのベール（人の目にも映る痛みのベール）をつくり出し、それが私たちの周りの世界や自分自身の認識をも変えてしまいます。

過去の辛い経験のために、必ずしもすべてを否定的にとらえているわけではありません。逆に言えば、ポジティブな投影をすることで、現在や将来のよい体験が隠れた心の痛みを消し去るように、人も含めてすべてのものを最善の姿で見たいと思うことができるのです。

しかし、そうした場合に期待が外れると、がっかりすることは避けられないでしょう。

「悟り」と呼ばれる意識状態に到達した人の記録を読むと、「ベールが取り払われた」とか「突然、はっきりと見えた」といった言葉がよく使われていることに気づきます。彼らにとってこのベールは取り除かれたのです。

この問題は、ベールがあるのに見えていないことに起因します。

私たちはベールを見ていません。ベールがないかのように見えるのです。

実際、世の中にはよいことも悪いことも、目に見えないものがたくさん隠れています。現在にはすでに未来の種が含まれていますが、普段はそれを見ることができません。

このＥ／Ｖ（大天使ラツィエラは、繁栄、錬金術、あらゆるものを金に変える能力も表しています）が誕生した時、目に見えない霧に包まれた世界経済は、かつてないほどの勢いで進んでおり、余裕のない人でもマイホームをもてる黄金時代の絶頂期でした。その霧のなかには、数か月後に地球全体を襲うことになる１９２９年以来最大の経済危機の種がすでにあったのです。

霧のなかの種を見て、それを大量の金に変えることに成功した人がいました。

地球上の他の国々は、憧れの黄金時代に夢中になり過ぎて、過去の不公平をすべて克服することができず、しばしば苦い経験をすることになりました。

このイクイリブリアムのメッセージは何でしょうか？

私たちは目に見えない霧を取り除くことはできません。しかし、その霧が存在することを認め、そこに存在することを意識し、物事にあらわれるものすべてが見た目どおりではないことに気づくだけでいいのです。

すべての人が見た目どおりではなく、ことわざで言えば、「輝くもの必ずしも金ならず」ということです。その霧を意識することは、集合的にも個人的にも辛い過去が自身に仕かける罠に対する小さな保険でもあるのです。

それを受け止めることが第一段階であれば、自身を変容させることが第二段階です。大天使ラツィエラは偉大な錬金術師であり、私たちはその教えから学び、自身の痛みを金に変える錬金術師になることができます。

大天使ラツィエラはどのようにしてその知識を得たのでしょうか？

簡単に言えば、大天使ラツィエラは神に近い存在であり、神が語ったことをすべて聞くことができたため、あらゆる秘密を知っていました。

もしも、私たちが優しく自分の内なる声に耳を傾け、自分を愛し、大切に慈しむことを学べば、その痛みに気づくことで、それを違うものに変える錬金術のように癒すことができます。

最も難しいのは、心の痛みを抱えないようにするために否定や合理化の霧に包まれた痛みを受け入れ、認識することです。それはこのE／Vに自分自身を見出したクライアントの状況です。


私たちはBLPを使って、クライアントの痛みが将来解消される道を開き、解放しなければなりません。このE／Vの2つの主要なエネルギーセンターである、ハートと第7チャクラにはたらきかけます。

このワークは、E／Vの上層に配されるグリーンを宿すハートからはじめなければなりません。このグリーンはペールオリーブであり、必然的にハートに隠された痛みは女性性のテーマとつながっています。

その後、マヤンゲートの月、地球、手のゲートなど、より女性性に関連したストラクチャーにもはたらきかけます。

そして最後に、光の呼吸（ブレスオブライト）のワークで魂の苦しみを心の穏やかさへと変えていきます。

◈イクイリブリアム／バイアル107
オパーレセントターコイズ／ディープマゼンタ　大天使ツァフキエラ（ツァフキエル）

オパーレセントターコイズ。新しい色、新しい空間。

ターコイズは創造性の色です。オパーレセントを取り入れることで、これまでとは違う方法で新しい創造性の表現や、クリエイティビティを発揮することが求められます。

そしてそれだけでなく、オパーレセントのような輝きを放つことで、私たちはこの創造性をまた別の形で輝かせるよう求められています。

ここでは何がテーマになっているのでしょうか？　下層にあるディープマゼンタも考慮に入れると、女性の創造性、絵画、彫刻、音楽、ベリーダンスなどでしょうか？　ここで何を新たに見つけるべきでしょうか？　このＥ／Ｖに深く関わっている女神的な女性性をよりよく表現するために、よりセクシーさを醸し出す動きなどでしょうか？

そうではありません。ここでは一般的にほとんど言及されないターコイズの特徴を見ていきます。

ターコイズはまさに癒しの芸術を通して表現される創造性の色です。

太古の昔から、癒しの芸術は主に女性によって表現されてきました。中世の魔女狩りが女性の心に残した非常に不快な印象は、このＥ／Ｖで癒されなければなりません。

このイクイリブリアムが与える重厚で、厳粛で、人を寄せつけない印象は拭えません。私たちはまだ、女性の魂のなかにある苦しみというトンネルにいるのです。そしていまこそ、この影から解放される時、あるいはそれを解放しようとする時が来たのです。

マゼンタは、小さなものや日常の些細なことに愛を注ぐことを意味します。しかし、それだけではありません。それは私たちがどのように行動するかにも関係しています。

「どうやって？」とは、スピードが速いとか遅いとか、そういうことに限らないのです。ここでいう「どのように？」とは、自分がおこなうことの背景、精神、意図に関係しています。

例えば、私は毎日のように昼食をつくることができますが、食欲をそそることと、できるだけ効率的につくること以外は、あまり気にすることはありません。ですから、お弁当をつくっている間に、ちょっとテレビを見たり、電話に出たり、家事をしたりすることもできます。

でも、同じランチでも全然違う方法でつくることもできます。もちろん、毎日ではなく、たまにはいいかもしれません。

すべての意識をその準備に向けて、癒しの儀式としてこのランチに専念することができます。

野菜を切る時には、この野菜に溶け込んだ大地と太陽のエネルギーを意識します。その細胞の特性や、野菜を切ることでどのように細胞が開かれるかなど、その細部に至るまで意識を向けます。

自分と家族の健康のために、その存在と自然を最大限に尊重し、あらゆる食材から最大限の効果を引き出すことを念頭に置いて昼食を用意します。

そうすると、料理の味わいも調理した後や食卓での気分も、いつもとは全然違うものになるのです。信じられませんか？

ぜひ、ウンブリア州にある私たちのアグリツーリズモである「*Le Pietre Parlanti*」（レ・ピエトレ・パルランティ）にお越しになってください。そこは誰にでも開かれた場所であり、オーガニックガーデンで栽培したものをそのまま食べることができます。テラスに座って、なだらかな丘を眺めながら、本当に素晴らしいホリスティックで感覚的な体験をすることができます。

実際にそれほど労力が必要なことではありませんが、それを維持するのは非常に難しいことです。

ともあれ、E／V107番が示す道は次のとおりです。オパーレセントターコイズを取り入れることは、自分のあらゆるレベルでの癒しの能力を活性化することに他なりません。

癒しやBLPに興味のある人の大半が女性であることは、偶然ではありません。

BLPを使って、この癒しと成長の道を刺激して維持することができます。

種のゲート、夜のゲート、手のゲートを組み合わせて第1チャクラと第7チャクラをサポートすることで、私たちはその人にとってすべてが無意味に思える深いマゼンタのなかからクライアントを連れ出し、生き甲斐のある日々の小さな喜びに立ち戻らせることができるのです。そして第4チャクラ、マヤンゲートの猿のゲート、風のゲートのストラクチャーなどを用いてはたらきかけることで、トンネルの出口が見えないような、このディープなオパーレセントターコイズのなかにほんの少し光を照らし、遊び心をもたらすことができます。

その小さくてもエネルギッシュなインプットが、涙声を大きな笑い声に変えることができるのです。

深刻な問題が多くあることは間違いありません。ただ深刻になり過ぎても人を癒せることはありませんが、笑いは人を癒すことができるのです。忍耐強く熟練した施術をすることで、このBLPは、マルクス兄弟（コメディ俳優グループ）のペンにもなるのです。

どうしてそれがダメなのでしょうか？　大天使マルクスや大天使チャップリンをこの世界に呼んでみませんか？　オパーレセントターコイズも！

◈イクイリブリアム／バイアル108
ミッドトーンターコイズ／ミッドトーンオリーブ　大天使ジェレミエラ（ジェレミエル）

イクイリブリアム107番の暗いトンネルから、オリーブグリーンとターコイズを配した心臓の左右に宿る大天使ジェレミエラのこの美しいビジョンまで、どのようにしてたどり着いたのでしょうか？

心臓には左右があるように、このE／Vは、自分の心の2つの側面、オリーブグリーンで表現される受容的な側面と、ターコイズで表現される豊かな表現力のある側面を明らかにするよう導いてくれます。

この光はどこから来るのですか？　いったい何が自分という存在を明らかにするのでしょう？

それは浄化（カタルシス）です。

大天使ジェレミエラはビジョンの大天使です。この大天使は私たちに何が起こったのか、何が起こっているのか、そしてもしハートが十分に開いていれば私たちの人生に何が起こるのかをはっきりとわかるようにしてくれます。

過去の苦い経験や苦しい思い出に覆われた瞳では、それをはっきりとらえることができません。また、明確なビジョンがなければ、それを理解することもできません。そして、理解しなければ解放はあり得ないので、永遠にカルマの輪に縛られ続けるといわれています。

私たちの秘密はどこに隠されている？　骸骨が入っているクローゼットはどこでしょうか？　私たちの頭のなかにあります。では頭のなかのどこでしょうか？

難しいですね。私たちの頭のなかは、マンハッタンのダウンタウンよりも酷い状態で、どこにもスペースがありません。

あらゆる苦しみ、辛い経験、明かせない秘密は、頭のなかにとどまるのではなく、どこか別の場所、つまりハートの奥深くに隠されているのです。それは頭のなかに映し出されますが、その場所はハートのなかです。

冒頭で述べたように、私たち人間の心臓の概念は依然として限られています。

実は心臓は、人間の内面を決定する４つの要素が体のなかで唯一出会う場所なのです。自律神経系、中枢神経系、感情、そして意識のことです。このようなシステムは、心臓の内側でしか交わることができません。心臓だけは迷走神経を通じて脳と直接つながっています。感覚器官ではない他の器官で、このようなつながりをもつ器官は他にありません。

つまり、ハートは私たちの内なる人生の航空管制塔のようなものなのです。

愛が去った後、苦しみのジャンボジェット機がやってきます。そこに小型のプライベートジェットも到着しました。このジェットは「自分にふさわしい人生を送りたい」という願いが込められており、他の航空機よりも優先されることを切望しています。さらに「古い"*Condizionamenti Airlines*"のツポレフ」（旧ソ連の航空機）がスペースを占有してすべての航空機を遅らせ、足を引っ張っています……。

このように、あまりにも交通量が多ければ、管制塔が交通整理をして、次から次へとやって来る飛行機を待たせなければなりません。

私たちの多くの飛行機は、このような形で何世代にもわたって待たされ、いまでは忘れ去られてさえいます。

しかし、忘れられてはいますが、消え去ってはいません。そしてまだ、スペースは占有しているのです。「燃料が切れて落ちるはずだ！」と思うでしょう。残念ながらそうではありません。その航空機はつねに燃料を手に入れ、私たちの生命力を吸っているのです。

もっと知りたいという方は、ぜひエネルギーワークショップにお越しください！

だからこそ、ある時点でハートを解放する方法は1つしかありません。4つのシステムに同時に影響を与えることができる唯一の方法です。それは古来より知られている方法です。

実際、この「カタルシス」という言葉はギリシャ語の「*catharo*」に由来しており、「明らかにする」、「清める」という意味があります。

カタルシスにはさまざまな種類がありますが、それについて詳しく説明すると本書の範囲を超えてしまいます。しかし、いかなる方法であっても内面的な成長のある段階では、カタルシスは必要不可欠なものとなります。

カタルシスがなければ、そのうちに「説教はするがさっぱり行動が伴わない」人になってしまいます。周りの人々を見渡してみると、そんな人はたくさんいます……。

そして大天使ジェレミエラとともにあると、まさに「説教はするがさっぱり行動が伴わない」というわけにはいかなくなります。

ＢＬＰのさまざまなワークによってこのハートの苦しみを解消することができます。また、メタフィジカル・サージェリー（形而上学的手術）をおこなうことで、深いカタルシスをもたらし、その後、心を軽やかにして、自分の人生に対する別の解釈が得られるようになります。

大天使ジェレミエラが啓示した明確なビジョンは、過去と現在、そしてこれまでに経験してきたことと、これから起こり得ることについての、もう１つの解釈です。

このビジョンによって、もっと具体的な方法で自分自身と向き合うことができます。そうすることで、「人生のマスターになる」、「自分自身のマスターになる」という、私たちを待ち受けている大きな目標に近づくことができます。

◈イクイリブリアム／バイアル１０９　マゼンタ／ミッドトーンオリーブ　大天使ザカリエラ（ザカリエル）

大天使セット（アドバンスセット）のなかで、マゼンタが上層部に位置するのはＥ／Ｖ95番に次いで２つ目のことですが、これはチャクラの位置としてはふさわしいものです。

この長い旅の後、私たちはどこかにたどり着いたようです。しかし集合的なレベルでは、人類としてどこにたどり着いたのでしょうか？　全体的に見て世界の状況はどうでしょう？　状況はよくなっていますか？　それとも悪くなっていますか？

このイクイリブリアムは２０１１年7月26日に誕生しました。２０１１年は、アラブ諸国での革命、狂信的なノルウェー人が大勢の罪のない若者たちをたった１人で殺害した事件や、中国で起きた２本の高速鉄道の事故など、世界各地で大きな変革と浄化が起こった年となりました。

しかしこの年は、クリスティーヌ・ラガルドIMF専務理事とアンゲラ・メルケル首相といった当時世界で最も強力な権力をもっていた2人が、男性の交渉者と肩を並べ、世界の情勢に「女性のリーダーシップ」を明確に刻印した年でもありました。

女性のリーダーシップはどこへ向かうのでしょうか？　持続可能な妥協に向かいます。

男性のリーダーシップはどこへ向かうのでしょうか？　一般的に戦争に向かいます。

今日、ようやく女性が世界の舞台に立ちはじめました。


平和の象徴であるオリーブの木の起源は古いものです。ギリシャ神話では、パラスアテナ自身がオリーブの木を人間に与えたとされています。パラスアテナは平和の象徴を与えた戦争の女神です。

オリーブの木は、卓越した女性らしさを表す色です。ここでは、はじめてこの特別な色合いで見ることができます。明るくなっていますが、あまり明るくはありません。この女性的な平和がまだあらわれていないかのようです。

オリーブの実が食べられるようになるには、特別な工程を経なければなりません。栄養価の高いオイルを抽出するためには、非常に高い圧力が必要です。この圧力をかけないと、オリーブの自然な苦味で消化できなくなってしまいます。

この苦味は女性性のエネルギーの一部であり、プレッシャーや途方もない努力（女性自身による）がなければ克服できないようです。

このように考えると、地球上の女性たちの困難な状況には、希望の光があるかもしれません。もしかしたら、このような状況こそが、女性が何千年にもわたって続いてきた慣習や抑圧から最終的に解放されるきっかけとなるかもしれません。

実際、どんなに苦しい状況であっても、それを自分の個性や人生を進化させるためのゴールドに変えることに成功した女性たちの例を目にする機会が増えています。

その一方で、オリーブの苦みにとらわれてしまい、自分を犠牲者と考え、自己憐憫に陥ることもあります。

このE／Vの大きな特徴は、上層部にあるマゼンタです。マゼンタは、女性的な性質である「赦す力」を想起させる色でもあります。それは、男性の真似をするのではなく、女性が自分の本質に忠実であることを思い出させてくれます。

成功した女性は、時に男性のように見えることがよくあります。しかし、女性らしさを維持するだけでなく、真の女性性を高めることで成功を収めている女性は、まだまだ稀だと思います。

過去の苦い経験を捨て、極度のプレッシャーのなかでの挑戦を受け入れ、自分の本質に忠実であることが今日可能になりました。１００年前には不可能だったことです。

これこそが、共有すべきメッセージであり、自らの性質、美しさ、直感力、思いやりを高めることで自らを表現する女性のメッセージなのです。

それは、世界がこれまで以上に必要としているエネルギーです。

ダライ・ラマはこう語ります。

「世界はもはや成功した男性を必要とせず、世界は共感できる、優しく愛に満ちた人々を必要としているのです」


何千年もの歴史が、この地球の運命を管理してきた男性性の完全な失敗を示しています。

この惑星の未来は女性にゆだねられています。機は熟しているのです。

◈ イクイリブリアム／バイアル110
ペールローズピンク／ディープマゼンタ　大天使アンブリエラ（アンブリエル）

このオーラソーマのシステムに新しいピンクが登場しました。光の強い強烈なバージョンです。下層部のディープマゼンタとの組み合わせは、第1チャクラと第8チャクラを象徴する最高の組み合わせとなり、低次元と高次元の統合、低次元から高次元への変容、そして高次元の具現化を意味します。

世界を動かすのに最も大切なエネルギーが、愛です。上層部のペールローズピンクの愛はより繊細で明るく、優しい心遣い、あふれる愛を表しています。

少なくとも理論的には、現在は低次元から高次元へとシフトしやすくなっているということです。よい本を読んだり、勉強したり、物事の見方を変えるような情報を得ることができます。天使たちや高次の霊的な存在と交信したり、物理的・形而上学的なマスターを呼び出したりすることができます。高次の存在とつながっている人がたくさんいます。

しかし、そのことによって変化が起こるのでしょうか？　私たちの人生は変わるのでしょうか？　この惑星をよくするための方法でしょうか？

マゼンタのメッセージは次のとおりです。

こうした探求、新しいあり方、もっとマインドフルな愛のあり方、物事の進め方などは、いわゆる「グラウンディング」によって支えられる必要があります。

樹木は、大地にしっかりと根を張り、成長に必要な栄養を供給し、成長するためのすべての要素を管理することで、はじめて別のものに成長することができます。

そして、有名なロバ（『イソップ物語』の「塩を運ぶロバ」）が落ちるのはまさにここなのです。おしゃべりばかりで何もしないか、よいことを言っているのに、その裏で悪いことをしている人がたくさんいます。

そういう人はこの素晴らしい理論を実践することができず、生き延びるために調和の取れていない状況のなかで生き続けています。スピリチュアル的に成長しようとする意欲が生存の必要性のもとに沈んでしまうことが、このイクイリブリアムの大きな闇となっています。

また、生存のためには物質的な状況も影響します。

1人は住宅ローンを払うために全力を尽くして生き延びようとし、もう1人は従業員を解雇しないために全力を注いで生き残るために努力をしています。

大地——ここでいう大地とは人間関係、仕事、物質的な状況などのことです——に深く根を張ることによってのみ、永続的な変化をもたらすことができます。ですから時には守護天使に関する本を読むよりも、実践的なセミナーを開いたり、状況を明確にするために必要な電話や会話をするほうが効果的なこともあるのです。

大天使アンブリエラは、ただ話すだけではなく、実践してみることを呼びかけています。さらに、自分たちのエネルギーを高めることができる具体的な努力をするように誘《いざな》っているのです。

それこそがグラウンディングするということだからです。

グラウンディングしている人は、地球からたくさんのエネルギーを受け取っているので、何かを生み出すためのエネルギーがあります。

何かをおこなうことは、はじめること、続けること、終わることを意味します。結論のないはじまりは、よいことであっても、役に立たないものです。実現しないものの計画に意味がありますか？

グラウンディングをしっかりして、エネルギーを増やし、エネルギーの浪費を減らし、もっと柔軟にもっと愛にあふれたやり方で満たされるように、新しいエネルギーを世界と共有することができます。まずはグラウンディングすることからはじめなければなりません。

私たちは間違った概念や条件づけに悩まされているため、「グラウンディング」に十分なエネルギーを注げないことがよくあります。そうすると、大地ではなく「自分の足に鍬を喰らわせる」というよく知られたことわざのとおり、結局は自分で自分の体を傷つけることになります。

子どもたちによりよい世界を残したいと願うなら、すべての人が取り組めることであり、また取り組まなければならないことです。

このワークは誰もやってくれません。あくまでも個人の責任です。

ＢＬＰを使ったワークは２つのアプローチを取ります。１つ目の方法は第1チャクラ、神聖幾何学、マヤンゲート（手、地球、種、蛇のゲート）を使ってよりよいグラウンディングをサポートします。２つ目の方法はエネルギーの再調整、ハートチャクラ、チャクラ全体のトリートメント、特に第1チャクラと第4チャクラに焦点を当てながらピンクを使って優しく愛情豊かなハートの表現をサポートします。

また、少なくとも30～50回程度の長期にわたる継続的なワークが必要です。このようなエネルギーは、瞬く間に変わるものではありません。

◈イクイリブリアム／バイアル111
ミッドトーンロイヤルブルー／ミッドトーンオリーブ　大天使ダニエラ（ダニエル）

皆さんもうおわかりのとおり、私たちの目的は、それがどんなに権威ある人の言葉であっても、他人の言葉を繰り返してあなたを退屈させることではありません。

その代わりに、２０１３年の年末、冬至の直前に誕生したこの色の組み合わせについて、独自のビジョンをお伝えしたいと思います。

上下両方ともミッドトーンカラーのボトルは、オーラソーマの世界でははじめての新しいものです。

私にとってのミッドトーンロイヤルブルーの色調は、父性原理を表していますが、単なる父性ではなく、指導や博愛といった原型的な役割を担う父性原理であり、最高の表現である男性原理を意味しています。

一方、ミッドトーンオリーブの色調は、女性原理であり、つまり母親を最高の形で表しています。大地の滋養、女性性の包括的原理、滋養のパワー、誕生のパワー、生命のパワーです。

私たちはこの2色を陰と陽の結合としてみることができます。この2つは相互に依存し、密接に関係しています。

家父長制の考え方、偉大な父親の考え方が、私たち自身のなかにどのように内面化されているかということはとても印象的です。それは西洋文化の至るところでみられます。結局のところ、男性のほうが女性よりも大きく、重く、強いという単純な生物学的事実に基づいています。

この「偉大なリーダー」という幻想を「解き放つ」には、まだ何世代もかかるでしょう。

意識の大部分、そして無意識のさらに大部分は、石器時代から生き続けています。

「なぜ大天使たちはみんな男性の名前なのでしょうか？」

私はずっとそう思っていました。ここでは、それについても少し触れることができます。

ですから私はこの大天使を、一転して「ダニエル」ではなく「ダニエラ」と呼ぶことにします。さらに言えば、ダニエル・ダニエラはアンドロジナス（男女両性の特徴をもつもの）です。なぜなら、それこそこのバイアルが意味するところであり、男性と女性のなかにある女性性と男性性の融合だからです。

女性にとっては、自分を女性性にしっかりと根を下ろし、自分のなかにある男性性を活性化させることが課題となります。つまり、明晰さ、ビジョン、垂直的な考えを発展させる能力、そしてそれを伝える能力です。

男性にとっては、自分自身の栄養源や根源を活性化すること、それを女性的なエネルギーに対応するハートに伝える方法を知り、このエネルギーが男性的なものにも影響を与えることができるか否かが問題となります。

これが男性性と女性性のバランスのよさであり、互いに影響し合い、補完し合い、変わっていくのです。

それこそが、このイクイリブリアムが伝える新たな次元の領域へと参入するということです。

ボトルをシェイクすると、深みのあるターコイズ（ブルーグリーン）があらわれます。これは女性性と男性性の統合から生まれる素晴らしい創造的な可能性を象徴しています。

ＢＬＰでワークをする場合は、クライアントの最も明確な問題に焦点を当て、女性的側面か男性的側面のどちらかを強化する必要があります。

男性であれば、その人がハートの中心につながりやすくする、ということがテーマとなるでしょう。そして、この空間を自分のものにして、日々の生活のなかでそれを共有できるようになることです。

女性であれば、直感や気づきを明晰さと識別力をもって伝えることができるように、高次のセンターへのアセンションをサポートするのが適切でしょう。

メタモルフィック・コンステレーションや光の呼吸（ブレスオブライト）など、統合を促進するあらゆるワークと連携し、ある程度の頻度で神聖幾何学のワークを取り入れることが非常に重要になるでしょう。女性性と男性性の割合にかかわらず、２つの極性の統合がここでの最大の関心事です。

女性性と男性性のバランスが取れていることで、私たちの生体はその機能を最大限に発揮することができ、その結果、心の叡智や精神の優れたはたらきに照らされた長く健康的な人生という素晴らしい幸運を手に入れることができるのです。

◈イクイリブリアム／バイアル112
ターコイズ／ミッドトーンロイヤルブルー　大天使イスラフェラ（イスラフェル）

瞬時にこの色の組み合わせのもつ特別な美しさに気がつきました。そして美しさとは、視覚的な側面だけではなく、何よりもこの色の組み合わせがもたらすメッセージの解釈にも関係しているのです。

大天使とともに私たちが集合意識の次元にシフトすることは、もうおわかりでしょう。そのテーマやダイナミクスは、私たち一人ひとりに影響を与えますが、それだけではありません。このシフトは大勢の人たちに同時に起こることです。集合的な波動は私たちをサポートし、刺激を与え、成長の道をもたらします。

ＢＬＰでは、大天使のバイアルはより直接的なワークを促進します。多くの人たちがまだ色がもたらす光によって活性化されてはいません。環境汚染や騒音や公害はますます人々を「鈍感化」に導きます。感じることが少なくなり、より多くの物事や事実、人々と関わるということができなくなります。

そのような状況のなかで、大天使の光は、彩られた光が伝える情報を受け入れるための手助けをしてくれます。

大天使のＥ／Ｖは集合的な「エンジン」のようなもので、その彩られた光のメッセージを増幅させ、受け取る人の感受性を高めてくれます。

「可能な限り最高の自分を表現し、その表現から自分の世界と人生を創造する」

というE／Vの本質的なメッセージは明確ですが、それを実践するのは決して容易ではありません。

下層部のロイヤルブルーは私たちの遺伝子を表し、「神の青写真」を意味しています。それは私たちの存在の原初の（神聖な）計画、私たちがなり得る究極の表現、つまり「最高の自分を表現する」ことを意味しています。

私たちのなかで、いったい誰が自分自身を最大限に表現できているでしょうか？

幸いなことに、まだまだ学ぶべきこと、表現すべきこと、成長すべきことがたくさんあるのです！　それは生きる喜びです。あなたが喜んだり祝ったりすることは、このE／Vのとても大切なメッセージです。それは自分の内なる喜びを感じること、喜びを見つけること。親愛なる友人であり、マスターであり、師であるヴィレッシュ・ユソンがこう言っていました。

「生きていることがとても幸せだ！」

これが喜びに満ちるということなのです。私は生きていることがとても幸せです。

BLPのストラクチャー、テクニック、哲学などを用いることで、この喜びを失った人たちのためにもう一度喜びをもたらすことができるのです。

上層部のターコイズは、共同創造者としての人を表現しています。最終的には、あらゆるレベルで自分が何を創造するかによって人生のクオリティが決まるのです。

本書でも何度も伝えていることですが、創造性とは、絵を描いたり、歌ったり、踊ったりすることではありません。もちろん音楽やダンスの世界はつねに大天使イスラフェラと深くつながっていますが、創造性とは自分の人生、自分の惑星を創造するということです。

ほとんどの人が、人生とは自分に起こる現象だと思っています。自分の現実をつくっているのは自分自身であることに気づかないのです。

残念ながら、自分が創造したものが自分の望んでいるものとあまりにも違っていて、責任を取れずに人のせいにしてしまうことがよくあるのです。

何事も人のせいではありません。自分らしさを最大限に表現するためには、自分が創造したものに対して100パーセントの責任をもたなければなりません。これは集団的なレベルであっても非常に難しいステップですが、必要不可欠なものです。

BLPのワークによって、このプロセスを助けることができます。あらゆるハートの次元、そして第1チャクラにも作用するワークを何度もおこなう必要があります。

E／Vの下層部のミッドトーンロイヤルブルーのなかに含まれているレッドの存在は、足をしっかりと大地につけてグラウンディングができていないと、自分自身を最大限に表現することは難しいということを思い起こさせてくれます。

色の共振によって第1チャクラを強化しバランスを取ることで、クライアントや自分自身のエネルギーを高めることができます。その結果、ハートが本当の自分、つまり神のイメージ、何十億年も続く進化の紛れもない頂点を創造することができるようになります。

私は生きていることがとても幸せです！

◈イクイリブリアム／バイアル113
エメラルドグリーン／ミッドトーンオリーブ　大天使カシエラ（カシエル）

大天使カシエラは、複雑な現実を表現しています。

カバラの原典とその古典的な参考文献を読むと、大天使カシエラは厳格で孤独で近寄りがたく、人間の問題から切り離されているように感じられます。また、土星とも表されます。さらに黙想や『旧約聖書』、宗教心に捧げられる日、シャバット（ユダヤ教の安息日）に関係しています。

自分の内側を見ても、はじめは何も見えません。真っ暗です。成長の道を進んでいくと、自分のなかに痕跡や行動、独特の性質を見出すことができ、それは自分の一部であり、性格であるように思えます。そして、それらは必ずしも美しいものばかりではありません。

内なる探求のはじまりには、花も星も花火も見えません。それは全然違うものです。

覆い隠すことなく気づくことができるかどうかが必要とされる技術なのです。どのような場合でも、正しいことを正しいタイミングでおこなうことが重要であり、それはシンクロニシティに関係しています。

内なる孤独のなかでのみ、自分にとってもはや役に立たないものに気づき、それを手放すことができます。

気づきと手放しが下層部のミッドトーンオリーブのテーマです。くよくよ悩んで復讐を企てるのか、それとも手放し、許し、未来へ向かうかは、私たちの選択なのです。

私たちは皆、不正や虐待や搾取や不公平に遭ってきました。誰かがそれを解決してくれるのを待っているのでしょうか？　親や裁判所や政府や国家や法王や神様がその問題を解決してくれますか？　その苦しみや悲しみ、失望を背負い続けるのか、それとも手放すのか、という選択はつねに自分にあるのです。過去の痛みや悲しみ、失望をすべて手放すことで、やすらぎ、愛情、光り輝く女性らしさなど、新しいものを受け入れる余地をつくることからはじめてみましょう。

上層部のグリーンは、よりよい未来のためのスペースを開いてくれます。恐れも後悔もない、喜びや楽しさに満ちあふれた、大きく広がっていく未来です。

偉大なジム・ローンはこう言います。

「*if you focus on your talents, they make room for you*（自分の才能にフォーカスすれば、さらなる能力が与えられ

ます）」

あなたが自分の才能に焦点をあてれば（ちなみに『聖書』にはすでにこのことが書かれているので、何も新しいことではありません！）、さらなる能力が与えられるでしょう。

これがすべてハートの大きな癒しになるのです。そして、心血管疾患が世界的な死亡原因の第1位であることをいつも忘れてはなりません。

エメラルドグリーンやミッドトーンオリーブのネガティブな面は、ハートを閉ざすこと以外の何物でもありません。「何か問題でも？」と思う人もいるでしょう。その人にとっては自分のやり方が正しいのかもしれません。しかし、問題は心を閉ざすことではなく、その心の閉じる行為が心臓の血管も同時に閉じさせ、結果としてやがて窒息や心筋梗塞を引き起こす可能性があることです。

手放すこと、許すこと、グリーンがもたらす勇気をもって立ち向かうことが、ハートの活力と鼓動を保つための最良の治療法となります。つまり「生きている！」ということです。

このような状況をBLPでケアする場合、グリーンや第4チャクラだけにとどまっていてはいけません。特に第1チャクラをケアし、マヤンゲートを通してクライアントの態度の変化を促す必要があります。

マヤンゲートの風、竜、猿のゲートは、もはや必要のないものを手放すきっかけになります！

ハートはかけ橋であり、その橋を渡ることでしか、真の内なる変容、スペース、拡大、本当に豊かな人生にアクセスすることができません。

カシエラは私たちのハートに「手放しなさい」と風のようにささやきかけます。そうすることによって私たちの魂は星々へと舞い上がり、私たちのハートが切望する素晴らしい知性の一部となるのです。

◈イクイリブリアム／バイアル114
ミッドトーンコーラル／ディープマゼンタ　大天使ラグエラ（ラグエル）

大天使、セラフィム、あらゆる天使たち、スピリチュアルな概念、美しい言葉、素敵な言葉、珠玉の言葉の数々をどれだけ耳にしたことがあるでしょうか？　東西南北の四方から届く、あらゆる種類の言葉です。

まずはそれぞれの「教会」から見ていきましょうか？　聖職者はよく説教をしていますが、実際にはそれを実践していません。とても酷いものです。

言うこととやることとの間には海のような隔たりがありますが、ここにはそれどころではなく、200万光年離れた銀河、アンドロメダ座Ⅱとの距離ほども離れています。

このE／Vは、もっとわかりやすく現実的に深く掘り下げていくよう誘《いざな》います。

したがって、個人的な意見では、これも深遠なるものです。そして、これは私たち個人に関係するだけでなく、まさに人類全体、コミュニティ全体に関係する問題なのです。

この大天使ラグエラのボトルが私たちに問いかけているのは、「本当に必要なものは何ですか？」ということです。

地球上のすべての人にメルセデスベンツが必要ですか？　海に浮かぶプラスチックを増やす必要がありますか？　ミツバチに害を与える農薬がさらに必要ですか？　どんどん生産を増やす必要がありますか、それとも少しでも消費を減らす必要がありますか？

こうした質問は、自分の子どもたちや孫たちがこの地球で生き残るためには、その答えを見つけなければならないものです。私たちの世代はその答えを見つけることに興味がないようです。

地球を救う必要はありません。ただし、絶滅危惧種のリストに「ホモ・サピエンス」を追加したくなければ、人類はそうしなければなりません。


上層部のミッドトーンコーラルが「何が必要ですか？」と問いかけてきます。そう問いかけるだけでなく、自分が必要としているものを理解するよう求めています。本当に必要であり、心の奥底で必要とするものです。

身体的、感情的、精神的、スピリチュアル的、社会的など、あらゆるレベルでの自分のニーズを明確にしなければ、必要なものを得るためにエネルギーを費やすことができません。必要なものがないと、どんな気持ちになるのでしょう？　欲求不満になり、栄養不良のようになり、不幸に感じるでしょう。何も達していないかのように感じるか、どこにも達していないかのように感じるでしょう。

私たちのニーズは、人生のエンジンです。いつの時代もそうでした。私は医師であるからというだけでなくこのことについては多少なりとも知識があります。私のワークショップやセミナーでは、自分のニーズを明確にし、そのニーズが満たされる方向に自分のコンパスを設定することを大事にしています。これは真のニーズのことであり、代用のニーズについての話ではありません。

今日の世界は、経済的に搾取される代用のニーズに基づいており、間もなくこの限られた地球の資源を枯渇させてしまうでしょう。

簡単な例として、私たち一人ひとりの本質的なニーズは、自分の価値を感じることです。

本書でも長々と説明していますが、育った環境などにより、多くの人にとってこの価値を感じることは難しいことです。それは、深いニーズが満たされていないということです。そしてスポーツカー、グッチのバッグ、植毛といった、サロゲート（代用）の必要性に迫られるのです。

残念ながら、代用のニーズを満たしても、真のニーズを満たすことはありません。その結果、代用のニーズは絶えず変化し続けなければなりません。

これが消費主義の致命的なスパイラルです。

自分の内側に目を向ける必要があります。自分の内面をよく観てください。

そこで必要となるのが、これらの質問を共有し、自分の真のニーズを理解するために自分をよりよく知るという必要性をサポートしてくれる真の友人をもつことです。また、友人が忙しくて会えない場合や、そもそも友人がいない場合は、引き寄せるために周波数を変える必要があるのかもしれません。

このE／Vは、この点でも私たちを助けてくれます。この組み合わせの下層部のマゼンタは、心の奥深くにある真のニーズに関わるものです。それは必ずしも大きなものである必要はなく、些細なこと、小さなものでも構いません。しかし、このような意識がなければ、渇きを癒す源《みなもと》に自分を向けることはできません。

私たちは運がよければ何かを見つける方向に向かっていきます。しかし、それは本当に必要なものではありません。さらに運が悪ければ何も見つからないこともあります。手に取ろうと思った瞬間に無に溶けてしまうものばかりです。

私の理解では、この組み合わせはレスキューの一種です。この組み合わせのネガティブな側面がもたらす深い絶望と苦しみからその人を救うことができる、救いの手です。

BLPのストラクチャーを用いて、自分の心の奥深くにあるものを愛するために小さなことからはじめて、自分の本当のニーズに対する目覚めのエネルギーを活性化することができます。おそらくチャクラを再調整することで自分の内側にあるものを認識することへの無意識の抵抗に光を照らすことができるでしょう。

そしておそらく私たちのエゴは、自分のニーズを満たすために「ノー」を受け取ることもできるということを受け入れることを妨げているのでしょうし、おそらくその背後には「ノー」の長い歴史があることを発見するでしょう。

そしてラグエラのE／Vを使った光の呼吸（ブレスオブライト）のワークを通して、自分自身の責任を喜んで受け入れ、理解しながら、タイムラインを癒しに行くことができるのです。自分の内側で深い瞑想状態をつくることで、ラグエラが誕生した高次の領域とつながることができます。

ラグエラは私たちが果たすべき目的を顕在化させるためのエネルギーを注入してくれる小さなことや喜びに敬意を払いながら、つねに私たちの使命とつながり続けるように、私たちを助けてくれる人々に対して両手を広げるようにと促しているのです。

◈イクイリブリアム／バイアル115　オレンジ／レッド　大天使ケミエラ（ケミエル）とアリエル

アドバンスセット（大天使セット）の最後のE／Vです。このE／Vは、ケミエラとアリエルという2人の大天使のボトルです。

アリエルは「神のライオン」として知られ、男性原理を体現しています（そのため、他の大天使とは異なり、男性名で記しています）。ケミエラは強大な大天使カマエラの女性的な側面を表しています。大天使セットの最後のE／Vにおいて、この2人の大天使はともに調和の取れたダンスをして一体化しています。

ケミエラとアリエルは集合的な問題の管理者です。時を超えて、私たちの存在を形づくる深遠な集合的問題の管理者、観察者、触媒としてあらわれます。E／V115番は、人生における深い二面性に光をあてるビーコンのような存在です。それは、男性と女性、仕事と余暇、生存と喜び、与えることと受け取ること、能動的な姿勢と受動的な姿勢など、さまざまな対立する概念を照らし出します。

世界がますます極端な方向へと向かっているなか、このE／Vは私たちにこれらの相反するもの同士を再び結びつけ、和解し、調和するよう促します。このような2つの対立したエネルギーのバランスを取ることは、個人においても社会においても共鳴を起こすため、単なる選択ではなく、集団として緊急に必要なことです。

このE／Vは、人生の現実的な問題に直接作用させるためのマヤンゲートであれ、チャクラバランシングであれ、どのような介入にも使うことができ、非常に強力に作用します。このE／Vの変容の力を用いることで、クライアントがより高いレベルのバランス、ウェルビーイング、健康を達成できるようサポートする力を高めることができます。

極端な暑さや寒さ、強い感情的ストレス、過酷な努力や仕事、極度の肉体的ストレスなど、どんなに厳しい状況であっても、私たち人間の心や体は極端な状況に適応することができます。しかし、そのような状態への適応は一時的なものであり、長期間にわたって持続することはできません。

ところが現代社会は、人々に求められることが極端になることが非常に多い社会です。優れた結果を達成し、成功するには、多大な努力が必要となります。そのため私たちは極端な状態に慣れてしまっていま す。しかしそれは健全なこととはいえません。健康で長生きするためには、もっとバランスの取れた生き方を学ぶ必要があります。

現代社会では、成功は評価や達成によって定義され、神聖なもののように扱われることが少なくありません。しかし、ダライ・ラマは、犠牲を考慮することこそが真の成功を測る尺度であると説いています。

このE／Vをシェイクすることであらわれる深いコーラルの光線は、環境の変化と私たち人間がバランスを回復する能力を痛切に思い起こさせます。

多くの人は、成功を手に入れるためには、誰かや何かを犠牲にする覚悟をしています。もしここで人間がその代償を払うとしたならば、もちろんそれは十分によくないことですが、自然や生態系、あるいは地球そのものがその代償を払うのだとしたら、その結果はそれよりももっとよくないもの、はるかに深刻なものになります。なぜなら、自然や生態系のシステムは私たちとはまったく異なる時間軸で動いているからです。人間の一生は、地球の一生のなかではたった1秒にも満たないのです。当然、自然界での変化ははるかにゆっくりとあらわれることになります。しかも、いったんその変化が目に見えてしまえば、それを修正することは非常に難しくなるのです。

このE／Vから発せられる色の光は、深みのあるコーラルです。珊瑚という生物は環境変化を示す最も初期の指標のひとつです。同時に珊瑚は人間の介入に対して最もポジティブに反応を示す種のひとつでもあります。人類は、長年衰退の一途をたどっていた珊瑚礁を完全に回復させることができました。これは、私たちが想像しうる最悪の状況においても、コーラルが象徴するもの――思いやり、注意深さ、力強さ、愛――を与える準備ができれば、癒し、健康、そしてバランスを取り戻すことは十分に可能であることを示しています。

ここでは弱さは選択肢には入りません。ポジティブな変化を起こしたいのであれば力強さを発揮する必要があるのです。

この意味で、ケミエラとアリエルの大天使のコンビネーションは、私たちが本来もっている力強さを取り戻すための触媒となります。つまり生き抜く力と楽しむ力、与える力と受け取る力、男性的で創造的な力と女性的で受容的な力など、さまざまな力を再び結びつける触媒となるのです。

どの取り組みもとてもよさそうですが、どこから、どのようにはじめればいいのでしょうか？

これこそが、BLPを使ったワークの素晴らしさなのです。BLPの光のワークは、エネルギー的、精神的、感情的、肉体的なあらゆるレベルで人間を刺激することができます。BLPの光を通して適切なエネルギーを送り込むと、生体のシステムは独立してより高いレベルのバランスに到達できるのです。そのバランスは、さまざまな思考、行動、言動に直結します。その結果、行動や感情、思考が有益ではないものから、調和が取れていて維持しやすいものになり、自然と安定していきます。

大天使のエネルギーとワークをする時、私たちはその人と非常に深く関わるようになることを意識する必要があります。私たちが扱っている問題についての最低限の理解と認識が必要になるため、このE／Vを使ったワークは、自己認識、自己理解、自己表現という困難な道をすでに少し歩み進めている人に適応されます。

そしてこのE／Vは、燃え尽き症候群に対して必要となる主なE／Vです。燃え尽き症候群とは、単に疲れ過ぎているだけの現象ではありません。エネルギーを自律的に充電することができなくなった状態のことです。燃え尽き症候群になってしまうと、克服するのは非常に難しくなります。

知的で教養のある人々が、燃え尽き症候群に陥ってしまうのはなぜでしょうか？　手遅れになる前にやめられないのはなぜでしょうか？

残念ながら、燃え尽き症候群は簡単に起こります。行動に走り過ぎると内省するスペースがなくなってしまい、自分の行動や内面について省みることができなくなるからです。その結果、回復困難な状況に向かうことになってしまいます。

だからこそ、行動と内省はともにあるべきなのです。行動と内省がともにあることで、最善の方法を導き出すことができます。常に自分自身、自分の結果、自分の態度をチェックし続けることで、バランスを保つことができます。

同時に、「どうせ無駄だ」というような何もしない態度を取ったり、「必要最低限しかやらない」、「周りを気にかけず、ただ自分が生き残ることばかり考える」というような「敗北主義的な考え方」は、コインの裏表のようなものであり、よく陥りがちな態度です。

これらの態度に対しても、私たちはこのE／Vを使うことでバランスを取ることができます。何もしない態度から積極的な態度へと移行していくのです。これは私たちの人生における最も深い問いのひとつでもあります。「物事が起こるのをただそのまま許すべきなのか、それとも積極的に介入すべきなのか？」ということです。

ブッダははるか昔、すでにこの問いを理解していました。

「弦を十分に伸ばさなければ、弦は鳴らない。でも伸ばし過ぎれば、弦は切れてしまう」

ある音楽教師が弟子にこのように話しているのを、ブッダは聞いていたからです。

E／V115番、ケミエラとアリエルは、私たちが自分自身と他者のためにこのような課題を解決する手助けをしてくれるのです。

日本語版刊行に寄せて

最初に、この本を手にすることができたのは、皆様のご貢献のおかげであり、心から感謝申し上げます。ナチュラルスピリット社の編集者の方、翻訳者のラウダーニ・アキコ氏、そして揺るぎない責任感と献身的な姿勢をもって翻訳と原稿全体の詳細なレビューを担当してくれた、私たちの尊敬する友人である赤石裕子氏に、特に感謝を申し上げます。皆様のご尽力により、本書は、ビーマーライトペンのワークにおいて、私たちが常に掲げている高い基準を完全に満たすものとなりました。

この本は、長年の研究の成果をまとめたものであり、日本における色と光の探求において、重要なマイルストーンとなるものです。それは、意識の新たな段階への突入を象徴するものであり、潜在的な変化が現実化するためには、心の変革から始まることを教えてくれます。心の扉として、読書は情報が流れ込むポータルとなり、変革の可能性を育む基盤を築きます。

私たちは、読者の皆さんをこの変容の旅へとご招待します。この本の知識を色と光の意識的な応用による変容のきっかけとしてぜひお役立てください。この本で紹介されているように、色と光の緻密な統合は、あなた自身と人生をより高次の次元へと導く深い可能性をもっています。恐怖、心配、不安による心の動揺を和らげながら、喜び、満足感、リラックスを手に入れることができる、ということを受け入れてください。

この変革をもたらすワークを日本で紹介してきた旅は、25年以上にわたります。そして、その間に認定プラクティショナーやティーチャーとの広範なネットワークを築いてきました。この体制は、私たちの教えが持続的な影響を与えるというコミットメントを反映し、理論から実践へと移行できる準備が整っています。著者として、日本でも対面とオンラインの両方で講座を開講し続けていきます。ですから、この本の世界に飛び込んで、ためらうことなく新たな高みへと昇りつめてください。

この取り組みが深い充実感をもたらしてくれることを心から願っています。

愛と光を込めて
ガーラ&ロバート

『シャーマンへの道：「力」と「癒し」の入門書』マイケル・ハーナー 著、高岡よし子 訳、平河出版社、1989年1月
Robert Hasinger, *Feng Shui*, Edizioni Mediterranee
James Hillman, *Il Codice dell'Anima*, Biblioteca Adelphi
『魂のコード』ジェイムズ・ヒルマン 著、鏡リュウジ 訳、朝日新聞出版、2021年7月
Aldous Huxley, *La Scimmia e l'Essenza*, Oscar Mondadori
Sandra Ingerman, *A Fall to Grace*, Moon Tree Rising Productions
Lakota Medicine Man, Archie Fire Lame Deer, Richard Erdoes, *Gift of Power,* Bear & Company
Stephen Levine, *Healing into Life and Death*, Anchor
Lou Marinoff, *Aristotele, Buddha, Confucio*, Piemme Bestseller
Anne e Daniel Meurois-Givaudan, *L'altro volto di Gesù*, Amrita
Barbara Montgomery Dossey, *Florence Nightingale: Mystic, Visionary, Healer*, Springhouse
Wilfried Nelles, *Nella buona e nella cattiva sorte*, URRA
Osho, *Una risata vi risveglierà*, URRA
Lynn Picknett, Clyve Prince, *The Templar Revelation*, Corgi Books
『マグダラとヨハネのミステリー：二つの顔を持ったイエス』リン・ピクネット、クライブ・プリンス 著、林和彦 訳、三交社、1999年6月
Kathe Recheis, Georg Bydlinski (a cura di), *Sai che gli alberi parlano? La saggezza degli indiani d'America*, Il Punto d'Incontro
James Redfield, *La decima illuminazione*, Corbaccio
『第十の予言：ポケット・ガイド』ジェームズ・レッドフィールド 著、山川紘矢、山川亜希子 訳、角川書店、1997年11月
John A. Sanford, *The Invisible Partners*, Penguin
『見えざる異性：アニマ・アニムスの不思議な力』ジョン・A・サンフォード 著、長田光展 訳、創元社、1995年10月
Linda Schierse Leonard, *La via al matrimonio*, Astrolabio
Èdouard Schuré, *I grandi iniziati*, Biblioteca Universale Rizzoli
『秘儀参入者イエス・キリスト』エドゥアル・シュレー 著、古川順太 訳、出帆新社、2000年5月
William Shakespeare, *Le commedie eufuistiche*, Mondadori
『間違いの喜劇』ウィリアム・シェイクスピア 著、小田島 雄志 訳、白水社、1983年10月
John Toland, *Ipazia*, Clinamen
Brian Weiss, *Molte vite, un solo amore*, Oscar Mondadori
『魂の伴侶：傷ついた人生をいやす生まれ変わりの旅』ブライアン・L・ワイス 著、山川紘矢・亜希子 訳、PHP研究所、1996年11月

参考文献

Omraam Mikhaël Aïvanhov, *I frutti dell'Albero della vita*, Prosveta

Annie Besant, *The Masters*, Theosophical Publishing

Jean S. Bolen, *Le dee dentro la donna*, Astrolabio

『女はみんな女神』ジーン・シノダ・ボーレン 著、村本詔司、村本邦子 訳、新水社、1991年1月

Mike Booth, Carol McKnight, *La raccolta di fonti di studi Aura-Soma*, Aura-Soma Publishing

Mike Booth, *Manuale di Aura-Soma*, Edizioni Mediterranee

『オーラソーマハンドブック』マイク・ブース、野田幸子 著、モデラート、2002年6月

Giordano Bruno, *La magia e le ligature*, Mimesis

Deepak Chopra, *Guarirsi da dentro*, Sperling & Kupfer

『パーフェクト・ヘルス：心と身体の能力全開法』ディーパック・チョプラ 著、逸見武光 監訳、ダイヤモンド社、1987年10月

Deepak Chopra, *Il cammino verso l'amore*, Sperling & Kupfer

『Love：チョプラ博士の愛の教科書』ディーパック・チョプラ 著、渡邊愛子 監訳、水谷美紀子 訳、中央公論新社、2014年9月

Irene Dalichow, Mike Booth, *Aura-Soma. Guarire con colori, piante ed energia dei cristalli*, Edizioni Mediterranee

『オーラソーマ・ヒーリング』イレーネ・デリコフ、マイク・ブース 著、大野百合子 訳、ヴォイス、1996年12月

Masaru Emoto, *L'insegnamento dell'acqua*, Edizioni Mediterranee

『水からの伝言：世界初!!水の氷結結晶写真集』江本勝 編著、波動教育社、1999年6月

Masaru Emoto, *L'insegnamento dell'acqua*, Edizioni Mediterranee (1 luglio 2005)

『水は答えを知っている』江本勝 著、サンマーク出版、2001年11月

Gala Flammini, *Aura-Soma specchio dell'anima*, Tecniche Nuove

Gala Flammini, Robert Hasinger, *Aura-Soma. La terra promessa della guarigione*, Edizioni Mediterranee

Gala Flammini, Robert Hasinger, *Iniziazione all'Aura-Soma*, Edizioni Mediterranee

Georges I. Gurdjieff, *Vedute sul mondo reale. Gurdjieff parla agli allievi 1917-1931*, L'Ottava

『グルジェフ・弟子たちに語る』G.I.グルジェフ 著、前田樹子 訳、めるくまーる、1985年9月

Joan Halifax, *The Fruitful Darkness*, Harper Collins

Michael Harner, *The Way of the Shaman*, Harper Collins

【訳者紹介】

ラウダーニ・アキコ（Laudani Akiko）

イタリア在住の翻訳者。科学とスピリチュアリティを融合させたヒーリングを学び、現在は主にメディカル・ライフサイエンス分野の翻訳に従事している。

【翻訳・編集協力】

赤石裕子／磯野純子／鈴木香澄
松尾スミレ／黒石磨美／青島美玲

【写真提供】

ビーマーライトペンジャパン／ BLP GLOBAL ACADEMY

セッション、コース、その他の情報に関する連絡先

ビーマーライトペンジャパン　公式ホームページ
https://www.blp-japan.com/

BLP　World Headquarters：
BLP GLOBAL ACADEMY（Italy）
https://www.blp-global.com

【著者紹介】

ガーラドリエル・フラミニ（Galaadriel Flammini）

心理学、哲学、言語学の専門家。代替心療セラピスト、瞑想家、作家として30年以上の経験を持つ。特に人間性心理学の分野においてはアレクサンダー・ローウェンなど、この分野の重鎮のもとで専門的に学んでおり、様々な著書が数ヶ国語に翻訳されている。1980年代初頭からインドネシア、オーストラリア、ブラジルのシャーマニズムの流れを汲む北米のシャーマニズムについて学び、インドで意識の進化を目的としたトレーニングコースやワークショップを実施。その後世界初のオーラソーマティーチャーの一人となり、イタリアに初めてオーラソーマを紹介した。その後1995年にDr.ロバート・ハシンガーと共に「ビーマーライトペン・カラーエンライトメント・トレーニングシステム」を開発、世界各国で教鞭を執っている。色と光のヒーリングに関するいくつかの本の著者でもあり、「BLP GLOBAL ACADEMY」の共同ディレクターを務めている。

Dr.ロバート・ハシンガー（Dr. Robert Hasinger）

医師、統合医療専門家、ホメオパス。ドイツで医学（神経学と脳神経外科）を修めた後、研究休暇でアマゾンに滞在し、先住民の伝統的なヒーリング技術や儀式を観察したことで、ホリスティック医学の分野へ研究を拡大することを決意する。その後中医学や鍼灸などの補完的伝統医学療法、サイコソマティクス、サイコセラピー、シャーマニックテクニック、クラシカルホメオパシーなどを学び、クラシカルホメオパシーにおいては世界屈指の専門家の一人となる。オーラソーマにおいても世界初のティーチャーの一人となり、1995年にガーラドリエル・フラミニとともに「ビーマーライトペン・カラーエンライトメント・トレーニングシステム」を開発、「BLP GLOBAL ACADEMY」の共同ディレクターを務めている。その他個人セッションや、ホリスティック医学、ホメオパシー、エネルギー・ワークショップ、自己成長のためのセミナーなども世界各国で開催している。色と光のヒーリングについての専門書だけでなく多数の著書があり、特に「風水」に関する著者はベストセラーとなっている。日本においては2013年に『「病気」と「健康」の法則』（サンマーク出版）を出版している。

Website: https://www.robert-hasinger.com/

光と色のヒーリング
色彩のエネルギーがもたらす癒しの力

●

2024年6月27日　初版発行

著者／ガーラドリエル・フラミニ、ロバート・ハシンガー
翻訳／ラウダーニ・アキコ

装幀／内海 由
DTP／小粥 桂

発行者／今井博揮
発行所／株式会社 ナチュラルスピリット
〒101-0051 東京都千代田区神田神保町3-2 高橋ビル2階
TEL 03-6450-5938　FAX 03-6450-5978
info@naturalspirit.co.jp
https://www.naturalspirit.co.jp/

印刷所／シナノ印刷株式会社

ISBN978-4-86451-475-0 C0011
落丁・乱丁の場合はお取り替えいたします。
定価はカバーに表示してあります。

●新しい時代の意識をひらく、ナチュラルスピリットの本

カラー・カード
色に隠された秘密の言葉

イナ・シガール【著】
ビズネア磯野敦子【訳】

定価　本体3000円＋税

今日からできるカラー・ヒーリング！

自然界の色を表現した色鮮やかなカードです。色には驚異的な癒しのパワーが秘められており、浄化、瞑想、ヒーリングなどで効果を発揮します。このカードのメッセージを、あなたを導くガイドとして使ってください。カラー・カード 45 枚と使い方がわかるガイドブック付き。

Light Card
光の伝言

Chie【絵・文】

定価　本体3980円＋税

Chie Art が光のカードに！

あなたが本当に求めているものを見つけるために、パワフルで愛に溢れた魂からのメッセージを送ります。このカードは、その場ですぐに答えが出るのはもちろん、いつでもどこでも見守ってくれる「光のお守り」としても使うことができます。カード 45 枚・解説書付き。

お近くの書店、インターネット書店、および小社でお求めになれます。